近代中国社会における
キリスト教と宣教師

伝道の使命と国家

渡辺祐子

かんよう出版

近代中国社会におけるキリスト教と宣教師
―伝道の使命と国家―

目　次

序章……………………………………………………………………………7

第1章　外国人宣教師と「不平等条約」
　　　　「宗教的寛容条項」の成立とその影響　1840年代から1860年代を中心に
　　　　………………………………………………………………………19
　はじめに…………………………………………………………………19
　1．カトリック解禁の過程……………………………………………21
　2．アロー戦争まで……………………………………………………30
　3．天津条約の成立と宣教師…………………………………………34
　　（1）アメリカ人宣教師と天津条約交渉……………………………38
　　（2）イギリス人宣教師と天津条約交渉……………………………44
　4．北京条約の成立と不動産取得権の確立…………………………51
　　（1）清仏北京条約と「伝教論単」の発布…………………………51
　　（2）旧カトリック不動産の返還をめぐって………………………59
　　（3）内地における不動産新規取得問題とベルテミー協定の成立…64
　5．天津条約改正交渉──オールコック協定とイギリス人宣教師……66
　　（1）1867年までの内地居住権の扱い………………………………66
　　（2）条約改正と宣教師………………………………………………71
　おわりに…………………………………………………………………77

第2章　プロテスタントの内地伝道と中国社会の「反発」
　　　　中国内地会と揚州教案を中心に…………………………………97
　はじめに…………………………………………………………………97

1．ハドソン・テイラーと中国内地会……………………………………100
2．グリフィス・ジョンの初期華中伝道…………………………………110
3．事件発生　強引な居住？………………………………………………118
4．知識人のキリスト教認識………………………………………………124
　　（1）各省督撫の意見聴取から………………………………………124
　　（2）育嬰堂をめぐって………………………………………………128
　　（3）揚州教案の背景――『辟邪紀実』を手がかりに考える……131
　　（4）『辟邪紀実』以後の掲帖類……………………………………147
5．揚州教案の顛末…………………………………………………………152
　　（1）1868年8月14日からの3か月………………………………152
　　（2）揚州教案の余波…………………………………………………159
6．教案解決後の動き………………………………………………………162
　　（1）教案とイギリスの宣教師政策…………………………………162
　　（2）宣教師批判と在華宣教師の反論………………………………167
おわりに………………………………………………………………………174

第3章　文明化の使命から仕える使命へ
　　　　キリスト教伝道事業の自己省察………………………………………199
はじめに………………………………………………………………………199
1．啓蒙主義、文明化の使命、近代化とキリスト教……………………201
2．在華宣教師の言説………………………………………………………205
3．「寛容条項」の「進化」と宣教師の不平等条約観…………………208
　　（1）1870年から19世紀末まで……………………………………208
　　（2）義和団戦争後の状況……………………………………………213
　　（3）五・三〇事件と宣教師…………………………………………223
4．パール・バックの中国伝道批判………………………………………239

（1）　海外伝道の衰退と『伝道再考』……………………………… 241
　　（2）　パール・バックの海外伝道観　思春期～1920 年代………… 247
　　（3）　「外国伝道に意義はあるのか？」……………………………… 254
　おわりに……………………………………………………………………… 257

終章………………………………………………………………………………… 273
　1．ミッション・スクール認可登録問題のはじまり……………………… 273
　2．連合大学構想とミッション・スクールの「中国化」………………… 279
　おわりに……………………………………………………………………… 282

引用文献一覧……………………………………………………………………… 293
本書で取り上げた主な教会・伝道団体一覧…………………………………… 303
あとがき…………………………………………………………………………… 305
事項索引…………………………………………………………………………… 311
人名索引…………………………………………………………………………… 315

序章

　本書は、中国を取り巻く国際環境が大きな変化を遂げつつあった1840年代以降、キリスト教の中国伝道がどのような歴史をたどったのかを、宣教師の活動とそれに対する中国社会の反応を中心に考察するものである。その際常に念頭に置かれるのは、宣教師が国家との関係をどのようにとらえていたのか、国家とどう向き合っていたのかという視点である。

　中国におけるキリスト教布教は、唐代のネストリウス派キリスト教（景教）の伝来にさかのぼる。元代に至ると、同派は也里可温と呼ばれて支配層を中心に一定数の信者を擁したが、漢民族には浸透せず、元朝の崩壊とともに姿を消した。その後、カトリック宗教改革の中で結成され海外布教を担ったイエズス会が、16世紀の終わりに中国にも宣教師を派遣し、漢民族を対象とする組織的な中国布教の時代が幕を開けた。

　イエズス会が採用した伝統文化を重んじる適応主義と、彼らが中国にもたらした天文学の知識や観測機器等の導入が功を奏し、朝廷は同会の宣教師たちを好意的に遇した。だが早くも1616年、南京礼部侍郎の沈㴶が、カトリックが用いる暦や教義を批判し、宣教師と信徒を逮捕、裁判にかける事件（南京教難）が起きた。また1664年、西洋暦法の採用を前提にイエズス会宣教師アダム・シャールが欽天監監正に就き、中国人の欽天監役人が失職すると、楊光先ら知識人が激しく反発し、一時的にシャールは職を追われ投獄された。「暦獄」と呼ばれるこの事件は南京教難よりも規模が大きく、地方にも波及したが、知識人によるカトリック排撃だった点は共通している。

　「暦獄」は、宣教師を重用した順治帝が死去し、康熙帝が8歳で即位して間もなく起きた事件だが、康熙帝は1669年に親政を始めると、キリスト教宣教師を厚遇し、1692年にはカトリックを公に認める勅令を発した。この時江南、広東一帯に100以上の教会があり、この地域だけで信徒数は12万人に達していたという[1]。

だがカトリック内で孔子・祖先崇拝の是非をめぐる論争（典礼論争）が起き、ローマ教皇が「孔子・祖先崇拝は偶像崇拝である」としてイエズス会の適応主義を退けると、康熙帝のキリスト教の扱いは大きく変わり、1724年には康熙帝の後継である雍正帝によってカトリック布教は禁止されるに至った。北京残留が認められた特殊技能を持つ宣教師以外は、この禁令によって広州の指定の教会堂もしくはマカオに送られ、内地への入境は禁じられた[2]。
　とはいえ、各地のカトリック・コミュニティは曲がりなりにも維持され、カトリック信者は多くの場合中国人聖職者の指導の下で信仰を守っていた。この状況は、当局の監視の目が緩やかな地方において特に顕著だった。また滞在先のマカオから、あるいはヨーロッパ本国から、ひそかに内陸に入る宣教師も後を絶たなかった。官憲の目を逃れて内陸部に到達した彼らは、その地域のカトリック・コミュニティを何か月もかけて一か所ずつ巡回し、告解を聴いたりミサを行ったりしていた[3]。
　そのため乾隆、嘉慶期には、カトリックは時に白蓮教などと並んで「邪教」の一つとして扱われ、キリスト教を取り締まる勅令がたびたび発布された[4]。乾隆期の1784年から1785年にかけて広東、湖北、四川、江西、山東、直隷と全国を席巻した取り締まりでは、数十名の宣教師と数百名の中国人信徒が逮捕され[5]、嘉慶期の1805年には北京の宣教師が漢文の古地図をローマに送ろうとしたことが発覚し大規模な迫害が起きた[6]。いずれの取り締まりも、回教徒の反乱、白蓮教徒の反乱による社会不安と、「邪教」による秩序破壊に対する警戒が背景としてあった。
　その後、1811年7月（嘉慶十六年五月二十九日）、陝西省の中国人伝道者の逮捕を機に、「自らキリスト教文書を発行し、勉強会を開き、人々を惑わした宣教師と、宣教師からキリスト教を教えられ、勝手に神甫などの聖職を名乗り、人々を惑わした中国人は、証拠があれば絞首刑に処す」という内容を含む上諭が出された[7]。直後から中国人信徒や宣教師の摘発が始まり、摘発に失敗した官吏の処分も行われた[8]。また北京にあった東西南北の教会堂のうち西堂が破壊され、間もなく東堂も同じ運命をたどった[9]。これは従来

の禁教令に新たな内容を加えたキリスト教禁教令としては最後の上諭であったが（1820年に道光帝が即位した際に発した禁令は過去の禁令を適用したもので、新たな内容は含まれていない）、その後も中国人信徒や宣教師に対する迫害は続いた。

ちょうどそのころ、海外との貿易の唯一の窓口であった広州に、貿易シーズンのみの期間限定で、最初のプロテスタント宣教師、ロバート・モリソン（Robert Morrison, 1782-1834）が、東インド会社の通訳官として滞在していた。

スペイン、ポルトガルの国王の後見を受けていたカトリックの海外布教は17世紀に絶頂期を迎えるが、18世紀に至ってイエズス会がカトリック国の政治権力との対立の末教皇によって解散させられると、カトリック布教全体も往時の勢いを失ってゆく。代わって台頭したのが16世紀の宗教改革によって生まれたプロテスタントの海外伝道である。1730年代以降のイギリスおよびアメリカ大陸における信仰復興運動によって、既存のプロテスタント教会が失った信仰的敬虔さや回心が強調される中で伝道熱が高揚し、18世紀の末にはイギリスで相次いでプロテスタント海外伝道会が設立された。一つはバプテスト伝道会（1792年設立）、もう一つは超教派のロンドン伝道会（1795年設立）である[10]。

伝道のための組織は、産業革命を成し遂げたイギリスで誕生し、イギリス帝国が進出した先に宣教師を派遣した。バプテスト伝道会は、まずインドに宣教師を派遣し、ロンドン伝道会は、タヒチをはじめとする南洋群島、さらに南アフリカを伝道地とした。その後ロンドン伝道会は、「野蛮な国」よりも「文明化された国」を重視する方針に転換し、中国伝道に関心を向け[11]、1807年にロバート・モリソンを派遣した。1793年にイギリス最初の使節マカートニーが乾隆帝に謁見してから14年目のことである。

モリソンは、貿易シーズンの間は通訳官として広州に滞在したが、ここでは中国人に伝道することができなかったので、貿易シーズン外に滞在していたマカオやマラッカでその地に住む海外華人を対象に伝道した。しかし洗礼

を受けてクリスチャンとなる事例はごくわずかにすぎず、信徒を増やすという意味での成果はほとんど挙げることができなかった。

一方カトリックについては、度重なる禁令と宣教師の布教活動の摘発にもかかわらず、1820年代になると、宣教師が密入国しカトリック・コミュニティの再指導に向かう例はさらに増加した[12]。伝道史家ラトゥーレットは、アヘン戦争前夜の1836年時点で、カトリック教徒は最も多く見積もって22万人いたという報告を紹介している[13]。

18世紀の後半から、国内では宗教反乱が相次ぎ、対外的には清朝に通商を求めるイギリスの圧力が高まって内外の環境が変化する中で、禁教政策にも少しずつゆるみが生じ始めていたといえるが、1724年以来の禁教政策に根本的な転換を迫ったのは、アヘン戦争を終結させるために1842年に南京で結ばれた不平等条約（開港場での礼拝堂建設、外国人の礼拝を容認）である。その2年後の1844年には、フランス側の強硬な要求に屈する形で、カトリックを解禁しカトリック信仰を認める勅諭が発せられ、翌年末にはフランスとの交渉を担当していた欽差大臣[14]が、この勅諭の内容がプロテスタントにも適用され得ることを明言した。

しかし宣教師たちが欲したのは大陸を自由に伝道できる環境であり、そのためにはキリスト教信仰の解禁と布教の自由がセットでなくてはならず、さらにその自由が法的な約束ごととして保障されることが必要であった。それは、アロー戦争の末1858年に結ばれた天津条約が、キリスト教を信じる中国人と宣教師の保護を義務づけ、中国国内を自由に旅行する（宣教師にとっては伝道する）権利を認めたことにより実現する。

宣教師たちは、彼らと中国人信徒の保護を義務づけたこの条項を、列強諸国では常識となっていた「宗教的寛容」を認めたという意味で「寛容条項 toleration clause」と呼んだ。

もっとも、宗教改革以来のヨーロッパの歴史の中で確立した「宗教的寛容」が、カトリックや国教会の支配に対するプロテスタント少数者の抵抗によって、あるいはプロテスタント教派間の主流派と反主流派との間で繰り広

げられた闘争の過程を経て定着したものであったのとは異なり、「寛容条項」は、列強と清朝との間にあった圧倒的な経済的、軍事的不均衡の下で成立したものであり、いわば強者の側が軍事的弱者に対し「寛容」を「強制」した条項であった。他方で、「寛容」ということば自体は、専制的な国家権力が許容できる範囲で与える容認も含意しており、その意味においては清朝政府にとってもこの条項は「寛容条項」であって、表面的に見ると宣教師の認識との間に越えがたいギャップがあったわけではない。清朝政府はこの条項を、皇帝が外国の教えを遇し恩恵として与えたキリスト教容認であると認識していたからである。

　繰り返しになるが、これはあくまでも表面的な「寛容」理解である。ヨーロッパ的「宗教的寛容」は、政治的権威と宗教的権威の截然とした区別が前提にあるが、中国では国家の中に区別された二つの権威が存在することは非常識と見なされていた。『中国とキリスト教』の著者、ジャック・ジェルネによれば、「〔中国においては〕宗教は同時に宇宙的、自然的、政治的、そして宗教的な全体としての総体的秩序を強化できるという場合でしか受け入れられなかった。さらに宗教はその教えによって一般道徳を高め、国家とその地域にもたらす超自然的な恩恵によって共同的繁栄に貢献しなければならない[15]」。したがって中国においては、皇帝に対し「寛容」を要求することは倒錯した考えであり、宗教側にできることは、決して秩序を乱すことのない平和と調和を重んじる姿勢を強調し、皇帝から「寛容」を与えられるのを待つことだけだった。

　ちなみに「宗教的寛容」は、権力が許容できない場合、その宗教は容認されないという余地を常に残すもので、当然のことながら、権力側が義務として保障しなくてはならない基本的人権である「信教の自由」と同義ではない。自らの存在をかけた「信仰」の自由が奪われることは、信仰者にとっては死そのものである[16]。この自由は、宗教的寛容のない社会には存在しないが、宗教的寛容があれば自動的に信教の自由が保障されるわけではもちろんない。この条項が、結果として中国人の「信じる自由」を容認したもので

あっても、「信教の自由 freedom of religion」とはおよそ次元が異なることを確認しておきたい。

　欧米の貿易商人が、アロー戦争、そしてその結果締結された天津条約と 1860 年に同条約の批准と追加条項を定めた北京条約が、自国の商品の販路拡大を促したと喜んだのと同じように、宣教師たちは「寛容条項」の成立によって「神のことば」が大陸の隅々にまで行き渡る機会が到来したことを言祝いだ。海外伝道の必須要素は、異国の生活に耐える力とある程度の知的素養を備えた人物＝宣教師、伝道戦略を立て宣教師を派遣する組織、そして本国との交信可能な伝道地である。第一と第二の要素は、キリスト教会が自前で用意できたが、最後の要素である伝道地の獲得は、世俗権力の進出を必須とした。アヘン戦争もアロー戦争も、まさに世俗権力が伝道地獲得に道を開いた典型例であり、宣教師たちにとっては、伝道の前進を促す神の「摂理」に他ならなかった。たとえ外交に頼る伝道をよしとせず、武力行使を積極的に支持しない宣教師たちであっても、そこから得られる恩恵は受け入れたのであった。

　「寛容条項」の成立は一方で伝道の拡大を促したが、他方、1860 年以降中国各地で宣教師の活動に対する反対運動、抵抗運動（教案）が頻発するようになる。これらの運動はしばしば激しい暴力を伴い、物的損害だけでなく宣教師や中国人キリスト者の人命に関わる深刻な事態に発展することもあった。いくつもの教案が外交問題化し、清朝政府の条約遂行義務違反が指摘され、賠償金が課せられるケースもあり、列強は時には軍事示威を用いて清朝に圧力をかけた。こうした外交圧力にもかかわらず、19 世紀後半を通して教案の数は減少することはなく、世紀の変わり目に、反キリスト教運動のピークともいえる義和団事件（1900 年）を迎えることになる。

　宣教師にとって伝道の使命は、昇天前のイエスが弟子たちに告げた派遣命令に基づく絶対的なものであるから、伝道の具体的な方法は様々であったとしても、イエスの命令に従うこと自体はすべてに優先される。伝道はキリスト教のキリスト教たるゆえんであって、これに対して例えば「儒教は宣

教師を派遣して西洋を儒教化しようとはしなかった」と批判しても[17]、生産的な議論は成立しないだろう。中国伝道においては、この使命を果たすための特別の条件が国際条約によって備えられ、戦争を繰り返すたびにキリスト教に対する保護がより手厚くなったといえる。ところが実際には、使命の貫徹を阻む政治的、社会的障害が生じ、さらには宣教師や中国人信徒が危害を加えられるような事案が頻発したわけである。こうした事態を前にした宣教師が取りうる選択肢は全く限られており、極論すれば①神の力と助けのみを頼りとするか、②外交（＝世俗の権力）の助けを借りつつ中国側に条約履行を期待するかの二者択一だった。

現実には、国民国家の一員である一宣教師が純粋に①の方法を貫くことはほぼ不可能であり、何か事が起これば、たいていの場合、一国民として現地の外交代表を通して本国政府の保護を受ける方法、つまり②が用いられた。多くの宣教師は、武力示威による砲艦外交を当然視するか、そこまで確信が持てないとしても力による保護はやむを得ないと考えた。病気や不慮の事故だけでなく、民衆の攻撃を受けて命を落とすという危険と隣り合わせの宣教活動を行っていた彼らは、どうして反発が生まれるのかという疑問を、中国人の誤解や曲解、排外主義を理由として解消することはあっても、自らが置かれた政治的状況を、構造的、歴史的に解明しようとはしなかった。こうした姿勢は、少なくとも1920年代まで極めて稀であったといえる。

先ほど、「寛容条項」は「信教の自由」と同等ではないと述べたが、宣教師たちはしかし、この条項によって自分たちの「伝道の自由」と中国人の「信教の自由」が認められたと理解した。中華民国成立時に定められた臨時約法の自由権に関する第6条第7項「人民には信教の自由がある」は、「信教の自由」を留保なしに保証したものだが、宣教師の理解に即せば、中国はこれより50年以上前に不平等条約の締結によって「キリスト教を信じる自由」と出会っていたことになる。だがいうまでもなくこの自由も、圧倒的な軍事力を誇る列強が清朝との戦争に勝利し、その結果渋る清朝政府になかば無理やり認めさせたもので、中国社会が発見し、自ら主体的に選び取ったも

のではなかった。

　大砲とともに到来した聖書（＝宣教師）[18]になぜ中国民衆が反発したのか。その理由の一つとして、かつてポール・コーエンが精緻に分析した中国的排外主義[19]を挙げることができるが、それと同時にキリスト教と不平等特権との関わりをつまびらかにする必要がある。さらにこの問題を問うことは、現在の中国が2014年以来の十字架撤去に象徴されるような徹底した厳しい宗教統制政策をとっているのはなぜなのかを、歴史的に考えることにもつながるだろう。

　国際条約の中にキリスト教に関する条項が定められ、それが宣教師の活動を保護するという世界史的に見ても稀な事態が生じたことによって、不平等条約の伝道特権は、近代中国におけるキリスト教伝道と帝国主義、植民地主義の結びつきを象徴するアイコンとなった。キリスト教と帝国主義との相互依存関係は、人民革命後の中国でもしばしば取り上げられ、キリスト教勢力は反革命勢力であり、反キリスト教闘争は反帝愛国運動の輝かしい歴史の1ページであるという公式見解が、少なくとも1970年代から80年代初めまで広く採用されていた。1950年代から60年代に教案研究を多数ものした李自岳は、キリスト教を「洋教」と呼び、「反洋教運動は近代中国史上、巨大かつ広範で長期にわたって続いた反帝愛国運動」であると述べているが[20]、これが80年代までのスタンダードな教案観であり、日本の近代中国史研究にも少なからぬ影響を与えた[21]。

　結論ありきのこの「歴史観」の過度な政治性や定型性を批判することは、今では簡単である。しかしだからといって、帝国主義や植民地主義とキリスト教の共犯関係が否定されるわけではない。むしろ「反帝愛国史観」とは異なるアプローチによって宣教師たちの言説や行動を分析し、彼らの植民地主義的思考や発想を考察する必要がある。その際重要になるのは、宣教師たちは例えば「（神は）もろもろの君を無きものとせられ、地のつかさたちを、むなしくされる」[22]という聖書のことばをどう解釈していたのか、国家との関係をどのようにとらえていたのかという視点である。

序章

　本書はこうした問題関心に立って、前半では第1章で、南京条約から天津条約改正交渉までを中心に、中国のキリスト教伝道が享受した不平等特権の成立過程とその変遷を整理する。実のところ、ここで扱う内容や考察のために用いた資料は、すでに多くの先行研究が用いているものだが、これらの資料を読み直し、宣教師側がこの特権をどのようにとらえていたのかという点を特に意識しながら論じてゆきたい。さらに第2章においては、プロテスタント伝道がようやく軌道に乗り始めた1868年に長江流域の古都揚州で起きたプロテスタント宣教師襲撃事件を中心に据え、一地方都市で起きた2日間の事件を出発点として、在地知識人の著作に見られる中国側の「論理」、カトリックとプロテスタントの比較、宣教師と列強現地政府、本国の関係、そしてその後のプロテスタント伝道に事件が及ぼした影響を広く考察する。
　これら二つの章が考察の対象とする時期は、帝国主義以前の1840年代から1860年代までで、プロテスタント伝道がいまだ手探りの状態におかれていたごく限定された期間である。だがこの時期に列強の中国進出がキリスト教伝道とどのように関わり、中国社会がどう反応したのかを丁寧に見ることは、次の時代以降顕著になるキリスト教と帝国主義との結びつきを考える前提として必要な作業であろう。
　続く第3章では、中国に派遣された宣教師たちもその影響下にあった19世紀の海外伝道観を概観した後、不平等条約でキリスト教伝道に与えられた特権に対する宣教師たちの認識が、時代とともにどのように変遷したのか、その過程を追い、最後に宣教師自身による19世紀的伝道観の見直しについて、「伝道再考」を象徴する人物であるパール・バックを手掛かりに考察する。
　キリスト教の海外布教には、福音を伝えるという中心の務めに加えて、必ずといっていいほど医療と教育が付随した。終章においては、そのうち清末におけるキリスト教教育事業を取り上げる。伝道の不振が続く中で、キリスト教教育事業は、キリスト教を「中国のもの」とするための重要な業と考えられたが、この事業が中国社会にどのように受け止められたのかを本書の問

題関心に即して論じたうえで、全体を総括したい。

注
1. 王文杰『中国近世史上的教案』福建協和大学中国文化研究会、中華民国三十六年（1947 年）10 頁。
2. 1723 年 9 月 7 日に、閩浙総督の満保が、福建でカトリックの禁止と宣教師の追放を決定、この報告が同年 11 月に皇帝に伝わり、翌 1724 年 1 月 11 日、雍正帝は一部を除く宣教師のマカオへの追放とカトリック信仰の禁止を決めた礼部の判断を認めた。その後、北京在住の宣教師の嘆願によって、宣教師の追放先に広州も加えられた。この経緯は矢沢利彦編『イエズス会中国書簡集 2　雍正編』（東洋文庫、平凡社、1971 年）の第 1 書簡に詳しい。
3. 宣教師の密入国や内陸での布教の具体的な様子は、同上『イエズス会士中国書簡集』（「康熙編」「雍正編」「乾隆編」）、『中国の布教と迫害　イエズス会士書簡集』（東洋文庫、平凡社、1980 年）で多数確認することが出来る。
4. 18 世紀中頃から、上奏や上諭で「天主邪教」「西洋邪教」などの表現が見られるようになる。例えば、1746 年（乾隆十一年九月）の福建巡撫周学健上奏文「福建巡撫周学健奏，接奉軍機大臣等覆臣前奏，請厳治西洋天主邪教一摺。」『高宗乾隆実録』巻之二百七十五、乾隆十一年九月二十九日。あるいは 1748 年の上諭「至天主邪教，傳自外番，煽惑愚民，所在多有。今雖少加懲創，不可不留心防範。」同上、巻之三百十、乾隆十三年三月一日。
5. 張力、劉鑑唐『中国教案史』四川省社会科学院出版社、1987 年、186-192 頁。ただし乾隆帝は五十年十月（1785 年 11 月）の上諭で、内地で検挙した宣教師について、目的は純粋に布教であって不法は働いていないという理由で、宣教師の希望に応じて北京残留もしくは帰国の選択肢を与えている。魏家驊編『教務紀略』山東印書局、光緒二十九年、巻首、三頁。『教務紀略』は、中国宗教歴史文献集成編纂委員会編纂『東傳福音』第八冊（黄山書社、2005 年）に所収されているものを使用。
6. 張、劉前掲書、192-206 頁。入江啓四郎『中国に於ける外国人の地位』昭和 12 年、東京堂、81 頁。
7. 「嗣後西洋人有私自刊刻經卷倡立講會，蠱惑多人，及旗民人等向西洋人轉為傳習，並私立名號，煽惑及眾，確有實據，為首者竟當定為絞決。」『仁宗睿皇帝実録』巻之二百四十三、嘉慶十六年五月二十九日。
8. 同上、巻之二百四十六、嘉慶十六年七月十六日。
9. Kenneth Scott Latourette, *A History of Christian Missions in China*, Society for

Promoting Christian Knowledge, 1929 (Reprinted by Cheng-wen Publishing Company, 1975) p.178.
[10] そのころイギリスは、貿易拡大交渉のために初の外交使節マカートニーを中国に派遣するが（1793年）、使節団にはプロテスタント教会の牧師も同行していた。しかしその目的は伝道ではない。
[11] ロンドン伝道会は1795年、会衆派の牧師エドワード・ウィリアムズの発案で設立された海外伝道団体。会衆派メインの超教派組織だが、所属宣教師の中でも中国を目指した者たちの多くは長老派系教会出身だった。モリソンや後述のミルンも長老派のスコットランド教会（Church of Scotland）の出身である。ロンドン伝道会の伝道方針の変遷やロバート・モリソンの伝道観がどのように培われたのかについては、Christopher Daily, *Robert Morrison and the Protestant Plan for China* (Hong Kong University Press, 2013) を参照。方針転換を主張したのは、1802年から1825年までロンドン伝道会の宣教師訓練所ゴスポート・アカデミーで教鞭をとったデビッド・ボーグ（David Bogue, 1750-1825）である。ロバート・モリソンも彼の指導を受けた。Ibid., pp.84-87.
[12] R.G. Tiedemann ed., *Handbook of Christianity in China 2*, Brill, 2001, p.397.
[13] ラトゥーレットによれば、1836年時点で、カトリック・コミュニティは甘粛省を除くほとんどの省に存在していたという。Latourette, *A History of Christian Missions*, p183.
[14] 欽差大臣は官職制度に定められていない臨時の役職で、皇帝に直属し重大な事件の処理に当たった。対外的な交渉を担う欽差大臣は両広総督との兼務で広東に常駐した。坂野正高『近代中国外交史研究』岩波書店、1970年、61頁、119頁。
[15] ジャック・ジェルネ著、鎌田博夫訳『中国とキリスト教　最初の対決』法政大学出版局、1996年、144-145頁。
[16] 阿満利麿『宗教は国家を超えられるか』ちくま学芸文庫、2005年、190頁。
[17] Jerome Chen, *China and the West: Society and Culture, 1815-1937*, Hutchinson & Co., 1979, p.95
[18] 19世紀中葉の植民地主義は、キリスト教伝道、貿易の拡大、軍事力の三要素に支えられたという意味で、「聖書・商品・大砲」という表現が使われる。加藤祐三「ギュツラフ『所見』（1845年）と東アジア」『横浜市立大学論叢』第36巻、1984年、58頁。この表現がいつごろから用いられるようになったのか定かではないが、1890年にドイツの首相フォン・カプリヴィは「我々は内陸部にいくつかの拠点を設けるべきだ。そこから商人と宣教師が事業を展開できるだろう。銃と聖書は手を取り合って進むべきである」と公に述べているという。David J. Bosch, *Transforming Mission: Paradigm Shifts in Theology of Mission*, Orbis Books,

1991, p.304. 本書の日本語訳と引用該当箇所は以下のとおり。デイヴィッド・ボッシュ著、東京ミッション研究所訳『宣教のパラダイム転換 下 啓蒙主義から21世紀に向けて』新教出版社、2001年、94頁。ここでは原著を参照した。

[19] Paul Cohen, *China and Christianity: the Missionary Movement and the Growth of Chinese Antiforeignism, 1860-1870*, Harvard University Press, 1963.

[20] 李自岳『近代中国反洋教運動』人民出版社、1958年、2頁。

[21] 代表的な研究として、里井彦七郎『近代中国における民衆運動とその思想』東大出版会、1972年。里井は、19世紀に中国各地で頻発した教案をめぐっては、それを盲目的排外運動と見るか、中国民族解放闘争史の輝かしい一頁として評価するかの全く相反する見解があり、「重要な個々の教案を綿密に考察する研究」もこの「ふたつの評価とどこかで関わらざるを得ない」と述べている（137-138頁）。

[22] 「旧約聖書」『イザヤ書』40章23節。

第 1 章　外国人宣教師と「不平等条約」
「宗教的寛容条項」の成立とその影響
1840 年代から 1860 年代を中心に

はじめに

　本章の目的は、1840 年代から 60 年代までに清朝と列強との間で結ばれた不平等条約に、キリスト教伝道を優遇する条項が挿入された過程とその影響を論じることである。

　国際条約に規定されたキリスト教伝道の特権は、中国が締結した条約の不平等性を象徴するもので、清朝末期から問題視されるようになるが[1]、その不当性が厳しく問われ始めるのは、中華民国成立後、特に 1920 年代以降、ナショナリズムの高まりを背景に反キリスト教運動や不平等条約廃止運動が展開される過程においてである。その中でキリスト教宣教師は、中国を侵略し経済的に収奪する帝国主義列強の庇護を受けながら文化的に侵略する勢力と見なされ、不平等条約の廃棄が重要な政治課題として掲げられた。日中戦争期には、中国共産党が支配した地域の宣教師や教会は法を守ることを条件に保護され、戦争後も、党中央は、新たな解放区の教会財産やキリスト教の慈善施設を保護する指示を下したが、キリスト教による文化侵略との戦いは、貫徹すべき使命としてあり続けた[2]。

　中華人民共和国が成立し、翌年に朝鮮戦争が勃発すると、不平等条約の伝道特権は「アメリカ帝国主義」の象徴として徹底批判の対象となり、それに伴って 1950 年代には、『人民日報』からキリスト教の機関誌（『天風』『協進』など）にいたるまで、キリスト教界の内外を問わず、帝国主義中国侵略史のフレームを用いた伝道特権に関する論考が発表された。

　不平等条約研究は、文化大革命を挟んで 70 年代の終わりまで同じような論調が維持される。しかし改革開放期になるとイデオロギー最優先が後退

し、中華民国期の不平等条約廃棄プロセスの実証研究が重んじられ、その射程も広がり、不平等条約研究は質量ともに大きく進展した。この過程はキリスト教文化侵略論の見直しや、宣教師活動を中国の近代化との関連から考察する研究の増加とちょうど重複している。2010年から翌年にかけては、計12の研究書からなるシリーズ「中外条約与近代中国研究叢書」（李育民主編）が出版された。そのうち2点は、同一の著者李伝斌によるキリスト教と不平等条約の関わりをテーマとした著作である[3]。

本章が考察する「寛容条項」の成立過程は、すでに古くは中華民国の法律顧問を務めたウェステル・ウィロビーや顧維鈞（ウェリントン・クー）[4]、両者の著作から多数引用する入江啓四郎、戦後はポール・コーエン、さらに最近では上述の李伝斌が研究している。したがって本章の考察は単に屋上屋を重ねるだけである恐れなしとはいえない。だがウィロビー、顧、入江はあくまで国際法や外交史研究の視点から中国における宣教師の地位を論じており、宣教師側の認識や意識をテーマに論じているわけではない。

一方、コーエンの研究は、北京条約が結ばれた1860年から1870年までに焦点を当て、教案を誘発させた知識人のキリスト教排撃の言説を中国的排外主義（Chinese antiforeignism）として分析している。さらに、清朝政府、英仏政府の対キリスト教政策を比較検討したうえで、義和団事変への序曲（佐藤公彦[5]）でもある天津教案を詳論している。キリスト教排撃と排外主義の関係については、佐藤公彦が、これら二つの要素――「反外国と反キリスト教」――が表裏の関係にある、すなわち反キリスト教が反外国民族主義の表象であるという認識に立って、太平天国から義和団までを人民闘争史観ではなく民族主義精神の展開として捉えるべきであるという重要な指摘をしている[6]。他方でコーエンの研究は、人民闘争史観に立っていないのはもちろんだが、反外国・反キリスト教を民族主義闘争と結び付けているわけでもない。とはいえ、反外国と反キリスト教の不可分の関係性を分析した先駆的な研究に位置づけられ、筆者もこの研究に多くを負っている。しかしながらコーエンの主たる関心は、キリスト教伝道と国家との関係ではなく、また分

析の重心はカトリックに置かれ、プロテスタント固有の問題はカトリックほど掘り下げられてはいない。

　これらの研究の中で最も新しい李伝斌の著作は、義和団事変以降の歴史に多くのページを割いており、19世紀後半については、宣教師側の資料によって彼らの「不平等条約」認識を検討してはいるものの、1860年から1900年までの概観であり、その上いささか平板であるように思える。それは李が、キリスト教伝道が浴した不平等条約上の特権を中国社会のキリスト教に対する反感の最大の原因とし、人民共和国の成立が伝道特権の完全撤廃をもたらした、という従来の枠組みを大前提としていることとも関係があろう。そのため李の議論は、人民共和国の勝利を絶対視する見方に帰結し、教会と国家、植民地主義とキリスト教の関連という普遍的な問題への関心には開かれていない。

　以下の行論では、これらの先行研究を踏まえて、宣教師が「寛容条項」の成立にどのように関わったのかを具体的に跡付けるとともに、「寛容条項」の成立それ自体や「寛容条項」の解釈をめぐって生じた混乱が、伝道活動にいかなる影響を及ぼすことになったのか、清朝政府（地方官から総理衙門まで）と列強、とりわけイギリス外交代表との間で、さらに宣教師と本国政府との間で、どのような議論が交わされたのかを考察してゆきたい。

１．カトリック解禁の過程

　中国最初のプロテスタント宣教師ロバート・モリソンは、ロンドン伝道会の派遣で1807年9月4日、ポルトガル領マカオの地を踏んだ。清朝政府が外国人に貿易シーズンのみの限定的居住を許していた唯一の都市広州に滞在する資格を得るため、モリソンは東インド会社通訳官の職を得、貿易シーズンは広州の外国人居住区（カントンファクトリー）に、残りは主に家族のいるマカオに滞在した。

　広州の居住区以外、大陸には一歩も足を踏み入れることができない条件下

で、モリソンは通訳官の仕事をこなしつつ辞書の編纂、聖書翻訳、教育事業に力を注ぐ。1813年、孤軍奮闘する彼のもとへ、二人目の宣教師ウィリアム・ミルン（William Milne, 1785-1822）がロンドン伝道会から派遣された。さらに、同じくロンドン伝道会からウォルター・ヘンリー・メドハースト（Walter Henry Medhurst, 1796-1857）が派遣され、1817年にマラッカに到着、1818年にはマラッカに華人の子弟を教育する英華書院（Anglo-Chinese College）も設立された。

1807年の広州来着以来、信徒の数こそごくわずかだったものの、後に続く者のための備えを十二分に整えたモリソンは、1834年に同地で死去する。その前年、イギリス東インド会社の貿易独占が廃止された。清国が禁止していたアヘンの密輸を東インド会社に代わって密輸していた地方貿易商人たちは、独占権廃止によってさらに勢いづき、広州のみを中国との貿易港とする体制に挑戦し、当時のイギリスの外交政策の基調であった対中協調路線を激しく揺さぶった。彼らは、アヘンを含むイギリス側の商品をより広範に売るために武力による中国の門戸開放を求めた。一方宣教師たちは、必ずしもアヘン貿易に賛成していたわけではなかったものの[7]、神のことばをより広範に伝えるために、貿易商人と同様に戦争の発動を望んだ。

アヘンの密輸による銀の大量流出と中毒被害の蔓延という二つの問題を解決するよう清朝皇帝に命ぜられた林則徐が、1839年6月、外国人商人から押収したアヘンを焼却処分したことにより、イギリス側は反発を募らせ、11月に英艦と中国船が広東省珠江の河口で衝突、アヘン戦争の幕が切って落とされた。イギリス艦隊は、1840年6月には広東沖に到達、そのまま舟山群島の定海を占領し、軍事力を誇示しながら清朝に条約交渉を迫り、翌年1月には広州近くの虎門砲台を占拠、さらに厦門、寧波を占領した。

1842年、北上したイギリス艦隊が上海、鎮江等を陥落させ南京をうかがうと、清朝も敗北を認めて8月29日にイギリスと南京条約を結び、翌年には南京条約をより具体化させる五港通商条約および虎門寨追加条約を締結した。またアメリカが1844年7月3日に望厦条約を、フランスが10月24日

に黄埔条約をそれぞれ結んだ。広州に滞在できるのは貿易シーズンの間だけ、しかも妻や家族の帯同は禁じられていた戦争以前と比べれば、これらの条約は、広州、厦門、福州、寧波、上海の開港、五港における領事駐在、関税自主権の制限（以上南京条約）、領事裁判権、最恵国待遇（以上虎門寨追加条約）等、外国人を優遇する多くの特権を保障していた。だが伝道の飛躍的進展を条約に期待した宣教師にとっては、その中身は到底満足できるものではなかった。

　アヘン戦争後結ばれた条約のうち、キリスト教伝道に直接関わる条項は、清米望厦条約（全34条）と清仏黄埔条約（全36条）に含まれた。いずれも礼拝堂、病院、墓所の建設を認めるというもので、望厦条約では第17条に、黄埔条約では第22条にこの規定が盛り込まれた（両条項は、その後の租界建設の出発点となる内容も含んでいる[8]）。規定のおおまかな内容は以下のとおりである。

　　清米望厦条約第17条：アメリカ人は、五つの開港場において貿易、定住、一時滞在、家屋の賃借、土地の賃借と病院、礼拝堂、墓所の建設ができる。土地は、中国の地方官と領事が協力し民情を調査したうえで選定する。中国人は賃料をごまかしてはならず、アメリカ人は無理やり借りて占拠してはならない。中国人が墓所を冒涜した場合は厳罰に処す。アメリカ船の停泊地では、商人や水夫はその近辺に行くことはできるが、内陸の郷村まででかけたり、市で私的に商売したりしてはならない。五港の地方官が領事と協議して定めた境界線は越えてはならない[9]。

　　清仏黄埔条約第22条：フランス人は、黄埔条約第2条に基づき、五つの開港場に居住し、数の多寡を問わず家屋を賃貸し倉庫業仲介業を行ったり、土地を借りて家屋や店を建てたりすることができる。フランス人はまた、礼拝堂、病院、救貧院、学校、墓地を建てることができる。居住地は、地方官と領事が話し合って決定する。土地代や家賃は、この地

域の価格を参考に協議して決定する。中国の役人は中国人が値段を吊り上げないよう注意し、フランスの領事はフランス人が勝手に決めた賃料を無理やり受け取らせることのないよう注意する。フランス人の家屋の数や土地の広さに制限は設けない。もし中国人が礼拝堂や墓所を壊すようなことがあれば、地方官が厳罰に処す[10]。

これらの条項によって宣教活動に必要な教会堂、病院、学校の建設が可能となったわけだが、マラッカ、バタビアなどで華人伝道をしていたプロテスタント宣教師は、戦局が圧倒的にイギリス優位に展開する中、条約交渉が終結しないうちから英軍占領地に拠点を移し始めていた。開港場での居住と宗教活動が認められる前の1843年までに、大陸近くで中国の開国に備えていた宣教師は、合計64名に上る。そのうち16名が開国を待たずに引退し、12名が死去したので、アヘン戦争終結時に東南アジアの華人伝道に従事していたのは36名だった[11]。さらに彼らの幾人かは、バンコックやボルネオ等でそのまま東南アジア伝道を継続しており、実際に中国大陸に渡ったことが確認できるのは28名である[12]。1840年7月にイギリス軍が寧波対岸の舟山列島を占領すると、ロンドン伝道会の宣教医ロックハート（William Lockhart, 1811-1896）が診療所を開設し、1841年1月に同じくイギリス軍が香港を占領すると、1842年初めにはアメリカのバプテスト派、ルイス・シャック（Lewis Shuck, 1812-1863）とイサカ・ロバーツ（Issachar Roberts, 1802-1871）が[13]、7月にはアメリカン・ボード[14]所属のイライジャ・ブリッジマン（Elijah Coleman Bridgeman, 1801-1861）がそれぞれ同地に移動した。彼らは逸る心を抑えることなく、条約が正式に締結されるのを待たずに「中国の扉がまだ半開きのうちに」[15]大陸に向かったのである。

望厦条約、黄埔条約によって、外国人は開港場で宗教活動ができるようになったが、望厦条約第17条に規定されたように、内地旅行（内地伝道）は厳しく禁じられた（この規定は黄埔条約では第23条にある[16]）。ただし、1843年の虎門寨追加条約第6条で開港場周辺の遊歩区域が定められ、条約

第 1 章　外国人宣教師と「不平等条約」

港から 100 里以内で、1 日で往復できる距離の移動のみ、「遠足の程度」[17] だけ認められた。宣教師たちはこの遊歩規定を最大限利用して、開港場を出て 1 日がかりの伝道旅行をしばしば行った。例えば英国教会伝道協会のジョージ・スミス（George Smith, 1815-1871）は、上海と寧波が伝道に最適の地であることを強調しながら「宣教師は、定められた遊歩規定によって、夜のうちに開港場に戻りさえすれば、好きなだけ周辺の内陸地域に入ることが許されている。言い換えれば、半日の内陸旅行ができるのである」と述べている[18]。

　当然のことながら、遊歩規定の範囲で宣教師の理想とする内地伝道を行うことは不可能であった。内陸深く入り込み、そこに土地を買うか借りるかして居住すること、そして中国人に直接伝道することが許されないわけであるから、宣教師たちは、これらの制約が 1 日も早く取り除かれることを強く望むようになる。

　まもなく、伝道上の制約を政治交渉によって取り払おうと、フランスの外交代表が動き出した。対中貿易でイギリスの後塵を拝していたフランスは、布教にテコ入れして巻き返しを図るべく、カトリック布教の特権獲得と中国における自国の地歩確立を明確に結びつけていた[19]。フランス政府の意向を受けた専門外交官のラグルネ（Théodose de Lagrené）は、左遷された林則徐に代わって欽差大臣に就いた耆英を相手に、まずは中国人のカトリック信仰の解禁を求め、執拗ともいえる姿勢で交渉に当たった[20]。ラグルネの通訳を務めたのは元宣教師の通訳官キャルリ（Joseph Marie Callery）で、ラグルネの非妥協的な姿勢は彼の後ろ盾に支えられていたという[21]。

　この時から 1 年以上にわたって続くラグルネと耆英の交渉は、すでに多くの先行研究で取り上げられており、ここで詳論する必要はないかもしれない。しかしキリスト教の布教権確立の第一歩として非常に重要であることから、以下、清朝側の対応を中心に若干詳細に追ってみることとする。

　耆英は、1844 年 11 月 11 日（道光二十四年十月二日）に道光帝に提出した上奏文で、「カトリックを調べたところ、愚民が大勢入信してしまいまし

たが、ただこの200年余問題は起こしておらず、白蓮教、八卦教、白陽教などの邪教とは異なります」「カトリックの信者であって揉め事を起こしたり不法をはたらいたりしなければ罪に問われませんが、もし婦女を誘惑したり、病人の目をくりぬいたりするなど、かつてと同じ様な轍を踏んだり、他の罪を犯したりするようなことがあれば、定めに従って処罰いたします。フランスおよび各国の宣教師については、すでに通商五港で礼拝堂を建て、礼拝を行うことは認められておりますが、内地に勝手に入り伝道して人々を惑わしてはなりません。若し条約に違反し越境するようなことがあれば、地方官が逮捕して領事館に護送し処罰を加えることといたします。但しいきなり刑罰を加えて、争いを生じさせてはなりますまい[22]。」「解禁を求めるフランス側の決意は固いので、峻拒してしまうと面倒なことが起きてしまう恐れがありましょう」と述べ、羈縻政策を進言し、同時に内地への越境を厳しく取り締まるべきであるとした[23]。

　この上奏を受けた道光帝は、すでにフランスと結んだ条約で開港場での礼拝堂建設を認め、決して境界を越えて内地伝道してはならない旨が定められているので、開港場内であればカトリック信仰の容認も不可ではないとして、ラグルネとの交渉をさらに重ねるよう指示した[24]。

　以上のやり取りからうかがえるのは、キリスト教信仰の是非よりもむしろ、外国人が内地に入ることを何としても避けたい清朝政府の強い決意である。果たして1844年12月14日（道光二十四年十一月戊辰）、道光帝は勅諭を発し、カトリックを容認する一方で、内地旅行を厳しく取り締まる内容を開港場の督撫に伝えるよう命じた[25]。さらに耆英は、1845年2月16日（道光二十五年正月壬申）に、この方針を各省全体に通達すべきであると再度上奏し、道光帝もこれを了承した。こうして約2か月にわたる交渉に、いったんは決着がついたかに見えた。

　ところで、道光帝の勅諭が解禁の対象として明記しているのは「天主教」だったため——この頃はまだプロテスタントを指す「耶穌教」は使われていなかった——プロテスタント宣教師たちは、勅諭が自分たちの活動にも適応

第1章　外国人宣教師と「不平等条約」

されるのかどうかに大きな関心を持った[26]。その確認作業はなかなか進まなかったが、ほぼ1年後の1845年12月22日、耆英がアメリカ領事のフォーブス宛に「天主教については、十字架や絵を奉じても奉じなくても、およそ教えを実践し善を行う者はみな罪を問われない。・・・中国は〔彼らを〕おおむね禁止はせず、彼らのしきたりが同じでも異なっていても、それらを区別し拒絶する道理は断じてない」[27]という内容の書簡を送付し、前年の勅諭が「十字架や図像を奉じないもの」つまり、プロテスタントにも適応されることを明らかにした。これは耆英自身の判断であり、皇帝の裁可を得たものではない。

開港場における「宗教的寛容」は中国人にも及ぶことになったが、ラグルネの真の目的は、「宗教的寛容」が各省に及び、内地のカトリックの信仰生活が保障されることであった。彼は1845年8月（道光二十五年七月）、内地のカトリック教徒が官憲に逮捕されたことを口実に、①カトリック信仰の何が善で何が悪なのかを一つ一つ明らかにすること、②耆英の上奏文（2月16日付）を各省に伝えること、③逮捕されたカトリック教徒の釈放、④各省の中国人信徒による教会堂建設と集会開催を認めることの4点を清朝政府に要求した[28]。8月22日、23日と二日にわたって虎門で耆英と直接交渉したラグルネは、強硬姿勢を崩さなかったが[29]、最終的に妥協が図られ、「カトリック信仰に対する寛容」を各省に周知徹底させ、中国人信徒が遠距離を移動せずに、限られた範囲で信仰生活を送ることを認める勅諭が発せられた[30]。ラグルネの四つの要求のうち清朝側は二つを飲んだということになる。

批准書は、ラグルネと耆英の面談の二日後、8月25日に無事交換されたものの、ラグルネはこの決定に決して満足していなかった。彼は12月、五つの開港場を回ったところカトリック解禁の布告が出されていないことがわかったとして、各省の地方官に解禁の諭告（原文は「暁諭」）を掲示させることを求め、これに加えてさらに、康熙年間に建てられていたカトリックの旧財産で残存しているものをカトリック教徒に返還せよ、との新たな要求を突きつけた[31]。

解禁の布告に関するラグルネの要求について清朝側は、1844年にカトリック解禁の勅諭を発した際に、カトリック容認の周知徹底を命じたのだから、それで十分であり、諭告の掲揚は必要ないという立場であったが、結局五つの開港場とその近辺に諭告を掲示することになった。カトリックの旧財産の返還については、耆英と広東巡撫の黄恩彤が連名で「康熙年間から何年も経っており、元の教会堂は廟に改築されているか、そうでなければ民家になっております[32]」「古い家屋がそのまま保存されているはずはなく、空言に頼るようなもので、慮らなければ紛擾が起きましょう[33]」と上奏している。しかし最終的にはラグルネの要求に沿う形で、旧財産がいまだ残っているかどうか随時調査を行い、再度見計らってゆくこととなった[34]。

　その結果、翌月の1846年2月20日に以下の勅諭が発せられ、中国人の信仰とそれに基づく活動に加えて、現存するカトリック旧財産の返還が認められた。

　　　耆英等は、先の上奏で、カトリックを信仰し善を為す人を免罪するよう求めてきた。さらに彼らが教会を建てたり、集まって礼拝したり、十字架や聖画を尊んだり、聖書を読んだりそれについて講じたりすることは、取り締まりの対象とならないようにとのことであった。これらはみなすでに上奏のとおりに取り計わせた。康熙年間の各省にある古い天主堂はすべて、廟宇や民家に改められていて調査の必要がないものを除き、元の建物がまだ現存していることが確実であれば、当該所の信徒への返還を許可する。各省の地方官は、この諭旨を受け取った後、実際にカトリック信仰を実践していて決して匪者でない者をみだりに逮捕すれば、処分を受けることになる[35]。

　旧財産の返還は、内地に財産を持たないプロテスタントにとってもそれ相応の意味を持った。彼らは1846年の勅諭が完全な「宗教的寛容」を与えるものであり、カトリックがすでに築いた足場にプロテスタントも立つことが

出来るようになったと理解した[36]。

一方、勅諭の後半は、偽カトリックの犯罪取り締まりと宣教師の内地布教禁止について次のように念を押す。

> もしカトリックの名前を借りて悪事をなし、遠方から人を呼び寄せ、結託して人を扇動し、あるいは別な宗教の信者がカトリックの名を騙って、事にかこつけて騒ぎを起こすようなことがあれば、一切の作奸犯科は相当の罪名を得させ、定まった決まりに従って処理される。条約の規定どおり、外国人は皆内地に赴き布教することは許されない[37]。

1844年11月から1846年2月まで、約1年3か月にわたったカトリック布教をめぐる交渉は、ラグルネの執拗な攻勢をなだめるために、清朝側が「不得擅入内地（みだりに内地に入ってはならない）」を死守しつつ、ぎりぎりの妥協を図った過程であるように見える。一連の勅令は基本的に、華夷秩序の頂点に位置する皇帝が恩恵として臣民に与えたものであった。しかし恩恵ではあっても国際法上の有効性は持っていなかった[38]。そのため宣教師たちは以後、勅令によって得られた「恩恵」を内地布教権とあわせて条約上の規定とし、国際法上有効な権利とするよう要求していった。またプロテスタント側は、カトリック解禁のプロテスタントへの適応は勅令で認められたものではなく、カトリックを表す「天主教」と並んでプロテスタントを意味する「耶蘇教」の名称が使用されたわけでもなかったため、「耶蘇教」を明記したうえでの容認を謳う条文の規定を強く求めるようになった。

もう一つ、この交渉過程からうかがえるのは、清朝がカトリックに対してもともと抱いていた偏見——婦女を誘惑し病人の目をくりぬく可能性がある——が官僚たちの間にも広く深く浸透していたことである。こうしたキリスト教に対する偏見は明代から引き継がれたもので、19世紀後半を通じて教案の心理的温床として保たれてゆく。

2．アロー戦争まで

　キリスト教信仰が容認され、カトリック旧財産も返還可能となったものの、内地伝道は厳禁という状況の中、はるか以前から潜入を繰り返していたカトリック宣教師の行動はさらに大胆になり、教皇庁もそれまで6つだった教区を15に増やす決定を下したほどで、内陸部での布教活動が発覚する事例が後を絶たなかった。例えば1846年には、フランス人と思しき人物二人が福建、広東、北京を訪れたのちチベットで布教しようとしたケース[39]、湖北省で布教していたスペイン人宣教師を逮捕し、広東に護送したケース[40]、その翌年には一度捕まった人物が再び湖北省で見つかり、さらに中国人に変装し中国人に布教した2名の宣教師が逮捕されるというケースなどが、多数報告されている[41]。後者の宣教師の場合は、山西省、陝西省を回って湖北で布教していた。これ以外にも四川省で拿捕された例、貿易商人のふりをしてチベットで布教していて見つかった例[42]、寧波に教会堂を建てて布教していたフランス人宣教師の例[43]など、様々な手段を講じて内地に潜入するカトリック宣教師は絶えることがなかった。それまで派遣されていなかった修道女会のシスターが来着したのもこの時期で、1870年の天津教案で多くの被害者を出した聖ビンセンシオ・ア・パウロの愛徳姉妹会（Daughters of Charity of At. Vincent de Paul）は、いったんマカオに入った後、1852年に浙江省寧波に移った[44]。

　他方プロテスタント宣教師も、しばしば遊歩規定の範囲を最大限利用したり、時にはその範囲を逸脱したりして伝道旅行を行い、中には領事が介入するケースも生じた。プロテスタント宣教師が地方官・領事レベルの問題を起こした例としては、1848年の青浦事件が有名である。これは、メドハースト、ロックハート、ミュアヘッド（William Muirhead, 1822-1900）らロンドン伝道会の3人の宣教師が、1848年3月、上海の西方30里にある青浦県に伝道用のパンフレットを配布しに行った帰り道、水夫に襲われて持ち物を奪われ大けがを負い、地方官に保護された事件である。彼らは、上海と青浦

第1章　外国人宣教師と「不平等条約」

はぎりぎり1日で往復できる距離（24時間で戻ってこれる距離）なので遊歩規定違反は当たらないと考えており、青浦を訪ねたのも初めてではなく、それまでは何の問題も起きていなかった。

事件発生を知った上海領事のオールコック（Rutherford Alcock）は、上海道台に抗議し犯人の処罰を要求したが、その要求は、上海・青浦間は1日で往復できる距離にはなく、宣教師の行動は条約違反であるとして却下された。この対応に対し、オールコックが副領事と通訳官を軍艦で南京に向かわせ両江総督と直接交渉させる挙に出ると、清朝側は軍事示威を前にイギリス側の要求をすべて受け入れ、事件は解決に至った。

この事件を詳しく論じた坂野正高によれば、この頃漕糧運搬の方法が運河から海路に代わり、運河による運搬を生業としていた水夫たちの大量失業が生じ、生活に困った彼らが略奪行為に走る事態が起きていたという[45]。したがって宣教師の被害も、布教活動が直接の原因ではなかったと見るのが妥当であろう。だが事件が外交問題になったことによって、宣教師の条約違反が問題視され、遊歩規定の定義があいまいであったことが露にされたのである。遊歩区域についてはイギリス側の理解も必ずしも一致しておらず、イギリス公使ボナムは1日の行程を24時間とする解釈を疑問視し、「遊歩区域は運動や気晴らしができる範囲」であり「夜は自分の家で眠らなくてはならない」と述べており、宣教師の主張に批判的だった[46]。

開港場の城内に家屋を借りて住んだにもかかわらず、知識人の反発によって転居を余儀なくされた事例として、1850年の福州神光寺事件も見ておこう。この年英国教会伝道協会から派遣された宣教師ジャクソン（R. D. Jackson）と医療宣教師のウェルトン（W. Welton）は、同年初夏に、福州英国領事館からほど近い神光寺という寺の一角を借り、ここに住むことにした。寺の僧侶は喜んで貸し出したが、間もなく紳士層（地方の名士、知識人）が反発を示し、神光寺からの退去を求める公開書簡「福州城廂内外士民公議拒租神光寺致英人公開信」[47]を発表、福建巡撫の徐継畬に対しても、要望書を送った[48]。彼らの反対運動は、アヘン戦争末期の広州における反英闘

31

争に倣ったもので、アヘン戦争時の欽差大臣解任後、新疆への左遷を経てすべての官職からいったん退き、父親が残した福州の家で療養生活を送っていた林則徐も運動に関わっていた。

徐継畬は公開書簡に対し、彼らの感情には理解を示しながら、イギリス人の役人（夷官）が福州城内に居住できることは、条約の条文に照らせば問題ないので、宣教師をすぐに追い出すことはしないと回答した[49]。その一方で徐は、宣教師に対し転居を勧め、1850年末から翌年1月までの間に両名とも神光寺との賃貸契約を取り消し、これによって知識人の不満も同時に解消された[50]。

これら二つの事例では、宣教師は曲がりなりにも条約上の規定を意識していたが、次第に、規定違反を知りながら、あえてそれを冒して伝道する宣教師が現れてくる。遊歩区域を越えた伝道であっても、現地の人々が友好的に彼らを受け入れる経験を重ねる中で、規定の順守よりも伝道の使命を迷わず優先させるようになった例である。例えば『天路歴程』の漢訳で知られるイングランド長老教会の宣教師ウィリアム・バーンズ（William Chalmers Burns, 1815-1868）は、長江流域の常州に半年滞在したが、その間地方官に一切とがめられることはなかったという[51]。また現地の地方官から通報を受けた領事の警告をものともしない、以下のような例もあった。

1854年3月に中国福音伝道協会の派遣で上海に到着したハドソン・テイラー（James Hudson Taylor, 1832-1905）も、長期の伝道旅行を何度も行ったが、たいていは特段トラブルもなく旅を終えていた。ところが、1855年5月8日に上海から長江を上り、25日間にわたって各地を転々とした際には、途中で立ち寄った靖江の知県が、宣教師の行為は「条約違反」であるとして、上海領事オールコックに抗議を申し入れた[52]。

領事から連絡を受けたテイラーは、6月末に領事館を訪れ、オールコックから「これ以上条約違反を繰り返すなら罰しないわけにはいかない」と申し渡されるが、テイラーはこれを形式的な注意にすぎないととらえた。彼は活動を自粛するどころか、領事との面談後、それまでの旅行から一歩踏み込ん

第1章　外国人宣教師と「不平等条約」

で、内陸で医療伝道活動を行う決心をし[53]、間もなく、長江河口に位置する崇明島の新開河（現新河鎮）に家を借り、診療所を開設した（第2章参照）。領事による「条約違反」の指摘は、伝道活動に何の抑制効果ももたらさなかったわけである。ちなみにこの時テイラーは、常に中国服を着用し、髪型も辮髪にした。これは後にテイラーが設立する中国内地会の基本原則となってゆく。

　南京条約体制下において宣教師たちは、内地への潜入が地方官に発覚し領事館に護送されたり、何らかのトラブルに巻き込まれたり、領事から警告を受けたりしながらも、内地伝道を既成事実化させていたということができる。むろん、彼らはこの状態に甘んじていたわけではなく、南京条約体制下の制限が取り除かれ、内地伝道権が条約の中に規定され合法化されることを強く望んでいた。また宣教師を中国に派遣している伝道会も、政府に直接働きかけて、中国伝道の障壁を取り除こうとした。

　テイラーが所属した中国伝道福音協会は、英米仏と清国との条約改正交渉が断続的に行われていた1854年の11月と12月に、複数の伝道会の幹部を招いて2度にわたる会合を開き、改正条約もしくは新条約には、宣教師の権利、彼らの内地居住権、キリスト者が自由と安全を享受する権利を入れるよう政府に申し入れることを、全会一致で確認した。これらの要望は文書にまとめられ、翌年1月10日に代表者が外相のクラレンドンに面会し、要望書を手渡した。このほか英国教会伝道協会やロンドン伝道会も、それぞれクラレンドンに要望書を送付した[54]。

　クラレンドンは彼らの要求を通して、中国で活動する宣教師が置かれている詳しい状況——この時在華プロテスタント宣教師は86名、うち32名がイギリス人[55]——を初めて知り、最大限の善処を約束した[56]。この年行われていた条約改正交渉は、望厦条約と黄埔条約に規定された「12年後に条約改正ができる」という条項を、最恵国待遇条項を根拠にイギリスにも当てはめて開始されたものだが、クリミア戦争の勃発もあって、実質的な成果は何も得られなかった[57]。しかし宣教師たちの要望は、その翌年に勃発したアロー

戦争（第二次アヘン戦争）後の条約交渉を通して実現することになる。

3．天津条約の成立と宣教師

　1856年のアロー号事件を戦争の好機到来ととらえたイギリスは、カトリック宣教師シャプドレーヌ殺害事件で対中感情を悪化させていたフランスを誘って、中国に宣戦を布告した。アロー戦争は英仏軍優勢のまま展開し、1858年5月20日、英仏軍が北上し大沽を攻略し天津に迫ると、すでに始まっていた条約交渉は、ますます列強に有利に進んだ。翌月、清朝は交戦国であったイギリス、フランスのほか、アメリカ、ロシアとの間に「各国の外交代表の北京駐在」「内地旅行」「アヘン貿易の合法化」のいずれか、もしくはすべてを含む天津条約を結んだ。

　キリスト教伝道に関わる条項も、すべての国との条約に明記された。以下若干煩瑣になるが、締結日順にそれらの条項を列挙する（清米、清英には英文を配す）。条約締結に臨んだ清国側全権は内閣大学士桂良と吏部尚書花沙納である。列強側の全権はそれぞれの条約名の下に記した[58]。

　　清露天津条約（6月13日締結）
　　露側全権：エフィム・プチャーチン
　　第8条：天主教（ロシア正教を指す）はもともと善を行っており、自分の本分に安んじ伝道する者は、憐れんで保護を与え、侮ったり侮辱したりしてはならず、また本分を守っている者の布教を禁じてはならない。ロシア人が貿易港から内地に入って布教する場合は、領事が内地の地方官とともにあらかじめ決められた数に従って通行証を発行できるかどうか調べ、良民であることが分かったら、直ちに花押して通行を許可するという方法で考査する。
　　［天主教原為行善，嗣後中國於安分傳教之人，當一體矜恤保護，不可欺侮凌虐，亦不可於安分之人禁其傳習。若俄国人有由通商處所進内地傳教

者，領事官與内地沿邊地方官按照定額，査驗執照，果系良民，卽行畫押放行，以便稽査。]

清米天津条約（6月18日締結）
米側全権：ウィリアム・リード
第29条：キリスト教はプロテスタントもカトリックも、人に善を為すよう教え、人にそうしてほしいと思うことを他者にするように教える宗教である。今後、これらの教えを分に安んじて告白し実践する者たちは、信仰のゆえに辱めや迫害を受けることはない。アメリカ合衆国人か中国人信徒かを問わず、自分たちの教義に従ってキリスト教を平和裏に教え実践する者はだれでも、干渉を受けたり邪魔されたりしない。
[The principles of the Christian religion, as professed by the Protestant and Roman Catholic churches, are recognized as teaching men to do good, and to do to others as they would have others do to them. Hereafter those who quietly profess and teach these doctrines shall not be harassed or persecuted on account of their faith. Any persons, whether citizens of the United States or Chinese converts, who according to these tenets, peaceably teach and practice the principles of Christianity shall in no case be interfered with or molested.]
[耶穌基督教聖教，又名天主教，原爲勸人行善，凡欲人施諸己者亦如是施於人。嗣後所有安分傳教習教之人，當一體矜恤保護，不可欺侮凌虐。凡有遵照教規安分傳習者，他人毋得騷擾。]

なお清米天津条約には内地旅行に関する条文は入っていないが、この権利は最恵国待遇条項によってアメリカにも均霑された。また第12条で、開港場における教会建設が認められた。

清英天津条約（6月26日締結）

英側全権：ジェームズ・ブルース（第8代エルギン伯爵・第12代キンカーディン伯爵）

第8条：キリスト教は、プロテスタント、カトリックを問わず、善の実践を説き、自分がしてもらうように人にもせよと教えている。そのためキリスト教を教えたり告白したりする者には中国政府の保護が与えられ、自らの使命を平和裏に追求し法を犯していない者は、迫害されたり干渉を受けたりすることはない。

[The Christian religion, as professed by Protestants or Roman Catholics, inculcates the practice of virtue and teaches man to do as he would be done by. Persons teaching it, or professing it, therefore, shall alike be entitled to the protection of the Chinese authorities, nor shall any such, peaceably pursuing their calling, and not offending against the law, be persecuted or interfered with.]

[耶穌聖教暨天主教原係爲善之道，待人如己。自後凡有傳授習學者，一體保護，其安分無過，中國官毫不得刻待禁阻。]

続く第9条で、領事が発給し地方官が副署する通行証を取得すれば、中国のどの地方にも自由に旅行ができる、いわゆる内地旅行権が明記された。また開港場から百里以内で5日間で戻ってくることができる距離であれば、通行証は不要とした。ただし、政府の敵対勢力が騒擾を起こしている南京等へは、情勢が落ち着くまで通行証の交付を見合わす旨が規定された。敵対勢力とは、直接的には太平天国軍を指している。太平天国については後述する。

このほか第12条は、イギリス臣民は開港場であっても他の場所であっても（在各口与各地方／whether at the ports or at other places）、家屋、倉庫、教会、病院、墓地の建設を希望する場合は、妥当な金額で契約を交わすことが定められた。この時用いられた「在各口与各地方（whether at the ports or at other places）」の文言は、後に内地居住を認めた条文であると

第 1 章　外国人宣教師と「不平等条約」

拡大解釈される余地を残した。

　　清仏天津条約（6 月 27 日締結）
　　仏側全権：バロン・グロ
　　第 13 条：キリスト教は人に善を為すよう教えることを基本とし、この教えを奉ずる者はみな身の安全と持ち物の安全がはかられ、集まって礼拝し聖書を読むこともおおむね彼らの思うように任せ、第 8 条に明記されている押印済みの通行証を持って平和裏に内地布教を行う者には、地方官の手厚い保護が与えられる。カトリックを信仰しその教えに忠実であろうと願う中国人は、決して禁止されたり、処罰されたりしない。これまで中国政府によって記録されたり発せられたりしてきた禁教文書は、全省において無効となる。
　　［天主教原以勸人行善爲本，凡奉教之人，皆全獲保佑身家，其會同禮拜誦經等事概聽其便，凡按第八款備有蓋印執照安然入内地傳教之人，地方官務必厚待保護。凡中國人願信崇天主教而循規踏矩者，毫無其禁，皆免懲治。向來所有或寫，或刻奉禁天主教各明文，無論何處，概行寬免。］

　また、第 8 条に内地旅行権が明記され、第 10 条で開港場における教会の建設、教会や墓地の保護が規定された。さらに、この時清とフランスは、広西省で起きたカトリック宣教師シャプドレーヌ殺害事件の賠償方法を定めた付属条約もあわせて結んだ。
　キリスト教伝道に関するそれぞれの「寛容条項」の条文は、キリスト教の活動全般が守られること、すなわち、宣教師と信徒が保護享有権を有することが明記されたという共通点があるものの、細かな点で興味深い違いもある。プロテスタント国アメリカの条文には、いわゆる黄金律（マタイによる福音書 7 章 12 節「人にしてもらいたいと思うことは何でも、あなたがたも人にしなさい」）が含まれ、イギリスの条文でも黄金律に相当する内容が簡潔に表現されているが、ロシアとフランスの条文にはない。他方、ロシアと

フランスの「寛容条項」では、「内地旅行権」が宣教師の「内地伝道権」として明確に記載されているが、イギリスの条約では、「内地旅行権」がキリスト教伝道と無関係に他の条文で独立して扱われ、アメリカの条約には、条文そのものが存在しない。またアメリカとイギリスの条文は、プロテスタントと並んでカトリックにも言及があるが、ロシアとフランスのそれにはプロテスタントは入っていない。おなじプロテスタント国であっても、イギリスの条文はアメリカのそれと比べるとだいぶ簡潔である。

　アメリカ全権の通訳官として条約交渉を補佐した宣教師ウィリアムズ（Samuel Wells Williams, 1812-1884、アメリカン・ボード）は、英米仏露4国の全権が交渉に臨む姿勢を、このように描写している。

　　　ロシアには国境問題があり、フランスにはキリスト教を強化しその正当性を証明するための独自の方式がある。イギリスは貿易を促進させようとし、アメリカは自国の影響を拡大させ得ることは何でも手に入れようとしている。しかしこれら4国は、この帝国の門戸開放に効果がある要求については異論なく一致している[59]。

　一致点はあったとしても、条約交渉時に何を最も重視するかはそれぞれの国で異なっており、その姿勢の違いは、キリスト教関連条項に対する熱意や関心の度合いにも影響した。次節ではこれらの条文を比較しつつ、キリスト教の保護享有権の確立にプロテスタント宣教師がどのようにかかわったのかという観点から、アメリカとイギリスの条約交渉過程を中心に考察してみよう。

（1）アメリカ人宣教師と天津条約交渉

　天津条約交渉で全権を務めたアメリカ公使のリード（William Reed）を通訳官として補佐したのは、ウィリアムズと、『万国公法』（原著 *The Elements of International Law*）の訳者としてよく知られるマーティン（William

第 1 章　外国人宣教師と「不平等条約」

Alexander Parsons Martin, 1827-1916、アメリカ長老教会[60]）の二人の宣教師である。ウィリアムズとマーティンは、公使の意向を確認しながら条約案の起草にも関わって清朝側との交渉に臨んでおり、単なる通訳官以上の務めを果たしていた。マーティンの回想録によれば、ウィリアムズは北京官話が得意ではなかったため、実際の通訳はマーティンが務めることが多かったようだが[61]、キリスト教信仰と伝道に関する「寛容条項」は、ウィリアムズが原案の作成を担当した[62]。「寛容条項」は、他の条文と比べて最も交渉に手間取り、挿入のハードルが高かった条文で[63]、ウィリアムズは原案の書き直しを何度か迫られている。以下、清米天津条約に「寛容条項」が入った過程を、ウィリアムズ自身が 20 年後の 1878 年に書いた短い回想と、彼の日記と手紙に基づいて彼の息子が書いた伝記を基に、再現してみる。

ウィリアムズが最初に提出した条文案は、6 月 13 日に調印された清露天津条約第 8 条の漢文テキストをたたき台としていた。彼は清露条約調印の翌日、同条約の漢文テキストを入手すると、プロテスタントに当たる「耶穌教」を「天主教」の前に配置して「耶穌基督教聖教、又名天主教」に変え、清露条約にある宣教師数の制限や通行証の部分はすべて削除した原案——つまり内地伝道を無条件とする案——を作成し、清朝側に提示したという[64]。しかし清朝側の役人が、内地伝道への言及を理由にこの原案に難色を示したため、ウィリアムズは清露条約から削除した「通行証の確認と人数制限」の部分を元に戻し、「耶穌教」のみを追記した条文案を再提出した[65]。

ところが、再提出したこの条文案も調印予定日の前日になって却下され、清朝側から代替案が示された。それは、中国人信徒の信仰は保障するものの、アメリカ人宣教師は開港場に留まり領事と地方官の管理下に置かれるべしというもので、内地伝道は許可しない内容だった[66]。却下の理由は、アメリカ人宣教師は、ロシア人と異なり妻と家族を帯同するため、現地でトラブルを起こす恐れがあること、さらにロシア人の内地進出の目的は純粋に伝道活動だが、アメリカ人の内地伝道は貿易を伴う可能性が高いことが懸念されたことである[67]。ウィリアムズは、清朝政府は北京に長年ひっそりと住ん

いたロシア正教会聖職者たちの様子もよく知っており、彼らは中国語に堪能であるので、たとえ内地に赴いたとしても何の問題も起きない、と判断したのだろう、とも述べている[68]。

ウィリアムズは、再提出案が却下された翌日の条約調印日の朝食前に、今度は「外国人宣教師」にも「内地伝道」にも触れない条文案を送付した。これに対し9時半に届いた回答には、キリスト教徒の礼拝や宗教書の配布に関する文言が削除され、中国人であっても「開港場」以外での宗教活動を禁ずるという、前日よりも後退した内容が記されていた。だがウィリアムズはそれまで対話を重ねてきた清朝側の役人と直接交渉し、提出した内容をどうにか認めさせることに成功し、これにわずかな修正が加えられて第29条が成立した[69]。清露条約が調印されてから6日の間に、ウィリアムズは、「寛容条項」を3度提出し3度とも却下されたが、最終的には3度目の草案の微調整版が採用されたのである。

こうして最終的には、「内地伝道」への言及を一切避け、宗教的寛容とキリスト教徒の保護享有のみが謳われている草案が正式条文（清米条約第29条）として採用された。英文に関しては、ウィリアムズの原案の「whoever」が「Any persons, whether citizens of the United States or Chinese converts, who」に置き換えられた。リードが、アメリカの条約なのだから「合衆国民」が入るべきである、と主張したからである[70]。

すでに述べたように、清米条約に内地伝道権、内地旅行権が明記されていなくとも、これらの権利は、最恵国待遇条項（清米条約の場合第30条）によって、アメリカ人にも均霑されることになる。しかし、自国が清国と結んだ条約に明記されていない権利が最恵国待遇条項頼みとなることは、決して理想的な形ではなかった。ウィリアムズは、三つ目の原案が却下され、一時的にではあるが、内地伝道権どころか保護享有権も、最恵国待遇条項を当てにするしかなくなる状況に陥ったことを振り返り、「私たちの条約からこの条項がすべて除かれて、こんな重要なことが、イギリス、フランス、ロシア頼みになるかもしれない瀬戸際まで追い込まれたので、この結果を心から喜

第 1 章　外国人宣教師と「不平等条約」

んでいる」と 6 月 17 日の日記に記している[71]。

　リードも、第 29 条の「寛容条項」は、宣教師にとって十分満足のいく内容のはずだと確信していた[72]。とはいえ彼は「寛容条項」の挿入に熱心だったわけではない。リードによれば、「内地伝道」に言及していない最終案を見た清朝側が、「数を限定し、家族を伴わず、領事と地方官が認証した通行証を携帯すれば、宣教師が中国のどこへでも伝道ができる」という清露条約第 8 条と同様の内容を提示してきたという。しかしこの申し出を、リードは以下の理由から断っている。第一に彼自身が通行証システムに反対であること、さらに乱立するプロテスタント諸教派の宣教師の数を限定することは不可能であり、妻の帯同は不可欠であること、加えて「宣教師のみへの偏った特権付与は、宣教師と貿易商人との間の権利の差異を認めること」である[73]。

　リードの言動には、彼自身のキリスト教伝道に対する見方が示されているのだが、それを論じる前に、清朝側の「寛容条項」に対する姿勢について触れておく必要があろう。最初の条文案が却下されたため、清露条約第 8 条とほぼ同一の文言に戻して再提出した条文案は、調印予定日の前日に清側に拒否されたとウィリアムズはいう。そのため、「内地」も「宣教師」も言及しない最終案を提出した。にもかかわらず、その最終案に関し、清朝側はリードに上述のような提案をしてきたのである。清朝の「寛容条項」に対する考え方も、首尾一貫していなかったのではないかと言えそうである。

　もともとリードは、ウィリアムズの草稿に関して「あなた方の条項を入れることができれば、もちろんそれで構わない。しかし〔伝道に関する〕条項が入るにしろ入らないにしろ、18 日に調印するつもりだ」と言っており、彼にとっては「寛容条項」は挿入されてもいいが、予定された日に首尾よく調印できることがより重要であった[74]。またリードは、伝道活動に「何の熱意ももっていない」といい、それまでアメリカの対清外交が宣教師に依存してきたことは認めながらも「宣教師がその情熱のあまり、条約の範囲を越えることを選ぶのであれば、彼は自らの行き過ぎた行為のために保護を求めて

政府を煩わせるようなことはせずに、自分で危険を引き受けることに甘んじるべきだ」とも述べている[75]。リードは、宣教師を通訳官としては重んじるが、キリスト教伝道を中国における自国の利益に資するとまではとらえず、むしろ紛争の種になるという清朝側の懸念を共有していたとすらいえるだろう。

　リードは、宣教師の内地伝道によって現地の人々との間に不要な対立が生じることを避けようとしたが、この姿勢は、当時の対清外交政策とも関係がある。1855年、それまで臨時代理公使（commissioner）マクレインの通訳官を務めていた宣教師ピーター・パーカー（Peter Parker, 1804-1888、アメリカン・ボード）が、マクレインに替わって代理公使に着任した。パーカーは林則徐の診察をしたことでも知られる医療宣教師であったが、対中強硬姿勢を貫いた人物でもある。彼は1856年10月のアロー号事件の報に「三国同盟によってアメリカの地位を高めることができる」と喜び、11月にはアメリカ海軍初の軍事力発動に関わり[76]、条約改正を有利に進めるために米軍の台湾占領を画策した。しかし1857年4月、アメリカ政府は対清穏健路線への転換に伴ってパーカーを更迭、法学者のリードを駐華公使（minister-plenipotentiary）[77]に任命したのだった。

　リードの補佐役として条約交渉に関わっていた通訳官マーティンには、リードの外交姿勢が理念の欠如と映っていたようである。マーティンは、「リード氏にはしっかりとした原則というものがない」と述べ、条約案にアヘン禁止を提案したことを「人気取りである」と一蹴している。さらに「寛容条項」の実現も「アメリカのキリスト教コミュニティのご機嫌取りにすぎない。彼はウィリアムズと私に、彼がこの大義のために成し遂げたことを、キリスト教コミュニティの人々に充分気づかせるようにと露骨に要求してきた。私たちはこれを侮辱と感じた」と手厳しく批判している[78]。とはいえ、これはあくまで一個人の公使評であり、リード自身が一定の評価を与えていたように、アメリカの対中国政策における宣教師の役割はその後も重んじられ、外交代表との協力関係は維持されていった。

第 1 章　外国人宣教師と「不平等条約」

　以上が、天津条約の保護共有条項成立に、アメリカ人宣教師が果たした役割と、それに対する公使の見方だが、最後に興味深い後日談に触れておきたい。
　天津・北京条約が批准されてから17年後の1877年5月、上海で第1回の宣教師会議が開かれ、諸教派の在華プロテスタント宣教師142名が出席して中国伝道に関する様々な問題が話し合われた。会議では、条約上の権利もテーマに掲げられ、アメリカ北長老教会宣教師レイエンバーガー（J. A. Leyenberger）が、「中国人キリスト者の条約上の権利とその擁護に関する宣教師の務め」と題する講演を行った。
　レイエンバーガーは、カトリックによる条約の特権乱用とは対照的に、プロテスタントは中国人が清朝臣民であることを尊重しながら特権を正しく行使しており、問題が生じた際に領事が介入するのは当然であると述べているが、それは当時としてはごく平均的な主張である。しかし公の会議で条約について講演した宣教師が、次のような誤った認識を持っていたことは、特記に値するだろう。レイエンバーガーは、天津・北京条約に「寛容条項」が規定されたいきさつを、当時のアメリカ公使リードがこう説明していると述べた。「寛容条項は中国人の交渉担当者が積極的に挿入しようとし、交渉に従事していた宣教師は、だれ一人この条文の挿入を主張しなかった。中国人担当者が積極的でなかったら、この条項が条約の中に盛り込まれることはなかった。つまり宣教師は、中国皇帝の招きに応じて、その権能と裁可のもと伝道しているのである」[79]。
　講演後の質疑でロンドン伝道会のエドキンス（Joseph Edkins, 1832-1905）が、保護享有条項の文言「勧人為善」は、宣教師ウィリアムズによって提案されたものだと述べて、講演者の発言を一部訂正したが、議場には、より正確な条約交渉過程を説明できた宣教師はいなかった。
　ウィリアムズは、宣教師会議でのこの発言を知ると、早速レイエンバーガー宛に訂正を求める手紙を送った。手紙を受け取ったレイエンバーガーは、伝道総合雑誌 Chinese Recorder の編集部に、自らの訂正文と手紙全文

の掲載を依頼した[80]。

レイエンバーガーが紹介した「リードの発言」は、1869年6月号の Chinese Recorder に掲載された記事からそのまま引用されたものではないかと思われる。同記事は、1868年に起きたイギリス人宣教師襲撃事件（揚州教案、次章で詳論）を議題としたイギリス上院議会の様子を報告したものであるが、その中で記事の書き手は天津条約の内地伝道権について触れ、メソジスト教会の牧師が、あるキリスト教の集会で次のような話をしたと記している。

> リード氏は、「条約上の宣教師の権利は中国人担当官の要望に応じて、キリスト教の倫理と博愛の精神を高く評する皇帝が喜んで挿入させた。列強政府は、我々公使が寛容条項を主張することを認めていなかったので、この条項の挿入は中国政府のおかげなのだ」と発言したのです[81]。

このメソジスト教会の牧師が、直接リードの話を聞いたのかどうかは全く分からない。リードが「寛容条項」の挿入に積極的ではなかったことは彼自身が認めており、清側は清露条約8条並みの規定を提案しているので、引用の後半は事実を大幅に誇張して伝えたとも解釈できなくはないが、それも確かめようがない。確かなことは、伝聞に基づいた根拠薄弱な記事がこのまま訂正されることなく流布し、さらに8年後に再び公的な場で引用されたことである。キリスト教伝道の特権が皇帝自らの提案であるという主張は、宣教師たちが保護享有特権の由来をかなりいい加減に考えていたことを示している。だがそれ以上に、順治帝や乾隆帝のカトリック宣教師の重用を彷彿とさせるものであり、彼らもまた皇帝権力を利用してキリスト教の保護享有権を正当化しようとしていたともいえるだろう。

（2）イギリス人宣教師と天津条約交渉

アメリカの対清外交がキリスト教伝道を最優先事項としなかったとはい

第 1 章　外国人宣教師と「不平等条約」

え、対清外交上のアメリカ人宣教師の役割は、その後も変わることなく重視された。これに比してイギリス政府とイギリス人宣教師との関係は、事情を異にしている。最初の宣教師モリソンは、広東の貿易監督官ネイピアの通訳官として対中交渉にも関わり、モリソンの死後は、その後任に、やはり宣教師でプロシア人のカール・ギュツラフ（Karl Gützlaff, 1803-1851）が起用された。しかし南京条約締結以降、宣教師は次第に必要とされなくなり、彼らがイギリスの対清外交に直接参与する機会は相対的に少なくなった[82]。天津条約交渉時通訳を務めたのは、レイ、そして後に駐華公使に就いたウェードといった外交畑の人間である。それでは、いわば外交の蚊帳の外に置かれるようになった宣教師たちは、清英天津条約の締結とどのような関わりを持ったのだろうか。

　英米仏と清国との条約改正交渉が断続的に行われていた1854年、ハドソン・テイラーが所属していた中国福音伝道協会を中心に、複数のキリスト教団体が「改正条約もしくは新条約には、宣教師の権利、彼らの内地居住権、キリスト者が自由と安全を享受する権利を」入れるようクラレンドン外相に働きかけたことはすでに触れた。その4年後、天津条約交渉が始まると、現地の宣教師たちも動き始める。

　1858年5月29日、上海と寧波在住のイギリス人宣教師10名が、全権公使エルギン宛に連名で請願書を提出した[83]。彼らは、イギリスが仕掛けた戦争が、宣教活動に対する偏見をもたらすかもしれないという懸念を率直に表明しながらも、結果として内陸各地に「福音の真実を広める機会」が得られることを期待し、次の二点を要求した。

　一つ目は、プロテスタントの中国人信徒の信仰を保障し保護を与える内容を条約に明記し、条文では、プロテスタントの訳語として「耶穌教」を用い、「天主教」と明確に区別することである。1844年の道光帝のカトリック解禁の勅令は、耆英の判断でプロテスタントにも適応されていたが、彼らは、信じる自由と宗教活動の保護をプロテスタントに保障し、カトリックとは別な教えであることを「耶穌教」の呼称を用いて条約の中で明確に示すよ

45

う求めた。この時宣教師たちは、中国人信徒の保護の必要性はそれまで以上に切迫していると考えていた。なぜなら太平天国軍と清朝との戦いが激しさを増していたからである。書簡はこの点について次のように記す。

 もし帝国の軍隊が南京の叛徒（太平天国軍を指す）を成功裏に破滅させれば、おそらくキリスト教に対する迫害が後に続くことになるでしょう。彼らの宗教は政治的に危険であるとみなされ、プロテスタント宣教師は反乱の教唆者であると誤解され、またこの国の敵として扱われるかもしれません。ほんの数か月前のことですが、彼らの本や教理が私たちのそれと似ているために、信徒2名が〔清朝の官憲に〕つかまり投獄されたままになっています。彼らは宣教師を案内するため上海から内地伝道に同行していました。ですからいまこそ、プロテスタントに対する寛容さが保障されることが必要であると思われます。

太平天国とは、広州でアメリカ・バプテスト教会の宣教師ロバーツに学んだ経験を持つ洪秀全が、キリスト教に着想を得て広西省で「拝上帝教」を創始し、この宗教を国是として1853年に建てた清朝とは別の「国」である。1840年代に始まった洪秀全の宗教運動は、次第に現地当局との軋轢を生み、清朝支配に対する反対闘争となってゆくが、洪秀全を教えたロバーツだけでなく、多くの宣教師たちがこの動きに早い段階から注目していた。1854年にはアメリカ公使マクレインとイギリス公使バウリングが相次いで太平天国を訪問し、アメリカ公使の訪問には、ブリッジマンとカルバートソン（アメリカ長老教会）の2名の宣教師が通訳として同行した[84]。

 外交交渉の相手をどちらにすべきか、清朝と太平天国を天秤にかけていた列強は、その後アロー戦争が勃発してしばらくは清朝との交渉を優先させ、太平天国との関係は途絶えた。だが、宣教師の太平天国に対する関心は、彼らの宗教の誤りを正してキリスト教伝道の進展につなげられるのではないかという期待とともに維持されていた。エルギン宛ての書簡に名を連ねた宣教

第 1 章　外国人宣教師と「不平等条約」

師のうち、グリフィス・ジョン（Griffith John, 1832-1912）、エドキンス、ミュアヘッド（いずれもロンドン伝道会所属）、バードン（John S. Burdon、英国教会伝道協会所属）の 4 名は、1860 年に太平天国が占領した蘇州を訪問し、王たち（太平天国には複数の王がいた）に面会している[85]。1861 年以降、彼らの期待は太平天国の実情を知れば知るほど失望に変わり、政治的にも宗教的にも希望的観測は大きく後退するが、1858 年の段階では、彼らはまだ太平天国の宗教を完全否定してはいなかった。彼らはむしろ、太平天国の宗教とプロテスタント（キリスト教）を同一視して中国人クリスチャンを迫害する清朝の地方当局に批判的であり、中国人信徒たちが蒙る被害を懸念していたのである。

　宣教師たちがエルギンに呈した二つ目の要求は、「宣教師自身が内地に住み、伝道旅行をする権利」である。上に引用した文章にも、上海から内地に入ったことが堂々と書かれているが、しかし「時々、現地当局からわが国と彼らの国とが相互に結んだ規定に違反していると責められる結果」を招いた。だが彼らによれば「条約港以外での内地旅行の禁止は、それが強制されないことによって事実上空文（a dead letter）となって」いるという。すでに述べたように、開港場外での伝道は当局から追及されることもあったが、問題なく伝道できるケースの方が多かった。

　なし崩しに行使されたのは内地旅行権にとどまらない。彼らは、すでに内地に住んでいるカトリック宣教師がいることだけでなく、プロテスタント宣教師が家屋を借りて住みこんだ例も挙げている。だが、実際に問題なく居住できているのは、カトリック宣教師のみであると彼らはいう。フランスやポルトガルのカトリック宣教師は、「沿岸から遠く離れた地に住んでも地方当局に黙認される」のに、「私たちは一度ならず、自分で借り入れた住居や説教所を、知県の干渉のために諦めなくてはなりませんでした」。「他国の人々は邪魔されないのに、英国領事は自国の民を条約港に送り返すよう求めるというのは理にかなっていません」。したがって「黙認によってではなく、権利として内地旅行が認められること」が望ましく、それだけでなく「内地に

住む」権利の条文化が必要であると彼らは訴えた。もっとも、カトリック宣教師の内地居住はすべて黙認されていたわけではない。カトリック宣教師たちが自分たちよりも優遇されていることを強調しようとしたのか、この書き方には誇張が含まれている[86]。

　1856年、アロー戦争の法案が可決し臨戦態勢に入った時、すでに中国福音伝道協会はじめ複数の団体から要請を受けていた外相クラレンドンは、全権に任命されたエルギンに対し、戦争を終結させる条約に含まれるべき項目を列挙し、貿易に関する様々な要求と並んでキリスト教伝道についても触れ、信仰の自由と宣教師の保護、内地伝道の容認を勝ち取るよう指示していた[87]。しかし宣教師へのエルギンの回答は、彼らの要請には否定的だった。エルギンの考え方はこうである。キリスト教国は東アジア在住の自国民のために治外法権を得ているが、その上さらに内地居住や滞在の権利を求めるならば、それらが乱用されないよう注意を払う義務がある。だが、条約を結び中国で地歩を固めたキリスト教国が、この義務をきちんと果たしているとはいえない。しかも、特権に守られて悪事を働き外国人に対する反感を生じさせるような輩もいる。条約の特権が信仰者を迫害から守ることは正しいが、特権の恩恵を得るために、偽の信仰を身につけようという誘惑に中国人が駆られるかもしれない。「適切な予防策が採られないのであれば、それらの特権がどれほど乱用されてしまうかを、残念ながら考慮しなくてはなるまい」[88]。

　エルギンの回答は、宣教師の具体的な要求に応えていないだけでなく、保護享有権の悪用も懸念しており、総じてキリスト教伝道に対し冷ややかで非協力的である[89]。その冷淡さは、宣教師たちの請願書と同日にエルギンに手紙を送ったジャーディン・マセソン以下48名の貿易商人たちへの回答と比較すると、よりはっきりするだろう[90]。

　エルギンの見方は、天津条約交渉時通訳官として彼に仕えたトーマス・ウェードも証言している。ウェードは、天津条約の改正交渉が行われようとしていた時期に、1858年当時を振り返って、宣教師の要求を受けた時のエ

第1章　外国人宣教師と「不平等条約」

ルギンの対応を、以下のように述べている。「エルギン卿は、条約にキリスト教に関する条項を挿入することに、重大な疑義を抱いておられた。卿は、キリスト教布教に影響を与える条約上の規定を強行することは、私たちの感情にも反するし、このような条件を飲まされる国の感情を逆なですると考えておられたと私は理解している。また、キリスト教そのものが政治的な支えによっては進展しないという信念の持ち主でもあった」[91]。

エルギンがこうした見解を持つに至った背景として、1857年12月にオールコックが提出した覚書を見ておく必要があるだろう。当時広東領事であったオールコックは、貿易商人らが新条約への挿入を期待していた「内地旅行」「内地河川の自由航行」を中心に問題点を整理し、覚書としてクラレンドンに提出した。前年に宣教師の要請を受けて発した指示と矛盾する内容だったが、クラレンドンはこの文書を「中国での実務経験豊かな人物の、傾聴すべき意見」として、香港にいたエルギンに送付した[92]。

覚書の中でオールコックは、内陸に入り込んで混乱を引き起こし、その結果イギリスをはじめとする列強諸国に多大な不利益をもたらした者たちとして、貿易商人と宣教師を挙げ、後者についてはまずカトリック宣教師を次のように批判した。カトリック教徒と当局の間に介入し、内地居住を強行し、フランスの保護を公然と受けているカトリック宣教師のゆえに、キリスト教布教が扇動と革命の道具と見なされ得る。キリスト教伝道の進展を阻むもっとも悪しき敵は、「宣教師自身と、彼らの守り手であると公言する支持者たちである」と[93]。

また宣教師の内地伝道については、すべての人々が内地への旅行を認められることが前提だとし、宣教師が条約を遵守し、信徒が関わる裁判への介入をやめ、列強が自国の宣教師の活動に便宜を図らないようにすれば、宣教師をめぐるトラブルはなくなるだろうと主張している[94]。

この1857年の時点でオールコックは、宣教師と悪質な行為を働く商人の両者を中国社会の秩序を乱す存在としてほぼ同列に扱っているが、彼が駐華公使となっていた1868年に外交問題となった二つの教案（台湾教案と揚州

49

教案）が起きてからは、キリスト教伝道は貿易よりもはるかに秩序破壊的な影響を与えるという極めて厳しい見方をするようになった。1868 年以降と比べると、1857 年の覚書は宣教師の内地伝道についてまだ楽観的ではある。しかしながら、すでに内地におけるキリスト教伝道、特にカトリック伝道とフランス政府の対応に見られる問題を明確に指摘しており、この覚書を受け取ったエルギンが、オールコックの見解から様々な示唆を受けたであろうことは想像に難くない。

　こうした過程を経て、清英天津条約におけるプロテスタント宣教師と信徒の保護享有権は、清米天津条約第 29 条をたたき台に、より短くまとめた第 8 条に盛り込まれ、宣教師たちが求めた「耶穌教」の名称も明記された。キリスト教個別の特権としては、4 国がそれぞれ結んだ天津条約の中で最も短い条文であり、清米条約以上に消極的に導入されたという感が強い。

　では内地伝道権はどうだったか。清英条約も清米条約同様、キリスト教の特権としての内地伝道権は認めていない。しかし第 9 条で「旅行あるいは貿易目的のために内地に赴く権利」が規定されており、その中に内地伝道権も含まれるものと理解された。だが条文に明らかなように、旅行権を行使する者として想定されているのは、外交関係者や貿易商人である。この点は、同じ交戦国との条約でありながら、内地伝道権を独立させて明確に規定した清仏条約とは対照的である。

　10 名のイギリス人宣教師がエルギンに提出した要望にあったように、プロテスタント宣教師は、日ごろの経験から、カトリック宣教師がすでに自分たちよりも優遇された環境で活動していると感じていた。天津条約の内容を知った彼らは、カトリック布教をさらに後押しする内容を含む清仏条約と英清・米清天津条約の内容を比較し、当然のことながら後者に不満を覚えた。

第 1 章　外国人宣教師と「不平等条約」

4　北京条約の成立と不動産取得権の確立

（1）清仏北京条約と「伝教論単」の発布

　清朝政府は、露仏英米 4 か国と天津条約を締結し、1858 年 11 月にはアヘン貿易を合法化する通商協定も結んだが、清側は内地旅行に加えて、条約に規定された外交代表の北京駐在も望んでおらず、批准が行われないまま数か月が経過した。1859 年 6 月に北京で批准書の交換が予定されていたが、交渉は決裂し、清朝は英仏と再び戦闘状態に入る。1860 年 10 月、仏軍と英軍による円明園の焼き討ち、略奪を経て清朝が降伏、24 日から 25 日にかけて天津条約の批准書交換と、同条約への追加内容を盛り込んだ北京条約の調印、批准が行われた[95]。

　北京条約において、天津条約に規定されたキリスト教徒の保護享有権と内地旅行権が確定したほか、清仏条約（「続増条約」）第 6 条によって、道光帝が勅令で認めた旧財産の返還が条約上の権利として認められた。さらに第 6 条にはこれまでにない特権も盛り込まれたが、この特権は漢文テキストのみに書かれた。第 6 条の漢文テキスト全文は以下のとおりである[96]。

　　続増条約（1860 年 10 月 25 日、咸豊十年九月十二日）
　　第 6 条：道光二十六年正月二十五日の上諭で全国の民に示したように、各地の軍民らが天主教を伝習し、集まって説教し、教会堂を建てて礼拝を守るのは自由である。さらにみだりに取り調べて逮捕するような者には、相応の処分を与える。またかつて天主教を奉じる者を迫害した時に没収した天主堂、学堂、墓地、田土、建物などは、北京駐在のフランス領事を通じて該所のキリスト教徒に償還されなくてはならず、<u>加えてフランス人宣教師は各省において土地の借り入れ、購入、教会堂の建設を自由に行なうことができる。</u>
　　［應如道光二十六年正月二十五日上諭、卽曉示天下黎民，任各處軍民人等傳習天主教、會合講道、建堂禮拜、且將濫行查拏者，予以應得處分。

又將前謀害奉天主教者之時所充之天主堂、學堂、塋墳、田土、房廊等件應賠還，交法國駐箚京師之欽差大臣，轉交該處奉教之人，<u>並任法國傳教士在各省租買田地，建造自便。</u>」

　漢文テキストのみに記載された特権とは、フランス人宣教師に付与された不動産の購入、貸借の権利（上記下線部分）である。この文言は清朝側には無断でフランス側通訳によって漢文テキストに挿入されたもので、仏文テキストには存在しない。天津・北京条約は、清仏天津条約第3条「今後すべての条文に関し、漢文と仏文との間に議論の余地が生じる場合仏文を正文とする」の規定に基づき、仏文テキストを正文としていたので、漢文条文が仏文に優先して法的効力を持つことはなかった。

　この文言が漢文テキストのみに挿入された経緯について、ラトゥーレットや衛青心は、ドラマール（Louis Delmarre）単独加筆説（条約交渉時に通訳を務めた宣教師のドラマールが正式交渉日の前に事前に書き加えた）を取っていたが[97]、加筆の経緯を丹念に調べた王中茂は、挿入にはもう一人の通訳官メリテンス（Baron de Méritens）も関与していたことを明らかにしている[98]。

　清朝政府は、この文言が仏文に存在しないことには気づいていなかった[99]。しかし後に見るように、漢文テキストの「各省」をあくまでも「開港場」と見なし、内地における土地の貸借、購入は認めなかった。

　王中茂は、漢文テキストの加筆は、清朝政府だけでなくフランス政府も把握していなかったと指摘する。彼はその根拠として、フランス公使ラルモン（Lallemand）が1867年に江西省の代牧バルドュ（Jean Baldus）に宛てた書簡で、「フランス政府と全権代表グロはかつても今も、北京条約条文に旧不動産返還の規定はあるが、新たな不動産を取得する権利は規定されていないことを知っている。漢文テキストに異なる文言が含まれているとしても、そのことを彼らは事前には全く知らなかった」と述べていることを挙げている[100]。フランス政府が二つのテキストの相違に気づいたのがいつなのかは

第 1 章　外国人宣教師と「不平等条約」

はっきりしないが、後述するように、1865年2月に当時のフランス公使ベルテミー（Jules Berthemy、1826-1903）が漢文テキストの「各省」について総理衙門に問い合わせをしているので、遅くともこの時点までには気づいていたといえる。これは顧維鈞も指摘しているところである[101]。したがって、北京条約発効後しばらくは、漢文テキストのみに挿入された権利規定を根拠とする不動産取得の動きはみられず、当面は旧財産の返還を通してカトリック布教地の再建と拡大が目指されたと考えられる。

　布教の拡大は、地域社会に波風を立てた。それまで数のうえでは少数であり、時には変装して目立たない形で内地に入っていた宣教師は、もはや変装の必要もなくなり[102]、大手を振って信徒たちの信仰生活を指導できるようになった。だが、信仰生活の指導は、信徒が生活圏の中で抱える問題——非教徒との確執や不和——への介入につながり、時には宣教師が保護享有権を盾にフランス政府の力を借りて外交的に決着をつけようとするケースも生じるようになった。北京条約によって宗教的権益を築いたフランス政府と、その庇護に与ろうとするカトリック宣教師の相互依存は、地方官から一般庶民にいたるまで多くの人々の反感を招き、教案の誘因を醸成してゆく。

　フランス政府は、フランス人以外のカトリック宣教師をも保護の対象とした。フランスの領事が発行し清朝政府（地方官）が副署した通行証は、ベルギー、イタリア、スペイン、ポルトガル人の宣教師にも発給され、彼らに関わる問題は、清朝とフランスの間で議論された。フランスの宗教保護は、中国人司祭にまで及ぶこともあった[103]。

　さらにフランスは、カトリック布教を広めるための次のような具体策を講じた。1861年3月末に、フランス外交代表クレツコウスキー（Michel A. Kleczkowski、1862年6月から前任公使ブーブロンに代わって臨時代理公使を務めた）は、「布教の目的は純粋に善行を勧めることであって、他の意図は一切なく、信徒のために公私に及ぶトラブルに干渉することはない」という文章とともに天津・北京条約の特権条項を掲載した文書（「諭単」）を作成し、天津・北京条約の規定に基づき設置された総理各国事務衙門に280部送

付、総理衙門の公印を押し交付するよう求めた[104]。これを各地の宣教師に通行証とともに携帯させ、宣教師自身と布教先の地方官が内地布教の権利を理解し、また宣教師が権利行使の範囲をわきまえ、控えるべき行為を自覚できるようにするためである[105]。

諭単の内容は、各省督撫、各府州県、各地の関所（関津卡隘）に周知され、信仰には直接関係のない問題について、宣教師が信徒に便宜を図るようなことが万が一あれば、各地方官は諭単に従ってその場で直接宣教師に反論し、介入を許さず、同時に至急総理衙門に連絡することとされた[106]。

だがその後、フランス側の思惑通りに事が進んだわけではなかった。総理衙門のトップである恭親王奕訢（1833-1898）は、「伝教諭単」を交付したにもかかわらず、事態はむしろ悪化していることを、1861年12月1日（咸豊十一年十月二十九日）の上奏で述べている[107]。

上奏では二つの例が具体的に挙げられている。一例目は、山西省の段振会という小作人の信者に関するクレツコウスキーの要請である。この信者は荒れ地を小作していたが、地主が田賦を増やそうとしたので、田賦の量は段自身が定めて納める旨、総理衙門から山西巡撫に伝えてほしいという。恭親王は、小作人が田賦の量を恣意的に決めるなどありえないことで、段振会の行為は明らかにカトリック教会を恃みとした迷妄であり、放置すれば土地の横領や納税拒否が広まりかねないと懸念を示している。

段振会なるこの信徒は、山西省所管の豊鎮庁が管轄しているカトリック村の農民たちを代表して、村人が被っている苦境——何十年にもわたって荒れ地の開墾と耕作に従事してきた彼らに対し、地主が突如課してきた不当な小作料を拒否したところ、家を占領されたり家畜を奪われたりするなどの仕返しを受けた——を訴えた人物である[108]。この資料を読む限りは、段振会はやむにやまれぬ状況に追い詰められて宣教師を頼ったと考えられるが、恭親王の上奏にはそうした複雑な背景までは言及されていない。

二例目は、山西省で布教しているフランス人宣教師が、信徒と非信徒の間に生じる些細な問題に干渉するため、双方からの衙門への訴えがやまず、加

えて勝手に決まりを作り、信徒に演劇や迎神賽会（伝統的な祭祀行事）の費用の支払いを禁じてしまったという事例である。恭親王は次のように訴える。この宣教師は、支払い拒否を信徒に勧めるだけでなく、非信徒を異端と決めつけ住民を分断しているので、それによって両者の対立が深まっている。信仰を理由にカトリック教徒を責めてはならないが、教民の立場を利用して本分を守らず、土地を占有したり納税を拒否したりしてまじめな民を欺くならば、カトリック教徒としても失格であり、規則に従って罰しなくてはならない。恭親王はこう述べて、問題を公平に処理するよう各省督撫に求めるべきであると提案し、この上奏に基づき、12月3日（咸豊十一年十一月二日）に上諭が発せられた[109]。

　恭親王が例示した山西省では、ここで布教にあたっていたカトリック宣教師が、山西巡撫英桂に迎神賽会費の強制徴収をしないよう強く求める文書（章程）を送付していたが[110]、上諭が発せられると、フランスは総理衙門に、教民の不和の原因は、迎神賽会費の強制徴収であるとして、上諭の内容を周知徹底させ、前回の諭単の内容を再確認することに加えて、信徒の迎神賽会費支払いを免除することを明記した文書を送付、これを新たな「諭単」として発布するよう要求した[111]。数日後の1862年2月7日（同治元年一月九日）に発行された「伝教諭単」は、迎神賽会費、演劇、焼香費の免除についてくどいほど説明し、差徭（物品や労務の徴発）は信徒も非信徒と同じように負担すべきだが、差徭が全体の4割、迎神賽会費が6割であれば、信徒は4割負担すればよろしいと、具体的な数字まで上げて説明している[112]。

　ところが2度目の諭単が発布されて2か月も経たないうちに、総理衙門は再びフランスから抗議交じりの要求を受けた。1862年4月4日（同治元年三月六日）の恭親王の上奏によると、フランス公使ブーブロン（Alphonse de Bourboulon）が、改めて迎神賽会費の強制徴収をやめることを地方官に徹底するよう求めている[113]。あわせてブーブロンは、各地の状況をみると1861年12月の上諭に沿った措置が取られていないと指摘し、カトリック教徒に関わる問題を公平に処理することを、再度徹底周知するよう申し入れ

た。これを受けて同治帝は同日、問題を迅速にかつ公平に処理し、一視同仁の意を示すようにとの上諭を発した[114]。

この間、清朝がフランスの再三にわたる要求をほぼ受け入れているように見えるのは、その中身に納得していたからではもちろんない。フランスが送付してきた「諭単」の原稿について、総理衙門は、各省に送った咨文の中で「従うべきものは規定どおりに処理し、故意に厳しく要求して、宣教師があれこれ言ってこないようにすべきです。もし規定に基づいて処理することが難しければ、適宜策を講じて融通をきかせ、公平性と妥当性を保つべきで、一律にすべて譲歩して地方の民情にそぐわないようなことがあってはなりません」[115]と述べている。フランスは信徒と非信徒との対立を緩和させるために上記の提案をしたが、清朝政府はその効果を疑っている様子が見て取れる。

さらに太平天国軍が寧波、杭州を占領し、上海にも数回にわたって攻撃を加えていた1862年当時、フランスとの対立を避けなくてはならない政治状況も大いに影響していた。上海保全のためには、強力な軍隊を持つフランスを味方につけて太平天国軍と戦ってもらう必要があったからである（実際1862年5月、清朝軍はフランス軍とイギリス軍の協力を得て寧波奪還を成功させた）。恭親王ら総理衙門は、先に引用した上奏の2日後に再び上奏し「天主教は異端であり、解禁したといっても内々に防備策をとるべきです」「時勢を見誤まり、その時々に応じて適切に対処せざるを得なくなっても、両方の害悪を比べて害の少ないほうを選ぶのです」と述べ、上海保全に成功した後でカトリックの弊害の程度を判断し、臨機応変に対応することを提言している[116]。

ここまで北京条約の締結から2度目の「伝教諭単」交付までの経緯を見てきた。この間に出された上諭や「諭単」は、清朝側に対しては天津・北京条約のキリスト教関連条項を誠実に履行し、信徒が関わる問題を公平に処理し、信仰に基づく迎神賽会費支払い拒否を認めるよう求め、宣教師に対しては、布教に専念し、信徒の公私にわたる問題に介入しないよう求めている。

56

第 1 章　外国人宣教師と「不平等条約」

しかし実は「諭単」は、19 世紀後半を通じて教案の大きな原因となった不動産問題については全く言及していない。条約締結の翌年には、マテオ・リッチやアダム・シャールらが眠る北京の墓地や、同じく北京の四聖堂（北堂、南堂、東堂、西堂）の敷地と建物が返還された（四聖堂のうち原形のまま保存されていたのは南堂のみ）のだが[117]、この時点では、旧不動産の返還や新規不動産の購入に伴うトラブルは、まだそこまで顕在化していなかったからだと考えられる。

内容が遵守されたとは到底いえないものの——教案が頻発したのはその証左である——「諭単」はその後の清朝政府の対キリスト教政策の基本的な方針を列強各国に示すある種の規範となった。1881 年 6 月 13 日にプロテスタントの扱いに関する「諭単」が発布された時も、1862 年の「諭単」が参考にされている[118]。

この間のやり取りに関し、フランスがこだわった迎神賽会費徴収問題についても述べておきたい。異教の神ないし神的存在への拝礼を含む迎神賽会は、キリスト教が禁ずる偶像崇拝であり、信仰の節操を貫くためにその費用負担を拒否した事例は古くから多数あった。しかしその時代には、外交ルートを通じて突き付けられる要求を清朝が飲まざるを得ないという状況は存在しなかった。古くから存続していたカトリック・コミュニティにとっても、迎神賽会費支払い拒否には、それまでとは異なる意味が付与されていた。フランス側は、「信徒たちの訴えによると、〔非信徒との〕不和の主たる理由は、彼らが迎神賽会、演劇、焼香の費用を負担しないことである」と述べているが[119]、支払い拒否が、宣教師の指導が行き届くようになって（あるいは干渉が激しくなって）偶像崇拝禁止が徹底されたことによるのか、信仰の節操を守り続けた信徒の自主的判断だったのか、詳細はわからない。だがボブ・ホワイトの次の叙述に依拠すれば、前者であった蓋然性が否定できないであろう。

　　迫害されていた脆弱なカトリック・コミュニティに宣教師が戻り〔信

徒たちを〕保護したことは、文字どおりの祝福というわけではなかった。〔宣教師不在の期間〕中国人信徒たちは、外国の宗教というキリスト教のイメージから離れて、彼ら独自の生活様式を確立させていた。彼らにとっては不幸なことに、この生活様式は19世紀のカトリック宣教師を特徴づける堅苦しい権威概念には必ずしも合致していたわけではなかった。中には、コミュニティの孤立によって、教義理解に混乱をきたした地域もあったことは確かで、宣教師の恐れも故なきことではなかった[120]。

キリスト教伝道に与えられた不平等特権の弊害として、中国人カトリック信徒が自分たちの要求を通すため、フランスの外交力に支えられた宣教師に依存したことが挙げられるが、ホワイトが提示する宣教師像は、頼りになる存在よりむしろ、カトリック教義の土着化を図り、曲がりなりにも地域社会に溶け込んでいたカトリック・コミュニティの平穏な暮らしにさざ波を立てる存在である。むろん先に引用した上奏も指摘しているように、宣教師の持つ力を自分の世俗的な利益のために利用しようとした信徒もいたわけだが、宣教師の「帰還」は、正統教義の再確立を通して、それまでの信徒と非信徒との関係性に大きな変化をもたらす面もあったといえるだろう。

　異教的習慣と決別しカトリック信仰の節操を貫いて迎神賽会費の支払いを拒否したことに加えて、フランスの圧力で支払いが免除されたことが問題を大きくした。信徒たちの迎神賽会費不払いは、非信徒の負担を増やしたり迎神賽会そのものの規模の縮小を招いたりして、信徒に対する非信徒の反感や憎悪をいや増し加えた。芝居見たさにこっそり忍び込んだり会場の外で聞いていたりする信徒がいじめられるケースも頻発した[121]。さらにこうしたトラブルに宣教師が介入したため、村人たちの感情は一層悪化した。このようにして両者の間に生じた緊張状態は、宣教師による旧不動産の返還要求や土地建物の新規購入、新規借り入れによってさらに高まることになった。

（2）旧カトリック不動産の返還をめぐって

　北京条約締結時にカトリック、プロテスタントそれぞれの信徒数がどのぐらいであったのかは、その前後の不完全な統計から概算を推測するしかない。ラトゥーレットによれば、カトリック教徒は1850年に33万人、1870年に37万から40万人であった[122]。一方プロテスタントは、北京条約締結以前は禁を犯して内陸を目指す宣教師がいたとはいえ、伝道の効果はほとんど上がっていなかったので、1860年時点での信者数は1853年時から大きな変化はなく、大半が開港場（沿岸部）在住者だったと考えられる。また1858年の数字では、プロテスタント宣教師の数は81名、彼らを派遣する教会や伝道会の数はあわせて20であった。1860年以降内地布教が解禁されたとはいえ、宣教師の数は圧倒的に不足していたうえ、内地布教の必須条件である住居と集会施設の確保が、合法的権利としてプロテスタントに与えられるのかどうかも、全く不透明な状況にあった。何より「旧財産」なるものは有していなかった。すでに述べたように、ハドソン・テイラーのように開港場の外に住居を入手した宣教師もいたことはいたが、これも取るに足らない事例であり、北京条約締結後しばらくは、プロテスタント宣教師が、総理衙門と外交代表の介入が必要な不動産取得問題を生じさせたケースは、少なくとも資料上は見られず、不動産問題はもっぱらカトリック布教固有の問題であった。本書が最も関心を寄せるのはプロテスタント伝道だが、プロテスタント伝道にとっての不動産問題を論じるための前提として、この問題をめぐるカトリック宣教師およびフランス外交代表と総理衙門（清朝政府）との交渉過程を見ておく必要があろう。

　内地布教が本格化してからまもなく、各地で教会堂や孤児院が放火、打ち壊しの被害を受けたり、宣教師やカトリック教徒が暴行を受けたりする事件が徐々に増加した。とくに貴州、江西、湖南、四川でのカトリックの被害は深刻で、再三にわたって善処を申し入れていたフランスは、1862年12月の総理衙門宛照会文で、教案の早期解決のために軍艦（太平天国鎮圧のための部隊とは異なる）を派遣する用意のあることを通告した[123]。フランスの断固

たる意志の表明を受けて、翌月、各省の総督に対し適切に対応するよう指示する上諭が下された[124]。

　この動きと並行して、フランスは旧教会堂についても早期に返還するようしきりに求めた。先にも少し触れた北京条約締結の翌年に返還された東堂や西堂のように、元の建物や土地が残っていれば手続きは比較的容易だったが、教会堂が他の用途のために改造、転用され引き渡しを迫ることができない場合、それに見合った公有地を提供するか、適当な公有地がなければ民有地を買い上げて提供する、あるいは金銭で解決するなどの対応がとられた。カトリック側が旧財産の所有を証明する文書を有すケースはほとんどなく、返還の要求が恣意的に行われることも日常茶飯事であったが[125]、清朝政府はここでも基本的に羈縻政策をとって不必要な争いを避けようとしていた。こうした姿勢が示されている初期の事例として、山東省済南市の高都司巷に乾隆帝時代に建てられた教会堂の跡地が、1861年3月に返還された例が挙げられる。教会堂はすでに壊されており、跡地には一般人が住んでいて土地の返還も困難だったため、3月14日の山東巡撫の上奏とそれに対する3月18日の上諭で、民有地を買い上げて相殺することが決定した[126]。このほかにも、同年5月の杭州の旧教会堂の返還要求に対し、旧堂が長年天后宮として使われているため代替用地を提供することとなった例などがある[127]。これらはいずれも比較的短期間で決着がついた例だが、交渉がこじれて解決に時間がかかるケースも多かった。

　1861年8月5日には、フランス人宣教師が山西巡撫に、「絳州にある東雍書院はもともとカトリック教会堂だった」と主張して、返還を要求した[128]。この書院は、皇帝から与えられた千坪を越える土地に建てた教会堂が、雍正の禁教によって接収されてから増改築されたもので、正統儒教を学ぶだけでなく、孔子諸賢を祀る施設となっていたため[129]、当初清朝は代替地を返還に充てる提案をしていた。しかし、宣教師がこの提案を受け入れず、書院自体の返還を求めたため交渉は長期化した。総理衙門はフランスに、先賢を祀る書院は紳士たちの学問の場であり教育の場であるから、突然明け渡すことは

第 1 章　外国人宣教師と「不平等条約」

難しく、ましてや無理強いすれば紳士たちは承服しないだろうと注意を促していたが[130]、フランスの主張に折れる形で、書院ごと返還されることが1862年5月に決定した[131]。だが実際の手続きは遅々として進まず、11月には書院の敷地内に新たな廟が建てられるなど、手続き履行のサボタージュも起きたほどで[132]、1864年1月に落着するまで1年半以上を要した[133]。途中、1863年4月にクレツコウスキーが臨時代理公使を退任し、6月に着任したベルテミーが対応を引き継いだ[134]。このケースでは、宣教師が襲われるなどの暴力沙汰は生じなかったが、次に述べる教案は、人々の反発が実力行使に発展した例である。

　1863年3月、四川省重慶でカトリック教会への襲撃事件が起きた。事の発端は、かつて重慶城にあった四つの教会堂の代替不動産として、巴県にある崇因寺（長安寺）が、川東代牧区主教ジョセフ・デスフレッシェ（1814-1887、パリ外国宣教会所属）に提供されることになったことである。フランス側は長らく使われていない廃寺であることを理由にこの寺を選んでおり[135]、清朝側も、崇因寺は文昌諸神を祭ってはいるが、祭祀を司ってはいないうえに廃寺であるからとフランスの要求を受け入れ、1863年2月5日には皇帝の裁可が下った[136]。しかしその一方で、総理衙門は、この寺は地元の紳士たちが資金を集めて建てたものであるため、地方官が彼らにいくばくかの金を与え、事を荒立てないよううまくさばくことを期待していた[137]。ところが、カトリック教会に引き渡す手続きを行うべき川東道台の呉鎬が、言を左右にしていつまでたっても手続きに応じようとしない。デスフレッシェの報告によると、彼が前年の1862年11月24日に直接道台を訪ねて要望を伝えたところ、道台は「寺は確かに廃寺だが、保甲局を設けているので引き渡しは困難である」と述べたという[138]。道台はそもそも返還に反対だったのである。そうこうするうちに返還の噂を聞きつけた紳士らが、崇因寺の引き渡しに抗議しはじめた[139]。フランスとの交渉を担当していた成都将軍崇実は、デスフレッシェの発言を引きながら、知識人の抗議は川東道台の指示によるものであることを示唆している[140]。

成都将軍崇実と四川総督駱秉章が、川東道台と巴県の知県に早急に返還するよう改めて求めてから間もない1863年3月13日、陳桂林という人物に率いられた千人もの群衆が、武器を手に寺に集まり、そこから出発して姜家巷にあるカトリック教会、宣教師宅、学校、孤児院、診療所など教会施設18か所と教民宅を襲った[141]。デスフレッシェの報告によれば、襲撃は3日間にわたって続き、数十人の男女が負傷し、中にはむごい形で殺害された信徒もいた。また道台と知県が首謀者たちと通じていたことも強く疑われたという[142]。しかし後述するように、最終的にはこの人的被害は認定されなかった。

　崇因寺の返還交渉を担当していた崇実と駱秉章は、当時これ以外にも、1861年7月に貴州省貴陽府の青岩鎮で起きた教案と、翌年2月に貴陽府開州で起きた教案の処理に当たっていた。前者は、貴州提督で代行巡撫の田興恕が貴陽のカトリック教会、学校の破壊を命じ、7月29日に中国人修道士3名と調理師1名が秘密裏に処刑された事件である。貴州教案を詳細に論じたポール・コーエンによれば、キリスト教に対する田興恕の憎悪は、反キリスト教感情が特に顕著であった湖南出身であることと、太平天国軍と戦った経験によるものであった[143]。湖南における反キリスト教運動については次章でも触れる。

　翌1862年2月には、貴州省開州のカトリック信徒が、主教の指示で元宵節のための出費を拒んだことをきっかけに、一般住民との対立が高まり、開州知府が宣教師と信徒数名を逮捕、処刑した。貴州の地方官が教案を首謀した事態に直面した総理衙門は、崇実と駱秉章に対応を依頼した[144]。貴州で起きたこれらの教案は、外交政策の転換を迫られていた清朝が1860年以降直面した中で、最初の重大な事件であった。その最中に重慶の事件が起きたのである。

　3月13日に重慶教案が発生してから9日後の3月22日、崇実と駱秉章は連名で上奏し、教会襲撃に至るまでの背景を説明した川東道台の次のような叙述を引用している。崇因寺は重慶城全域を眺望できる高台にあり、軍事拠点としても重要な場所で、文昌諸神も祀られているので、紳士たちは宣教師

第 1 章　外国人宣教師と「不平等条約」

に他の場所を選んで教会堂を建ててほしいと願っていた。当日は知県が紳士たちを集めて寺の引き渡しについて相談していたところ、無学な輩が宣教師との口論をきっかけに真原堂等の教会施設を打ち壊した。事件後ただちに官憲が急行し犯人8名を取り押さえたが、けが人はいなかったと。この説明は、崇因寺が廃寺となって久しいというフランスや崇実自身のそれまでの認識はもとより、襲撃の現場にいた宣教師の目撃談とも大きく異なっている[145]。結局川東道呉鏞は、「愚民」の襲撃を招いたとして解任された。

　1863年10月には、4月に北京を去ったクレツコウスキーの後任として6月に着任したばかりのフランス公使ベルテミーが、11月にデスフレッシェとともに総理衙門を訪問した[146]。この時の様子を記した崇実宛ての総理衙門の書簡には、清朝に事件解決の指南をするデスフレッシェの尊大さと、ベルテミーの比較的公平な姿勢が対照的に記されていてなかなか興味深い。いきり立つ宣教師をわき目に、総理衙門に対し「焦ることはありません。ただ閣下が公平にさばいて事を収めるよう願っております。前例に則った処罰は必須でありますが、それ以外に特に要求はございません」と述べたベルテミーに、宣教師はがっかりした様子だったという。デスフレッシェが北京に来たのは、公使を後ろ盾にして要求を遂げようとしたからだが、その目論見を果たすことなく彼は四川に戻っていった[147]。

　崇実らは、川東道呉鏞を解任した後に任命した新道台に事後処理に当たらせた。デスフレッシェは四川を離れることも多く、そのまま時間が経過したが、次第に状況も落ち着いてきて、デスフレッシェが四川に戻った後、紳士側との間に和解が成立し、事件は解決することになった[148]。その結果、教会側の物的被害のみ認定され、犯人は「無知な輩」であって、彼らをそそのかした者はいない、とされた。また肝心の崇因寺は現状のまま旧四会堂の代替とはせず、それに見合う金銭と事件によって生じた損害に対する賠償あわせて15万両を、紳商の積み立てから5年かけて支払う（最初に4万両、残りの11万両を4年かけて支払う）ことで決着した[149]。総理衙門が和解案を上奏したのは1865年3月5日で、皇帝が1863年2月に寺の引き渡しをいった

ん認めてから、約2年が経過していた。

　ここまで北京条約締結後、カトリック不動産の取得の権利がどのように行使され、それがいかなる影響——反発、対立、分断——をもたらしたのかを、外交案件となった教案を具体的に検討しながら見てきた。もとより地方官や紳士層、民衆たちの反発は、カトリックによる唐突な旧不動産返還要求のみに帰するものではない。その前提として、あるいは同時並行で、宣教師や信徒たちの尊大な言動が人々の反発を招いていた。住民の争いごとへの宣教師の介入、教会権力をかさに着ているかのような自称信徒が自己に不利な訴訟の判決に従わない例、庶民には本来乗ることが許されていない四輛に信徒が乗る例、あるいは宣教師が「全権大臣」や「副使」を名乗ったり、高級官吏だけが乗車する紫呢大轎に乗り衙門を訪れたりした例などである。カトリック信徒を迎神賽会費の支払いから免除した1862年の「伝教諭単」は、同時に、宣教師は布教に専念し住民の対立に介入せず地域の平安を保つべしと書かれていたはずだが、その効果は乏しく、そのうえ「諭単」では言及されなかった旧不動産問題が人々の反感を増長したのだった。

（3）内地における不動産新規取得問題とベルテミー協定の成立

　1863年6月に着任するや、未解決のまま前任者から引き継いだ教案の処理に当たったベルテミーは、1865年2月11日、北京条約第六条の「並任法國傳教士在各省租買田地，建造自便（フランス人宣教師は各省において土地の借り入れ、購入、教会堂の建設を自由に行なうことができる）」の「各省」について、総理衙門の理解を問い質す書簡を送った。きっかけは、江蘇巡撫李鴻章が上海仏総領事に対し、「各省」は広東や福建などの開港場を指しており総理衙門の認識も同様であって、外国人に開港場以外の土地を売ることは中国の律例に反している、と申し越してきたことで[150]、14日にはベルテミーは総理衙門宛てに李鴻章の総領事宛書簡の写しも送付した。先に見たとおり、議論となった条文の文言は、北京条約漢文テキストのみに挿入された部分で、フランス側は内地における土地の借り入れ、購入を認めたものと解

第1章　外国人宣教師と「不平等条約」

釈していた。他方清朝は、仏文テキストにこの文言が入らなかったことには気づいていなかったので、正文に記載がないことを理由に土地の新規取得を認めなかったわけではないが、李鴻章が述べた「各省」の解釈に基づき、カトリック宣教師の内地における土地購入は許可していなかった。

「各省」を内地と見なすか否かで両者は平行線をたどり、内陸の土地が外国所有となれば深刻な弊害が生まれると懸念する総理衙門に対し、ベルテミーは、中国人信徒の多くは信用ならない輩なので宣教師の名前で購入すべきだと主張した[151]。だが総理衙門は外国人の名義にしないことだけは絶対に譲らず、激論の末ようやく下記の方法を取ることで合意に至った[152]。

「今後フランス人宣教師が内地に入り土地家屋を購入する際は、契約人なにがし〔不動産を売る者の姓名である〕は、この不動産をカトリックの公産として売るという文言を契約文書に明記すること。宣教師とカトリック教徒の名前を特に記す必要はない。」

この文書は、同治四年正月二十五日（1865年2月20日）付けのベルテミー宛総理衙門の書簡に記されているもので、便宜上「ベルテミー協定」と称されている[153]。

こうして、申し合わせのうえでは、カトリックの公の不動産として開港場外に土地を購入することができるようになったが、総理衙門は、合意内容を骨抜きにする土地取引の具体的な方法を地方官に指示した。すなわち、土地の所有者は売却前に地方官に報告し、売却の可否を仰がなくてはならず、許可なく売った者は罰を受けるというものである[154]。地方官が許可を下すか否かは、彼自身も含む地域住民の対キリスト教感情に大きく左右された。キリスト教に対し比較的寛容な地方官が、住民感情の面からも問題ないと判断すれば「天主教公産」として取引が成立し、そうでなければ許可が下りない場合もあった[155]。これは協定が実効性を持つうえで大きな障害となり、宣教師の不満は解消されず、フランス外交代表は引き続き清朝との交渉を重ねることになった。

さて、ここでようやくプロテスタント伝道に目を向ける段にたどり着い

た。旧財産を持たないプロテスタントは、伝道の拠点となる土地や建物の早期入手にカトリック以上に迫られていたが、清仏北京条約漢文テキストと仏文テキストとの相違については、条約締結後しばらくは知る由もなかった。さらに、1865年のベルテミー協定は公にされなかったため、プロテスタント宣教師にできることは、宣教師の内地伝道権と保護享有権の行使だけで、条約港の外で不動産を入手しそこに居住する権利（property-holding and inland residence）が認められうるのか否かについては、全く手探りの状態に置かれた。だが「居住」することが伝道の絶対条件であった彼らは、条約には明記されていないこれらの権利を求め続けた。

　次節ではその過程を、イギリス人プロテスタント宣教師を中心に考察する。1860年代当時、宣教師の数だけでなく外交案件となる事案に関わった数も、中国伝道への影響力という点でも、イギリス人宣教師はアメリカ人宣教師をまだ凌駕していた。内地伝道を最重要使命に掲げて中国内地会を創設した宣教師もまた、イギリス人であった。

5　天津条約改正交渉 ——オールコック協定とイギリス人宣教師

（1）1867年までの内地居住権の扱い

　1858年の清英天津条約第12条は、「開港場やその他の場所（at the ports or at other places）」での家屋、倉庫、教会、病院、墓地のための建物や土地の取得を認めていた。この条文の「その他の場所」はイギリス側の意向で入ったものだが、開港場とその周辺を意味しており、内地におけるイギリス人の不動産取得権や居住権を認めてはいない。しかし1860年以降「その他の場所」を「内地」と解釈して土地の購入を合理化しようとする例が現れ始めた。例えば、1861年にロンドン伝道会のロックハートが、もう一人の宣教師と広東省博羅県に土地を購入した結果、紳士層の反対が起きて中国人信徒への迫害が起きた。宣教師らは天津条約第12条の記載を根拠に、宣教師の行為の正当性を主張したが、イギリス外交代表はこの解釈を認めなかっ

第 1 章　外国人宣教師と「不平等条約」

た[156]。この時駐華公使を務めていたのは、天津条約交渉に臨んだエルギンの弟、フレデリック・ブルースである。彼は 1862 年 6 月 1 日付の報告で、内地居住は考えたこともなく、プロテスタント宣教師の居住を要求することはできないと明言し、1864 年に在上海アメリカ領事に宛てた書簡においても、イギリス人が不動産を取得し住むことができるのは開港場のみであると述べている[157]。

　他方で、1858 年にエドキンスらプロテスタント宣教師が、プロテスタント伝道への配慮を求める書簡を連名でエルギンに提出したが、ここに名前を連ねていた英国教会伝道協会のバードンは、「天津条約が締結されたばかりの時は、たとえ条約港外に住んだとしてもイギリス政府からの抗議は全くなかったので、その結果内地に宣教師が進出したのだ」と主張している[158]。この記述は具体性を欠いているが、プロテスタント宣教師が開港場以外で家屋を借り長期滞在した事例はいくつも確認できる。1865 年、英国教会伝道協会宣教師のモウル（George Moule）は、滞在先の寧波から条約港ではない杭州に居を移し、その翌年にはアメリカ長老教会のグリーン（D. D. Green）が、さらにその翌年にはアメリカ・バプテスト宣教連合のクレイヤー（Carl Kreyer）が、続々と杭州に居を定めている[159]。1865 年にロンドンで中国内地会を旗揚げし、翌年 9 月末に男女 17 名の仲間とともに上海に到着したハドソン・テイラーらも、1866 年 10 月に寧波を経由して中国人信徒ともに杭州に入った。大人と子どもあわせて総勢 20 名を超える大所帯での移住で、杭州府の東、清泰門近くの四合院を借り受けた[160]。また同年、テイラーらより一足早く寧波に来ていたクロンビー（George Crombie）とストット（George Stott）は、寧波から南に 40 数キロに位置する奉化県に通いながら、現地の人々の信頼を得て部屋を借り[161]、スティーブンソン（John Stevenson）とメドウズ（James Meadows）は、紹興府で家を借りた[162]。

　清朝政府は、南京条約締結以後外国人の居住地区を厳しく限定していたが、租界の形成による外国人居住者の増加に伴って、租界の延長地区に居住区が拡大し条約港外における居住が既成事実化すると、租界への引き揚げを

67

命ずることは現実的ではなくなった[163]。特に問題が起きておらず、清朝政府が黙認している場合は、バードンが述べているとおり、イギリス外交代表も静観の姿勢を維持していたといえる。

　一方で、宣教師の居住が外交案件になった際に、イギリス外交代表が内地居住を問題視していなかったことを示す事例もある。1867年1月に紹興府蕭山縣で中国内地会宣教師が遭遇した事件である。内地会が関係しているので、次章で考察する揚州教案との兼ね合いからも、事件の経緯について若干詳しく見ておこう。

　中国内地会のイギリス人宣教師、ニコル（Lewis Nicol）とウィリアムソン（James Williamson）は、この年の1月初旬から、銭塘江を挟んで杭州の東南に位置する蕭山縣に家を借り伝道を始めた。当初はつつがなく過ごしていたものの、同月28日の夜突然、知県が多数の部下を引き連れてやってきてニコルらに立ち退きを命じた。蕭山縣から最寄りの開港場である寧波までの距離は、居住権が認められなかった上述の広東省博羅県から最寄りの開港場である広州までよりも、さらに遠い。

　ニコルは元鍛冶屋、ウィリアムソンは元大工で[164]、内地会の多くの宣教師がそうだったように二人とも高等教育は受けておらず、中国語もほとんど話せず、伝道するといっても通訳頼みだった[165]。二人の通訳に当たった人物は、1858年に寧波でハドソン・テイラーから洗礼を受けた中国人伝道師の周小亭である。彼は、ニコルの依頼で彼らに同行し一緒に住んでいた[166]。周は知県の退去命令を通訳し、両者の意思の疎通に努めたが、知県の指図を受けた部下から明確な理由が示されないまま、板で下半身を数百回、靴の底で顔を百回殴られた。宣教師は肉体的暴行は受けなかったが、「明朝出て行け、一人でも残っていたら首を斬る」と脅されたため、翌日の朝彼らは周とともに蕭山縣を後にし[167]、内地会の責任者、ハドソン・テイラーのいる杭州にいったん引き揚げた[168]。

　周のあざだらけの顔を見たテイラーは、翌日、寧波領事フォレストに手紙を書き、事件の経緯を報告したうえで、「私たちの国の誇りと天津条約で保

第 1 章　外国人宣教師と「不平等条約」

障された私たちの権利を裏付ける」ために、宣教活動の尊重を促す声明文を出すよう当局に求めてはどうかと提言している[169]。テイラーは、伝道の経験を重ねる中で、伝道上の被害の政治的解決を避けるようになるが、まだこの段階では真っ先に領事に連絡し善処を求めていた。

　事件の報告を受けた寧波領事は、浙江巡撫を通して蕭山知県に過誤を認めるよう働きかけた。しかし一向にらちが明かなかったため、エルギンの後任のオールコックに恭親王との交渉を依頼、オールコックは 4 月 19 日付でニコル、ウィリアムソン、周の供述書を添えた書簡を総理衙門に送り、彼らが避難する際に失った物品の弁償、銀数十両と、事件の調査を要求した[170]。総理衙門の指示で調査に当たった浙江巡撫馬新貽が、報告の中で引用している知県が提出した文書によると、彼は宣教師を退去させる意図などなく、外国語ができないことを知っている通訳の周がわざと誤訳したという。また弁償を求めている物品も、誤訳のせいで宣教師たちが慌てて川を渡って逃げた際に失くしたものだが、知県自身が遺失物を埋め合わせるために贈り物をしてすべて丸く収まったという[171]。

　弁償という形ではないにせよ、物損に対する埋め合わせが行われ、これ以上知県の責任は追及されることなく、蕭山の民衆に宣教師を侮辱しないよう諭して事件は収束した。退去した二人の宣教師のうちウィリアムソンは、しばらくすると再び蕭山に戻って伝道活動を再開した。他方、もともとテイラーの指示に従わない傾向のあったニコルは、事件後の 3 月に内地会を辞任した[172]。

　1861 年の広東省博羅県の事例を当てはめれば、蕭山県に居住したことも問題視されて当然だが、フォレストはこの点について特にコメントしていない。これは先のバードンの主張を裏付けるものともいえるだろう。一方の清朝側の総理衙門や地方官も、天津条約の規定を盾に退去命令を正当化することもなかった。馬新貽に報告した寧紹台道は、「蕭山地方はもともと通商城口ではない」と記すものの、それに続いて「しかしキリスト教を伝えることは条約では禁じられてはいないので、居住するに任せるべきである」と居住

権を認めるかのように記している[173]。無論この地方官は、決してキリスト教を歓迎しているわけではなく、「近年華人がキリスト教に入信すると、往々にしてそれを護符とし依存し、官吏を軽視するようになる。こうした情況は最も人々の憎しみを買うものだ」「外国人はもとより己の勢いをたのみとしており、その上財貨をむさぼろうと考えて、まずは遺失物の賠償金銀数十両を求めたのである」[174]と批判するが、宣教師の条約上の権利については十分理解していなかったのではないかと思わせるような書きぶりである。さらに馬新貽も、総理衙門への報告書の中で寧紹台道の文章をそのまま引用し、天津条約第12条には特に言及していない。

蕭山事件の解決に手間取っていたころ、テイラーの滞在する杭州でも宣教師や教会を誹謗中傷する複数のうわさ——子どもの誘拐や、女性をそそのかして宣教師が作った雨水桶でおぼれさせている等々——が飛び交い、伝道活動の妨げとなっていた。彼が仲間の宣教師とともに杭州知府を訪ねて交渉したところ、キリスト教についての誤った噂を禁止する告示が出されることになった[175]。寧波領事フォレストも、1867年4月4日付のテイラーへの書簡の中で、外国人が内地を移動する権利を守るのは地方官の責任であるとして、テイラーらの杭州知府への働きかけを高く評価した。ただし、地方官による保護は真の緊急事態時にのみ求めるべきであり、外国人、中でも宣教師は、現地の中国人と地方当局との間に決して介入すべきではないと注意を喚起し、さらに、中国の奥地に入れば入るほどより多くの困難に遭遇し、そのうえ地方官との接触が生じれば、活動は大きく損なわれるだろうと述べて、テイラーらの行く末を案じている[176]。事実、次章で述べるように、翌年の夏、フォレストの懸念は現実のものとなった。

同じ頃、福州でもイギリス人プロテスタント宣教師の土地取引をめぐる事件が起きている。宣教師が開港場である福州の土地を借りる契約をする際、紳士層がビラを作成し売り手に圧力をかけたのである[177]。開港場での不動産取得は条約上の権利であることに加えて、反対運動の規模が小さかったこともあって、宣教師は賃貸契約を結ぶことができたが、1860年代の終わりに

第 1 章　外国人宣教師と「不平等条約」

は、条約に則った土地取引が円滑にいかないケースが生じてきたことがわかる。

さらに土地取引とは直接関係ないが、ちょうど同じ時期には、湖南省、江西省全省に宣教師やキリスト教を誹謗中傷する掲帖が広く出回り、1867 年 4 月 20 日、駐華公使オールコックは、これらの文書の禁止を総理衙門に申し入れていた[178]。

蕭山教案は、宣教師の内地居住権に対するイギリス外交代表の姿勢にあいまいさが残されていたことを示す一例であると同時に、福州教案や反キリスト教掲帖とあわせて、地方官や紳士層のイギリス人宣教師への反感を形にしたものでもあった。こうした傾向はますます深刻さを増し、翌年にはそれまでのイギリス政府の姿勢を明確に転換させる大小の事件が、芝罘、台湾、そして揚州で発生する。

(2) 条約改正と宣教師

蕭山教案、福州教案が起き、湖南省や江西省で反キリスト教掲帖が出回った 1867 年は、清英両政府がそれぞれ、清英天津条約第 27 条の規定に基づく 1868 年の条約改正の準備にとりかかり始めた年でもあった。総理衙門は 1867 年 10 月に、イギリス側の要求を予想して、各項目についての対策を「條説」にまとめ、機密文書として 18 名の地方大官に送付し意見を聴取した。これらの項目は全部で 6 条からなり、1 条から 5 条までは、公使の召見、遣使（使節の外国派遣）、塩の輸出入、電信・鉄道の敷設、内地河川の航行に関するものだが、第 6 条でキリスト教伝道問題が取り上げられている。その内容と地方大官たちの回答は、清朝政府のキリスト教政策の方向性と中国社会の平均的なキリスト教観を探るうえで重要な資料だが、これらについては次章で別途論じることとし、本節では改正条約成立までのイギリス側の動きについて考察する。

イギリス公使オールコックは、各条約港の在華イギリス人商人から広く意見や要望を募り[179]、商人たちはこれに応じて要望を取りまとめ意見書

(memorial)を提出した。彼らの要求は天津条約の完全履行、内地の水路の完全開放、内地課税の廃止、電信・鉄道敷設権、鉱山採掘権の付与など多岐にわたったが、領事裁判権に保護される内地居住権の確立は、彼らにとっても重要な要求項目であった。上海の総商会の意見書は、内地居住権は鉄道敷設や鉱山開発に道を開くであろうし、もし英国政府が居住権に反対であればせめて開港場から200マイル以内での居住権を交渉してほしいと述べる[180]。またジャーディン・マセソン商会は、居住の権利はすべてに勝って一番重要で、天津条約第12条の「各地（other places）」での居住権がイギリス政府によって否定されているのは遺憾であるとし、「この権利は、英国がこの英国で払ってきた犠牲に見合う報いであり、西洋文明が広がる唯一の方法であって」中国の人々にとって益となるだけでなく、英国の労働者たちにも大きな恩恵をもたらすと記す[181]。

　宣教師たちも同様に動き始めた。1867年6月6日、上海在住の宣教師ヤング・アレン（Yong J. Allen, 1836-1907、アメリカ南メソジスト監督教会）は *Chinese Recorder* の前身である *Missionary Recorder* に投稿し、内地伝道に言及した「より寛容で自由な特権」を求めて請願行動を始めるべきだと訴え、この問題を取り上げるよう *Recorder* 誌の協力を求めた[182]。アレンの呼びかけに応えるように、1867年8月に福州の宣教師が全員一堂に会して改正条約について協議し、イギリス人宣教師とアメリカ人宣教師がそれぞれ自国の公使宛ての意見書を作成し、イギリス人宣教師はオールコックに、一方のアメリカ人宣教師は、退任を間近に控えその後は清朝の特使として西洋各国に派遣されることになっていた駐華アメリカ公使バーリンゲームに提出した[183]。

　内地居住権の確立という点で商人と宣教師の利害は全く一致していたが、これが多数の要求項目のうちの一つであった商人とは異なり、宣教師の要求はほぼこの一点に絞られていた。福州の宣教師が8月に意見書を提出すると[184]、汕頭[185]、寧波[186]在住の宣教師やロンドン伝道会の宣教師[187]もそれに続いた。意見書はいずれも、清仏北京条約第6条の漢文テキストのみに追加さ

第 1 章　外国人宣教師と「不平等条約」

れた条文の英訳を引いて[188]、最恵国待遇条項によって同じ権利が英米の宣教師にも均霑されてしかるべきであったと指摘し、にもかかわらず清朝政府は決して認めようとしなかったので、改正条約には条文として記載するべきであると主張している。

　商人側の意見書には、内地居住権を天津条約第12条の解釈に基づいて主張する以外に清仏北京条約第 6 条を根拠としているものはなく、この条文の、しかも漢文テキストのみの部分を引き合いに出したのは、宣教師の文書だけである。北京条約締結後しばらくは、商人たちと同様に、天津条約第 12 条の「各地」を「内地」と解釈していた宣教師は、改正条約交渉の準備段階には、より合理的で説得的な根拠に基づき内地居住権を主張したということができる。ただし、彼らが清仏北京条約第 6 条の漢文テキストが仏文には入っていないことに気づいていたかどうかはわからない。また意見書はいずれもベルテミー協定には言及していない。

　このほか内地居住権に付随する要求として、汕頭在住の 3 名の宣教師は、天津条約第 8 条の保護享有条項について「クリスチャンはいかなる偶像であれ、それらに対する拝礼、廟の建設や修復、偶像崇拝的お祭り、演劇の上演への奉仕を、親族や他の人々によって要求されない」という具体的な内容を加えてキリスト教徒の信仰的節操が守られることを求めた[189]。さらに寧波の宣教師たちは、改正条約ではカトリックとプロテスタントを異なる名称（天主教、耶穌教）を用いて明確に区別するよう要求している[190]。

　宣教師自身が作成した意見書のほかに、業種や国籍を超えて外国人居住者全体として意見書を作成し、その中で宣教師の権利を求めた天津コミュニティのような例もある。この意見書では、冒頭でプロテスタント宣教師が中国人地方官から様々な妨害や反対を受けている現状を訴え、彼らにフランス人宣教師と同等の権利を与えるよう要求するだけでなく、天津条約第 9 条の改正案として「すべての外国人宣教師が中国政府が与える特権に平等に与ることができる」、同じく第12条の改正案として「外国人は内地において貿易や伝道などの合法的活動を目的として、あるいは楽しみのために、自由に土

73

地・家屋を購入することができる」という具体案を提示している[191]。

改正交渉は 1868 年 1 月に始まるが、当初オールコックは、清朝側が応じる可能性の高い現実的な案を提案し、内地における不動産取得と居住の権利、内地での汽船航行や鉄道、電信敷設などは、総理衙門の態度を硬化させ、順調に進んできた交渉を頓挫させるとして要求項目から外していた[192]。だがその後 12 月になってから、内地居住と汽船の内河航行、さらにいくつかの鉱山の試し堀を改正案に加えた。もっともオールコックは、清国と清朝政府が置かれた状況からして、外国人が内河を汽船で自由に航行し、内地に住み、鉱山を開発することを彼らが認めるとは考えておらず、これらの提案が受け入れられる可能性には否定的だった。その主たる理由として挙げられているのが「ローマの布教団の態度とフランスが主張する保護領」である[193]。カトリック宣教師のどのような態度が問題なのかに言及はないものの、宣教師が地方の訴訟に介入し、旧不動産の返還を要求したり購入したりすることによって生み出される反感が、外国人全般の内地での活動に影響を与えているという意味であろう。それでも彼は、提案の実現がたとえ失敗しても、一方的に不利になるわけではないと考えた。清朝側の決意のほどが試され、たとえイギリス側の外交交渉が無駄に終わるとしても、その理由が明らかにされるからだ[194]。

オールコックが実現の見込みが薄い要求を 1868 年 12 月以降に提示した背景には、この年の 8 月に揚州で伝道活動を始めたばかりのテイラーらが 22 日の晩に群衆による襲撃に遭遇した際に、事件を解決するために用いられた砲艦外交が功を奏したことも考えられる。事件処理に当たっていた両江総督曾国藩が、内河航行や内地居住に反対していることを知っていたオールコックは、長江に配備されたイギリス艦隊の圧力によって彼は自信を無くすだろうと記し、「軍事力、そして我々の条約上の権利を尊重させようという意思を示すこと」が北京を動かすという考えを示していた[195]。

しかし、揚州教案の際に軍事示威の効果を認めたオールコックの念頭に、宣教師の「内地居住」を要求する発想は全くなかった。オールコックが内地

第1章　外国人宣教師と「不平等条約」

伝道にそもそも反対であったことはすでに見たが、条約改正交渉が始まって間もないころからプロテスタント宣教師が巻き込まれる大小の教案が相次いでおり、彼の持論はさらに強固にされたであろうからである。

　まず1868年3月から4月にかけて山東省芝罘で土地取引を巡って小さなトラブルが発生した。イギリス・バプテスト教会の宣教師ロートン（R. F. Laughton）が教会を建てる土地を探すよう中国人信徒に依頼した。その際地主に土地探しの目的を正確に伝えよと指示したが、この信徒は虚偽の内容を申請して契約したため、数週間後にロートンが来着して教会を建てると、地主は怒って貸借契約の解除を通告、ロートンが拒否したため、教会の屋根をはがし扉をふさいでしまった。だがこの段階で領事が介入し、地主側が教会を修繕し契約を続行することで決着した[196]。

　次に述べる台湾の教案は、芝罘のケースよりもはるかに深刻である。1868年4月11日に台湾鳳山県碑頭でイングランド長老教会の宣教師ジェイムズ・マックスウェル（James Maxwell, 1831-1879）の教会が襲撃、破壊される事件が起きた。4月の初めに近くのカトリック教会が襲撃された数日後のことだった。宣教師や伝道師が住民に毒を飲ませて前後不覚に陥らせ入信させているという噂が広まったことがきっかけで、毒入りのお茶を女性に飲ませたと疑われた中国人伝道師の高掌が拘束され[197]、さらに4月24日には隣村に出かけた中国人信徒が路上で惨殺された[198]。地方官の協力が得られず事件の捜査が進まない中、修復中の教会は7月末に再び襲撃を受け、略奪、破壊の被害に遭った。

　プロテスタント教会が襲撃されたころ、イギリスの商社 Ellis & Co. の買弁が買い付けた6000ドル分の樟脳が当局に差し押さえられる事件も起きていた。イギリス領事が、ちょうど台湾を訪問中だった厦門のアメリカ領事とともに地方官と面会し、樟脳の返却もしくは代価の支払いを約束させたが、果たされぬまま数か月が過ぎた。この間、教会襲撃と樟脳問題をめぐって、新たに領事に就いたギブソンと地方官との交渉は全く進展せず、ついにギブソンの要請を受けて、イギリス海軍が11月21日に安平を占拠、11月25日、

抵抗を示した台湾府の軍隊を攻撃し、30名以上もの死傷者を出した末、商社とカトリック、プロテスタント両教会に対する賠償、犯人の処罰、外国商人と宣教師の台湾における活動の保証等の条件で一連の事件が決着した。

1868年7月には、湖北省武昌でも江夏県の土地購入をめぐって騒ぎが起きた。イギリス人プロテスタント宣教師が中国人を介して土地購入の契約をしたが、事前に教会堂建設用であることを伝えなかったため、紳士が反発し、売主が契約の取り消しを求めてきた。そこで知県は、イギリス漢口領事に代替地の提供を申し出て不測の事態に備えようとした。当初領事はこの提案に難色を示していたが、両者協議の末、代替地購入という形で解決した[199]。

その約一月後の8月22日に起きた事件が、揚州での内地会襲撃である。上海領事メドハースト（Walter Henry Medhurst、宣教師メドハーストの息子で父親と同名）は、9月11日、90名の兵士とともに軍艦に乗って南京に到着し、両江総督曾国藩と交渉したが不調に終わり、2か月後の11月9日に軍艦4隻を率いて再度交渉に臨み、事件は解決に至った。

この時期、イギリスの対清外交は協調路線をとっており、砲艦外交による領事主導の解決方法——しかも台湾教案では武力示威を超えて武力が行使され多数の死傷者が出ている——はイギリス政府の想定を超えたもので、「英国領事、そして彼らの要請を受けた海軍による過剰な、本国の承認を得ていない報復」[200]と批判された。だがより強烈な批判を浴びたのは宣教師である。新聞は「平和の福音が、国際間の紛争の原因を作るべきではないのは当然だ。〔初代教会の〕使徒たちは、武力や砲艦に守られた伝道などしなかった」と論評し[201]、1869年3月9日のイギリス上院議会は「砲艦をともなって伝道している」と宣教師を非難した[202]。

イギリス国内で在華宣教師に対する風当たりが厳しさを増す一方で、現地のオールコックは、1869年3月24日、上海領事メドハーストに宛てた書簡でこう述べている。

　　フランスの条約（清仏北京条約を指す）を用いれば正当に主張できる

第1章　外国人宣教師と「不平等条約」

宣教師の内地居住の権利は、考えられているほど、明らかなわけでも議論の余地がないわけでも決してない。イギリス人宣教師については、すべての事柄は大英帝国政府の管轄下にある。彼らが英国政府の保護に与ることになった場合に、彼らがそうした〔内地居住の〕特権を求め、彼らの悦楽に必然的に伴う責任を受け入れることになるかどうか、それを決定するのは英国政府である。その一方で私は、英国領事は開港場の範囲を超えた居住のための通行証や許可の発行を拒否できる自由裁量権を行使できると考えている[203]。

さらに外相クラレンドン（1868年12月にスタンリーと交代）は、1869年5月19日付のオールコック宛書簡において、それまでのオールコックの主張を全面的に支持し、イギリス政府は内地居住権を定めた清仏北京条約漢文テキストの適応を決して求めないこと、またたとえ宣教師が自ら危険を侵して特権を主張したとしても、彼らを保護するための軍事的出動は一切行なわないことを言明した[204]。イギリス人宣教師が条約港の外に「居住」する場合、法的保護を自ら放棄した存在と見なすという宣言である。

ところで条約改正交渉でオールコックが掲げた要求項目のうち、清朝政府は内河の自由航行と炭鉱の試験的開発は認めたものの、外国人の内地居住権は最後まで拒否し、1年10か月に及んだ条約交渉の末1869年10月に調印された改正条約（オールコック協定）には盛り込まれなかった。その改正条約も、商人たちが激しい反対運動を展開したため、イギリス政府が批准を拒否し、未発効に終わった。プロテスタント伝道に関しては、天津条約以上の特権が与えられることはなく、宣教師を取り巻く状況は、イギリス国内で巻き起こる宣教師引き揚げ論とも相まってむしろ厳しさを増すことになった。

おわりに

1869年3月末時点でのプロテスタント伝道統計をもとに、1867年に中国

での伝道に従事していた宣教師数を算出すると、牧師の資格を有する男性宣教師が109名、牧師資格のない男性宣教師が19名、宣教師の妻と独身女性宣教師が106名（うち独身女性9名）、総勢234名で[205]、そのうち内地会宣教師の24名以外は、北京、天津、芝罘、登州、上海、漢口、寧波（杭州）、福州、厦門、台湾、汕頭、香港、広州を拠点としていた。条約締結時に通訳官として条約の内容に深くかかわった宣教師や、公使に直接申し入れを行った宣教師は、これら全体の一握りではあったものの、宣教師が特権の確立に大きく関与したことは紛れもない事実である。彼らは、不平等条約の中に伝道のための特権を明記し、世俗権力に伝道への便宜を図らせることには何の躊躇も感じておらず、「神のことば」を伝えようとする際に生じる様々な不都合を外交上の特権を用いて排除することは、「神が与えたもうた権利」と考えていたといえる。

　北京条約が結ばれた1860年以降、イギリス政府は、内地居住の可否についての宣教師の照会には、居住権を認めない旨回答したが、現地の住民が宣教師を受け入れかつ地方政府も黙認している場合は特に問題視せず、領事によっては、多少のトラブルが起きても内地居住そのものは不問に付すこともあった。しかし1860年代後半になると、イギリス人プロテスタント宣教師が人々の批判や攻撃の的となる案件が、少しずつ増加しかつ深刻化してゆく。そうした中で条約改正交渉が始まった。

　開港場の商人たちの意見書に刺激された各地の宣教師たちは、自らも内地居住権の確立を期待して意見書を提出したが、彼らの主張が斟酌されることはなかった。総理衙門との交渉を担ったイギリス公使オールコックは、交渉の途中から要求項目に内地居住権も入れたが、居住が想定されていたのは商人たちであった。そもそも条約改定交渉においてキリスト教伝道問題は常に二次的な重要性しか持たず[206]、オールコックが重視していたのも、当初から商人たちの声であり貿易問題であった。さらに1868年4月以降、特に台湾、揚州でプロテスタント宣教師が関わる深刻な教案が起きたことにより、宣教師に内地居住権を認めないのはもちろんのこと、内地伝道の前提である通行

第 1 章　外国人宣教師と「不平等条約」

証の発行を領事が拒否する可能性すら語られるようになった。

　オールコック協定は、その妥協的内容の故にイギリス商人たちの大反発を買い、批准されることなく葬り去られたので、宣教師が有する従来の特権に変更はなかった。だが、次章で詳しく見るように、教案の増加とともに、宣教師特権の実質的行使は、抑制を強く求められることになったのである。

注
1　例えば、光緒二十四年（1898 年）に編まれた『教務輯要』第一巻は、キリスト教伝道を可能にした条約の条文を時系列で整理し、各地で発生した教案について論じている。徐家幹編『教務輯要』第一巻、湖北官書局、光緒二十四年。
2　李伝斌『基督教与近代中国的不平等条約』湖南人民出版社、2011 年、315-327 頁。
3　李伝斌前掲書、および『条約特権制度下的医療事業　基督教在華医療事業研究（1835-1937）』湖南人民出版社、2010 年。これら二つは、宣教師や中国人キリスト教指導者の資料を多数含む膨大な資料を基にした詳細かつ手堅い研究ではあるが、結論は比較的平板であり、植民地主義批判の普遍的な視点はあまり見られない。
4　Westel Willoughby, *Foreign Rights and Interests in China*, Johns Hopkins Press, 1927. Wellington Koo, *The Status of Aliens in China*, Columbia University, 1922.
5　佐藤公彦『中国の反外国主義とナショナリズム　アヘン戦争から朝鮮戦争まで』集広舎、2015 年、p.87。
6　佐藤公彦『清末のキリスト教と国際関係』汲古書院、2010 年。佐藤も述べているように、反キリスト教民族排外主義は現在に至るまで一貫して保たれており（同、542 頁）、2014 年来の公認教会の十字架撤去、非公認教会および香港のキリスト教会に対する統制強化にも通底するものと考えるべきであろう。
7　特にアメリカの宣教師たちはアヘン貿易に批判的であった。
8　入江前掲書、97 頁。
9　原文は以下のとおり。望厦条約第 17 条「合眾國民人在五港口貿易，或久居，或暫住，均准其租賃民房，或租地自行建樓，並設立醫館禮拜堂及殯葬之處。必須由中國地方官會同領事等官，體察民情，擇定地基；聽合眾國人與內民公平議定租息，內民不得擡價勒掯，遠人勿ум強租硬占，務須各出情願，以昭公允；倘墳墓或被中國民人毀掘，中國地方官嚴拿照例治罪。其合眾國人泊船寄居處所，商民水手人等止准在近地走行，不准遠赴內地鄉村，任意閒遊，尤不得赴市鎮私行貿易；應由五港口地方官，各就民情地勢，與領事官議定界址，不許逾越，以期永久彼此相安」

王鉄崖編『中外舊約章彙編』第一冊、三聯書店、1982年（初版は1957年）54頁。
10　清仏黄埔条約第22条「凡佛蘭西人按照第二款至五口地方居住，無論人數多寡，聽其租賃房屋及行棧貯貨，或租地自行建屋建行。佛蘭西人亦一體可以建造禮拜堂醫人院周急院學房墳地各項，地方官會同領事官，酌議定佛蘭西人宜居住、宜建造之地。凡地租房租多寡之處，彼此在事人務須按照地方價值定議。中國官阻止內地民人高抬租值，佛蘭西領事官亦謹防本國人強壓迫受租值。在五口地方，凡佛蘭西人房屋間數地段寬廣不必議立限制，俾佛蘭西人相宜獲益。倘有中國人將佛蘭西禮拜堂墳地觸犯毀壞，地方官照例嚴拘重懲」同上、62頁。
　　なお、中国語の「周急院」は救命救急の意味があるが、フランス語テキスト des hospices を参考に救貧院と訳した。
11　D. MacGillivray ed., *A Century of Protestant Missions in China (1807-1907) being the Centenary Conference Historical Volume*, American Tract Society, 1907 (Reprinted by Chinese Material Center, INC, 1979) pp.2-3.
　　このページに掲載されている A List of Missionaries to China (1807-1843) を参考にした。一覧に添えられている説明は「64名の宣教師のうち引退21、死亡11」とあるが、一覧の引退年、没年と照合させると本文に記した数字となる。
12　中国大陸伝道最初期の宣教師たちは以下のとおり。Walter H. Medhurst, Samuel Dyer, Karl Gützlaff, William Young, Elijah Bridgeman, David Abeel, Samuel W. Williams, Stephan Johnson, Peter Parker, Lewis Shuck, Issachar Roberts, Elihu Doty, William Boone, David Abeel, Alex Stronach, John Stronach, Dyer Ball, W.J. Pohlman, William Lockhart, Josiah Goddard, James Legge, William Milne, Benjamin Hobson, Samuel R. Brown, Thomas McBryde, James C. Hepburn, Walter M. Lowrie, W. H. Cumming, D. J. MacGowan. Ibid., pp.2-3.　この一覧に名前がある Hepburn は明治学院初代総理のヘボン、Brown は明治学院神学部教授をつとめたブラウンである。両者はまもなくそれぞれ中国伝道に区切りをつけてアメリカに帰国し、日本の開国とともに1859年に相次いで来日した。
13　両名とも1842年時点ではバプテスト教会の海外伝道組織、アメリカ・バプテスト宣教連合に属していたが、1845年に奴隷制度をめぐる対立によって同組織が南北に分かれてからは、南部バプテスト（Southern Baptist Convention）の所属宣教師となった。
14　アメリカン・ボードは、1810年に設立されたアメリカ初の海外伝道団体。長老教会と会衆派教会を含む複数教派が協力して設立したが、1837年にアメリカ長老教会が伝道局を設置すると、長老派メンバーは次第にアメリカン・ボードから自前の伝道局に移り、1870年以降アメリカン・ボードは会衆派の伝道団体となった。

第 1 章　外国人宣教師と「不平等条約」

15　Latourette, *A History of Christian Missions*, p.245.
16　黄埔条約第 23 条は、内地旅行の禁止と中国人とフランス人のトラブル防止について規定したものである。伝道活動にかかわる内地旅行については「五港の開港場に住んだり往来したりする際は、その近隣を移動することができる。だが領事館と地方官が協議して決定した境界線を越えて商売してはならない」「もし境界線を越えて内地に入った場合は、中国の官憲が逮捕し領事に引き渡す」と定めている。
17　王鉄崖前掲書、35 頁。入江前掲書、261 頁。
18　"China: Extracts from the Reports of the Rev. G. Smith, General Aspect of Missions in China," *The Foreign Missionary Chronicle*, Vol.14, No.2, February 1846, p.48.
19　ラグルネと交渉した耆英もこの点に言及している。ラグルネは耆英に対し、イギリスをけん制するためにフランスが虎門に望楼を建ててそこに居住することも要求していたが、耆英はこれを断固拒否し、「アメリカと同じような通商条約を結ぶだけだと、フランスは貿易量が多くなく、また手ぶらで帰国するわけにはいかないので、天主教解禁要求にこだわり、解禁の知らせをフランス国のトップに報告し、近隣諸国に見せびらかそうとしている」と述べる。「若僅照咪夷舊式定一通商章程，則彼貿易無多，又未免徒勞往返，因而專求天主教弛禁之一途，以爲回覆國主誇耀鄰封之計」『籌辦夷務始末』道光期、巻七十三、道光二十四年甲辰十月乙未（二日［1844 年 11 月 11 日］）の条、耆英の上奏、四頁［2879 頁］。角括弧は中華書局版のページを指す。
20　ラグルネと耆英の交渉、道光帝の対応については、入江前掲書、534-540 頁を参照。
21　坂野正高『近代中国政治外交史』東京大学出版会、1973 年、182 頁。
22　「奴才伏査天主教，自前明西洋利瑪竇傳入中國，各省愚民，被惑入教，所在難免。惟二百餘年並未滋事，究與白蓮八卦白陽等項邪教不同。嗣因其藉教為非，致有誘汙婦女，誆取病人目睛之事，是以定例嚴禁。・・・現據該夷使喇萼呢再四籲請，可否仰邀皇上逾格天恩，將中外民人凡有學習天主教並不滋事為非者，概予免罪，如有誘汙婦女誆取病人目睛及另犯別項罪名，仍照定例辦理。・・・至咈囒哂及各國習教之人，止准其在通商五口地方建堂禮拜，不得擅入內地傳教煽惑，儻有違背條約，越界妄行，地方官一經拏獲，即解送各國領事館管束懲辦，但不得遽加刑戮，致生釁隙。」『籌辦夷務始末』道光期、巻七十三、耆英の上奏、二～三頁［2877-2879 頁］。
23　「其術已窮，其志已決，若過爲峻拒，難免不稍滋事端。奴才悉心體察夷情，熟權其輕重緩急，似應姑允所請以示羈縻，仍申明分別治罪條例，嚴定禁止夷人擅入內

地傳教章程、依存限制。」同上、四頁［2879頁］。
24 同上、上諭、五〜六頁［2880頁］。
25 『籌辦夷務始末』道光期、巻七十三、道光二十四年戊辰（十一月五日［1844年12月14日］）の条、上諭、三十〜三十一頁［2902-2903頁］。
26 勅令がプロテスタントにも適応されるのか否かについて、植田はラグルネを通じてプロテスタント宣教師の質疑に耆英が応じたと述べているが、ラグルネが取り次いだことを明確に示す資料は提示されておらず、筆者も未見である。植田捷雄「支那に於ける基督教宣教師の法律的地位」『東洋文化研究所紀要』第一冊、1943年、8頁。Chinese Repository には、同誌編集部がラグルネに「勅令がプロテスタントにも適応され、公に発表されるように」との要請を送ったが、ラグルネからの回答は得られなかったと書かれている。Chinese Repository, Vol.14, Nov. 1845, pp.539-540. その後耆英はアメリカ領事のフォーブスに、1844年の勅諭がプロテスタントにも適応できることを示唆する書簡を送った（書簡全文は本章注27に掲げた）。この書簡によると、ラグルネが耆英に「以前（耆英に）述べたしきたり（規矩）はわがフランスの宗教のものだが、別な国のしきたりは必ずしも同一ではない。また区別したり拒絶したりせずに、それによって広い心を示すのである」と述べてきたという。それを受けて耆英は皇帝に上奏し裁可を受けた。ラグルネのいう「別な国のしきたり」はプロテスタントのことを指すと思われるので、耆英に対しプロテスタントを代弁したと理解することは可能である。顧衛民は、ラグルネが上海滞在中、宣教師のミュアヘッドとメドハーストがラグルネに、キリスト教解禁の勅諭がプロテスタントにも適応されるよう中国側に交渉してほしいと要請したが返答はなく、イギリス領事も同じような要請を拒否したが、アメリカ領事が交渉の労を取ったと述べている。しかしその典拠は示されていない。顧衛民『基督教与近代中国社会』上海人民出版社、2010年、101頁。
27 「大清欽差大臣、太子少保、協辦大学士、兵部尚書、両廣総督部堂、宗室耆，為札行事。現接咈嘲西拉行使来文，内開昔218奏弛禁天主教，原想凡有奉教為善之人，皆沾帝澤，泰西各國皆如一體，得邀習教免罪之恩。惟前所開之規矩，乃本國習教之規矩，其有別國人不全如此者，亦勿分拒，以示廣大等因。其前此酌定通商章程，即有准在五港口設立禮拝堂之條，業經通行各國，一例照辦，本無區別。迨經拉公使請將中國習教為善之人，概行免罪，復經本大臣據情入奏，奉硃批依議。嗣因地方官誤行查拏，有將十字架圖像銷燬之事，遂復議定准其供奉。本大臣於各國習教規矩有無分別，本不知曉。今天主教無論供奉十字架圖像與不供奉十字架圖像，凡習教為善者，皆應免罪。泰西各國事同一體，但係習教為善，中國概不禁阻。至規矩之或異或同，斷無分拒之理合。就札行事至該領事，即便知照，須至札者，右札合衆国福領事准此。道光二十五年十一月二十二日」Chinese Repository, Vol.14,

第1章 外国人宣教師と「不平等条約」

Dec. 1845, p.589.
28 「協辦大學士兩廣總督耆英、廣東巡撫黃恩彤奏，竊照咈囒哂夷使喇咢呢，因聞內地學習天主教之人仍被地方官查拏，忽生枝節，遣令夷目咖嗻唎到省請見，呈出文書一件，內係請將習天主教何者為善，何者為惡，一一指明，並將原奏咨行各省，及將從前習教辦罪之人釋放，准中國習教之人，建造天堂，以歸聚會等四條。」『籌辦夷務始末』道光期、巻七十四、道光二十五年八月甲午（十九日［1845年9月20日］）の条、耆英と黃恩彤の上奏、二十二～二十三頁。なおここに記されている咖嗻唎はラグルネの意向を伝えるために耆英のもとに送られてきた通訳官キャルリ（J.M. Callery）である［2934頁］。
29 同上、二十三頁［2934頁］。
30 「所請各條，如習教辨別善惡，及習教辦罪之人概予釋放兩條，均已據理駁斥。惟所稱供奉十字架等項，既係天主教規矩，自可無庸查禁，其設有供奉天主處所，亦可聽從其便。但不得招集遠鄉之人，勾結煽誘，並不法之徒，藉稱習教，結黨為非，及別教之人溷跡假冒，俱屬有干法紀，仍各按舊例治罪。」同上、上諭、二十五頁［2936頁］。入江前掲書、538-539頁。
31 『籌辦夷務始末』道光期、巻七十四、道光二十五年十二月庚子（十三日［1846年1月10日］）の条、耆英等の上奏、三十八～三十九頁［2949頁］。
32 『籌辦夷務始末』道光期、巻七十四、道光二五年十二月丁未（二十日［1846年1月17日］）の条、耆英と黃恩彤の上奏、四十一頁［2951-2952頁］。
33 「至所請給還天主堂舊房屋一節，查自康熙年間以來，閱時已久，原舊房屋豈能至今仍存，似亦徒託空言，無慮或有紛擾．．．」同上、耆英等奏、四十三～四十四頁［2954頁］。
34 同上、上諭、四十五頁［2955頁］。
35 「諭軍機大臣等，前據耆英等奏，學習天主教為善之人請免治罪，其設立供奉處所，會同禮拜，供十字架圖像，誦経講說，毋庸查禁。均已依議行矣。天主教既係勸人為善，與別項邪教迥不相同，業已准免查禁，此次所請，亦應一體准行。所有康熙年間各省舊建之天主堂，除改為廟宇民居者毋庸查辦外，其原舊房屋尚存者，如勘明確實，准其給還該處奉教之人。至各省地方官接奉諭旨後，如將實在習學天主教而並不為匪者濫行查拏，即予以應得處分。」『籌辦夷務始末』道光期、七十五巻、道光二六年辛巳（正月二五日［1846年2月20日］）の条、上諭、四～五頁［2964頁］。
36 Art. Ⅶ. An imperial decree providing for the further toleration of Christianity, by granting the restoration of real estate to Chinese Christians throughout the empire, *Chinese Repository*, Vol.15, March 1846, pp.154-156.
37 「其有籍教為惡及招集遠鄉之人勾結煽誘，或別教匪徒假托天主教之名，籍端滋事，

一切作奸犯科、應得罪名、俱照定例辦理。仍照現定章程、外國人概不准赴内地傳教、以示區別。」『籌辦夷務始末』道光期、七十五巻、道光二十六年正月辛巳（二五日［1846年2月20日］）の条、上諭、五〜六頁［2964頁］。

38 植田前掲書、9-10頁。
39 『籌辦夷務始末』道光期、七十五巻、道光二六年四月己丑（初四日［1846年4月29日］）の条、琦善、瑞元の上奏および上諭、二十一〜二十三頁［2979-2981頁］。これらの人物は、漢語も満語もモンゴル語も堪能であったことから当初はフランス人ではないだろうと推測していたが、本人に尋問したところフランス人であることが判明したという。
40 同七十六巻、道光二十六年丙午六月戊午（初五日［1846年7月27日］）の条、裕泰、趙炳言の上奏および上諭、一〜三頁［3008-3009頁］。張力、劉鑑唐『中国教案史』四川社会科学院出版社、1987年、279頁。
41 張、劉前掲書、279頁。
42 同上、280頁。
43 中国第一歴史档案館、福建師範大学歴史系合編『清末教案』第1冊、中華書局1993年、22-23頁。
44 R. G. Tiedemann, ed., *Handbook of Christianity in China*, Vol. Two, Brill, 2010, p.119.
45 坂野正高「一八四八年青浦事件の一考察」『近代中国外交史研究』岩波書店、1970年。
46 同上、36頁。
47 『清末教案』第1冊、45-47頁。この書簡は香港総督のボナムに渡された。Art. Ⅲ, Journal of Occurrences: endeavor to prevent foreigners from living in Fuchau, *Chinese Repository*, Vol.19, August 1850, pp.459-462.
48 『清末教案』第1冊、53-55頁。
50 同上、56頁。
50 同上、103-104頁。
51 A. J. Broomhall, *Hudson Taylor and China's Open Century*, Ⅱ: *Over the Treaty Wall*, Hodder and Stoughton, 1982, p.237.
52 Ibid., pp.261-265, p.279.
53 Ibid., p.279.
54 Ibid., p.235.
55 イギリス人宣教師32名の所属先は以下のとおり。ロンドン伝道会12名、英国教会伝道協会6名、バプテスト伝道会1名、イングランド長老教会3名、中国福音伝道協会4名、メソジスト伝道協会6名。Ibid., p.235.

第 1 章　外国人宣教師と「不平等条約」

56　Ibid., p.235.
57　坂野正高「外交交渉における清末官人の行動様式――一八五四年の条約改正交渉を中心として」『近代中国外交史研究』所収。坂野『近代中国政治外交史』216-217頁。
58　漢文テキストは、王鉄崖前掲書、86-112頁を、英文テキストは、以下のデータベースを参照。https://worldjpn.net/（2024年9月2日最終確認）
59　Frederick Wells Williams, *The Life and Letters of Samuel Wells Williams*, G.P. Putnam's Sons, 1889, p.259.
60　アメリカ長老教会（The Presbyterian Church in The United States of America, PCUSA）は、1861年に南北戦争がはじまると、奴隷問題をめぐって南部の教会と北部の教会の対立が深まり、同年末に南部が北部から分離独立し、それに伴い長老教会の伝道局も南北に分かれた。分離独立した南部の教会の名称はThe Presbyterian Church in the United Statesで、通称南長老教会（Southern Presbyterian Church）と呼ばれ、他方PCUSAは北長老教会（Northern Presbyterian Church）と呼ばれるようになった。マーティンは、天津条約締結時はアメリカ長老教会所属だが、教会分裂後はアメリカ北長老教会の所属となる。
61　William A. P. Martin, *A Cycle of Cathay, or China, South and North, with Personal Reminiscences*, Fleming H. Revell Company, 1896, p.157. アメリカ公使リードも「北方の中国語を訳す主任通訳官は長老教会のマーティン牧師であった」と述べている。Williams, F.W., *The Life and Letters*, p.274.
62　Martin, *A Cycle*, p.181. Williams, F.W., *The Life and Letters*, pp.269-279.
63　Martin, *A Cycle*, p.181.
64　Williams, S.W., "Toleration Clauses in the Treaties," *Chinese Recorder*, vol.10, 1879, p.224. Williams, F.W., *The Life and Letters*, p.270.
65　Williams, S.W., "Toleration Clauses," p.225.
66　Williams, S.W., "Toleration Clauses," p.225. Williams, F.W., *The Life and Letters*, p.272.
67　Williams, S.W., "Toleration Clauses," p.225. Williams, F.W., *The Life and Letters*, pp.270-271.
68　Williams, F.W., *The Life and Letters*, p.270.
69　Ibid., p.272.
70　Ibid., p.271.
71　Ibid., p.273.
72　Williams, S.W., "Toleration Clauses," pp.226-227.
73　Ibid., p.227.

74 Martin, *A Cycle*, p.181. Williams, F. W., *The Life and Letters*, p.273.
75 Williams, S.W., "Toleration Clauses," p.226.
76 中国側の要請に基づいて、広東に在住していたアメリカ人を避難させるためにマカオから広東に向かっていた軍艦が砲撃を受けたため、珠江の砲台を報復攻撃したもの。パーカーは米海軍初の攻撃によって、米国の威信を清朝政府に見せつけることができたと述べた。Edward V. Gulick, *Peter Parker and the Opening of China*, Harvard University Press, 1973, pp.188-189.
77 リード以降、アメリカ全権トップの肩書きは commissioner から minister-plenipotentiary に格上げされた。
78 Martin, *A Cycle*, p.184.
79 J. A. Leyenberger, "The Treaty Rights of Native Christians, and the Duty of Missionaries in regard to Their Vindication," *Records of the General Conference of the Protestant Missionaries of China, Held at Shanghai, May, 1877*, Presbyterian Mission Press, 1878（Reprinted by Cheng-wen Publishing Company, 1973）p.407.
80 Williams, S.W., "Toleration Clauses," pp.223-228.
81 "The House of Lords in Missionaries," *Chinese Recorder*, vol.2, 1869, p.24.
82 この時からだいぶ後の時期になるが、例えばティモシー・リチャードは、1885年に、一向に改善しないキリスト教伝道を取り巻く状況を憂えて次のように述べている。「現在中国内地で宣教師の問題を解決できる人間が〔イギリス人には〕いない。アメリカ政府が宣教師を時折領事に任命することはよく知られている。イギリス政府はアフリカの内陸部では、宣教師を〔領事に〕任命しているのに」。Timothy Richard, "The Political Status of Missionaries and Native Christians in China," *Chinese Recorder*, vol.16, 1885, p.106.
83 Address from the Protestant Missionaries at Shanghae, March 29, 1858. *British Parliamentary Papers*, Correspondence Relative to the Earl of Elgin's Special Missions to China and Japan 1857-1859, Inclosure 1 in No.133. pp.252-253. 請願書を提出した10名の宣教師は以下のとおり。カッコ内は所属教会ないし宣教団体と請願書提出時点での活動地。T. H. Hudson（イギリス・バプテスト伝道会、寧波）、W.A. Russell（英国教会伝道協会、寧波）、F.F. Gough（英国教会伝道協会、寧波）、Charles Hall（中国福音伝道協会、寧波）、W. Parker（中国福音伝道協会、上海）、Joseph Edkins（ロンドン伝道会、上海）、William Muirhead（ロンドン伝道会、上海）、Griffith John（ロンドン伝道会、上海）、Benjamin Hobson（ロンドン伝道会、上海）、John Shaw Burdon（英国教会伝道協会、上海）。
84 Prescott Clarke and J.S. Gregory eds., *Western Reports on the Taiping*,

第1章　外国人宣教師と「不平等条約」

Australian National University Press, 1982, pp.128-171.
85　Ibid., pp.225-280.
86　実際フランス全権のグロは、カトリック宣教師が不法に土地を取得していることについて、清国との新たな紛争の種になると遺憾の意を表している。衛青心著、黄慶華訳『法国対華伝教政策—清末五口通商和伝教自由（1842-1856）』下巻、中国社会科学出版社、1991年、596頁。
87　The Earl of Clarendon to the Earl of Elgin, Foreign Office, April 20, 1857. *British Parliamentary Papers*, Correspondence Relative to the Earl of Elgin's Special Missions to China and Japan, 1857-1859, No.2, p.5.
88　Address from the Protestant Missionaries at Shanghae, Shanghae, March 29, 1858. Ibid., Inclosure 1 in No.133, p.253.
89　The Earl of Elgin's Answer. Ibid., Inclosure 2 in No.133, pp.253-254.
90　The Earl of Elgin's Answer. Ibid., Inclosure 2 in No.130, pp.240-241.
91　Memorandum by Mr. Wade respecting the Revision of the Treaty of Tien-tsin, *British Parliamentary Papers*, China No.5（1871）Correspondence respecting the Revision of the Treaty of Tientsin, 1871, Appendix, pp.430-431.
92　The Earl of Clarendon to the Earl of Elgin, Foreign Office, January 4, 1858. *British Parliamentary Papers*, Correspondence Relative to the Earl of Elgin's Special Missions to China and Japan, 1857-1859, No.49, p.54.
93　Memorandum drawn up by Mr. Alcock on suggested Heads of a new Treaty, December 31, 1857. Ibid., Inclosure in No.49, pp.54-61.
94　Ibid., p.60.
95　内地旅行（伝道）に関する規定が存在しない清米条約の批准は、前年の8月に行なわれていた。
96　王鉄崖前掲書、147頁。
97　Latourette, *A History of Christian Missions*, p.276. 衛青心前掲書、666頁。
98　王中茂「西方教会内地置産条款作偽考辨」『世界宗教研究』2005年第1期、57-62頁。
99　入江前掲書、558-559頁。李伝斌前掲書、47頁。
100　王中茂前掲論文、61頁。王の主張は、衛青心が引用している資料に依拠したものである。衛前掲書、593頁。
101　Koo, *The Status*, p.317.
102　Latourette, *A History of Christian Missions*, p.307.
102　Tiedemann, *Handbook*, p.302.
104　「通行傳教諭単並咨行教民犯案辨法」『教務紀略』巻三、一頁。『清末教案』第1

冊、中国第一档案館、福建師範大学歴史系合編、中華書局 1996 年、195-197 頁。

[105] 咸豊十一年二月二十日（1861 年 3 月 30 日）「総署収法国送来諭単交順天府蓋印」中國近代史資料彙編『教務教案檔』第一輯（一）中央研究院近代史研究所編、1974 年、2-3 頁。

[106] 「嗣後遇安分傳教之人自應按照條約設法保護外，儻該傳教士有干預公私事件者，亦應諭單駁斥不准，以免仍飛咨本衙門核辦以便移法國駐京公使懲治。」「通行伝教諭単並咨行教民犯案辦法」『教務紀略』巻三、一頁。

[107] 『籌辦夷務始末』同治期、巻二、咸豊十一年十月甲申（二十九日 [1861 年 12 月 1 日]）の条、変訴等の上奏、四十五、四十六頁 [70-71 頁]。『清末教案』第 1 冊、203 頁。

[108] 咸豊十一年四月十九日（1861 年 5 月 28 日）「總署收法國美理登函 附段振會原呈」『教務教案檔』第一輯（二）692-693 頁。

[109] 『籌辦夷務始末』同治期、巻三、咸豊十一年辛酉十一月丙戌（初二日 [1861 年 12 月 3 日]）の条、上諭、一頁 [73 頁]。

[110] 呂実強『中國官紳反教的原因（1860-1874）』中央研究院近代史研究所專刊（16）、商務印書館、中華民國 55 年（1966 年）、132-135 頁。咸豊十一年九月十一日（1861 年 10 月 14 日）「總署收山西巡撫英桂文 附副安當呈章程」『教務教案檔』第一輯（二）687-688 頁。

[111] 咸豊十一年十二月十九日（1862 年 1 月 18 日）「總署收法國代擬通行文稿」『教務教案檔』第一輯（一）4-5 頁。

[112] 「各省中不協情事，仍復層見疊出，屢據習教者具呈申訴，推其不協之由，首因習教者不欲如往年派攤各項迎神賽會演戲燒香諸冗費，據云此等事件与伊無涉故不應勉強照攤。・・・伊等亦不能因係教民，遂欲倖免各項公費，如有差徭及一切有益等項，亦應照不習教者，一律應差攤派，惟迎神演戲賽會燒香等事，與伊等無涉，永遠不得勒攤勒派，至地方官若遇有上二項合派之事，必須實按直道分剖，不得曲為牽混，比如所派内計公費四成，冗費六成，即應指明習教人止攤四成，其餘六成與伊等無涉，永免勒出。」『教務教案檔』同上、8-9 頁。『教務紀略』巻三、二～三頁。

[113] 『籌辦夷務始末』同治期、巻五、同治元年三月戊子（初六日 [1862 年 4 月 4 日]）の条、恭親王の上奏、十一～十二頁 [178-180 頁]。

[114] 同上、上諭、十二頁 [180 頁]。

[115] 咸豊十一年十二月二十三日（1862 年 1 月 22 日）「總署行直隷省文」「其可從者，即為照辦，不准故意苛求，使該主教前來饒舌。儻有礙難照辦之處，務須設法變通，依照公允，不得概為遷就致令地方民情不協。」『教務教案檔』第一輯（一）6 頁。

[116] 同治元年三月六日（1862 年 4 月 4 日）「総署片奏」「臣等亦知天主教係屬異端，雖

88

第 1 章　外国人宣教師と「不平等条約」

已開禁，仍當暗為防範。無知時勢所迫不能不因時制宜，兩害相行，則取其輕。」『教務教案檔』第一輯（一）15-16 頁。
[117] Latourette, *A History of Christian Missions*, p.308.
[118] 『教務紀略』巻三、十三頁。
[119] 咸豊十一年十二月十九日（1862 年 1 月 18 日）「總署收法國代擬通行文稿」『教務教案檔』第一輯（一）4 頁。
[120] Bob Whyte, *The Unfinished Encounter, China and Christianity*, Collins, 1988, p.107. ホワイトはこの叙述に続いて、「しかし今でいう土着化教会にヨーロッパの方式を押し付けたことは、中国のカトリック教会の成長を阻害することだった。中国のカトリックが現在〔公認教会と非公認教会とに〕分裂し苦悩している原因は、前世紀半ばの宣教師の方針に由来すると主張する者もいるほどである」と述べる。Ibid., p.107.
[121] Daniel H. Bays, *A New History of Christianity in China*, Wiley-Blackwell, 2012, p.74.
[122] Latourette, *A History of Christian Missions*, p.182, p.479. ちなみにプロテスタントの信徒は 1853 年に 350 人、1869 年に 5,753 人。
[123] 同治元年十一月十七日（1863 年 1 月 4 日）「總署奏」『教務教案檔』第一輯（一）33-34 頁。
[124] 同治元年十一月十七日（1863 年 1 月 6 日）「總署奉上諭」同上、34 頁。
[125] Cohen, *China and Christianity*, pp.128-129.
[126] 「署山東巡撫清盛奏陳法主教索還省城天主堂地基請旨遵辦摺」（咸豊十一年二月四日　1861 年 3 月 14 日）「署山東巡撫清盛按法天主堂原基畝數另查官地或買民地抵給事上諭」（咸豊十一年二月八日　1861 年 3 月 18 日）『清末教案』第 1 冊、193-195 頁。
[127] フランス側は山東省で成功した方法で返還するように求めていた。『教務教案檔』第一輯（三）1263-1271 頁。
[128] 咸豊十一年九月十一日（1861 年 10 月 14 日）「山西巡撫英桂函」『教務教案檔』第一輯（二）723 頁。
[129] 咸豊十一年十一月二十二日（1861 年 12 月 23 日）「總署給法国照会」同上、735 頁。
[130] 咸豊十二年十二月六日（1862 年 1 月 5 日）「總署給法国照会」同上、736 頁。
[131] 同治元年四月十六日（1862 年 5 月 14 日）「総署給法国徳爾位函」同上、738 頁。
[132] 同治元年九月十五日（1862 年 11 月 6 日）「總署收哥士耆函」同上、741 頁。
[133] 同上、753-756 頁。
[134] 「法使柏爾德密為派伝教士赴絳州收領東雍書院事致奕訢照会」（同治二年七月五日

1863 年 8 月 18 日)『清末教案』第 1 冊、384 頁。

135 同治二年二月二十三日（1863 年 4 月 10 日）「總署收成都將軍　崇實函」『教務教案檔』第一輯（三）1144 頁。

136 同治元年十二月十八日（1863 年 2 月 5 日）「總署行四川將軍總督文」『教務教案檔』第一輯（三）1146 頁。

137 同上、1147 頁。

138 同治二年八月二十一日（1863 年 10 月 3 日）「總署收范若瑟遞單」『教務教案檔』第一輯（三）1166 頁。

139 同治二年二月二十三日（1863 年 4 月 10 日）「總署收成都將軍　崇實函」『教務教案檔』同上、1153-1154 頁。

140 同上、1154 頁。

141 前掲の『中国教案史』は、「カトリック宣教師のデスフレッシェは、長安寺の解体を強行し真原堂を修築し、そのうえ付近の民家も接収して、川東三十六属保甲団連総局で八省会館の世話人たちの集会所すら長安寺から移転させられた。まもなくデスフレッシェは川東教区の主教となり、真原堂を拡張し、民家を強制占領した。重慶の人民はこの耐え難い状況下、1863 年 3 月、一挙に真原堂と宣教師の住宅を打ち壊した」と述べる。張、劉前掲書、397 頁。しかし『教務教案檔』で確認する限り、襲撃の時まで寺は引き渡されておらず、真原堂はじめ教会施設は別な場所に建てられていた。なおデスフレッシェが主教に任命されたのは 1856 年である。劉志慶『中国天主教教区没革史』中国社会科学出版社、2017 年、234 頁。

142 同治二年八月二十一日（1863 年 10 月 3 日）「總署收范若瑟遞單」『教務教案檔』第一輯（三）1166-1168 頁。

143 張、劉前掲書 390-392 頁。Cohen, *China and Christianity*, pp.116-117, p.127.

144 Cohen, *China and Christianity*, pp.118-119. 同治元年五月二十四日（1862 年 6 月 20 日）「總署致成都將軍兩廣總督四川總督函」『教務教案檔』第一輯（三）1352 頁。この時総理衙門は事件の処理を両広総督の労崇光にも依頼していた。

145 「成都将軍崇実奏報重慶教堂被毀及議処有関官員摺」（同治二年二月四日　1863 年 3 月 22 日）『清末教案』第 1 冊、340-341 頁。『教務教案檔』第一輯（三）1156-1157 頁。

146 同治二年十月六日（1863 年 11 月 16 日）「總署給成都將軍函」同上、1173 頁。

147 同上、1174 頁。

148 同治四年正月二十九日（1865 年 2 月 24 日）「總署收成都將軍崇實四川總督駱秉章函」同上、1209 頁。

149 同治四年正月三十日（1865 年 2 月 25 日）「成都將軍崇實四川総督駱秉章奏」同上、

第 1 章　外国人宣教師と「不平等条約」

1211 頁。同治四年二月八日（1865 年 3 月 5 日）「總署奏」同上、1214-1215 頁。
150 同治四年正月十六日（1865 年 2 月 11 日）「総署収法国柏爾徳密函」『教務教案檔』第一輯（一）50-51 頁。同治四年正月十九日（1865 年 2 月 14 日）「総署収法国柏爾徳密函　附李鴻章函」同上、51-52 頁。
151 「総署致上海通商大臣函　附別函」同上、53-54 頁。この時の上海通商大臣は薛煥。
152 「総署致法国柏爾徳函　附致李鴻章函」同上、52-53 頁。
153 入江前掲書、560-562 頁。
154 同上、54 頁。顧維鈞も総理衙門が 1865 年に各地方に指示を下したと述べるが、指示の具体的な内容そのものは示していない。一方で、同じ年に「北部の海関（Northern Ports）」の税務司が、地方官の許可なしに宣教師に土地を貸したり売ったりしてはならないという指示を発したと述べている。Koo, *The Status*, p.318.
155 Koo, *The Status*, p.321.
156 The Rev. W. Lockhart and others to Lord Stanley, Received April 28, 1868. *British Parliamentary Papers*, China, no.5（1871）, No.42, pp.116-117. Koo, *The Status*, pp.325-326.
157 Charles Wentworth Dilke, "The Chinese Difficulty", *The Times*, December 26, 1868, p.8. 自身が外交官として中国で勤務した経験のある P.D. コーツも、イギリス外務省は 1864 年に、宣教師の内地における土地の取得は現段階では認められないと言明した、と述べている。P. D. Coates, *China Consuls: British Consular Officers, 1843-1943*, Oxford University Press, 1988, p.179.
158 J. S. Burden, "Causes of Hostility to Missionaries," *Chinese Recorder*, vol.4, 1872, p.267. この投稿の主は、資料では Burden とされているが、1807 年から 1907 年までのすべての来華宣教師を列挙した一覧表（D. MacGillivray, *A Century*, Appendix II, p.12）にこの名前は見当たらない。投稿の内容からしても Burdon（John Shaw Burdon）の誤植であろう。
159 Broomhall, *Hudson Taylor and China's Open Century*, Ⅳ: *Survivor's Pact*, 1984, p.243.
160 Ibid., pp.243-250.
161 Ibid., pp.213-214.
162 Ibid., p.215.
163 入江前掲書、209-210 頁、282-84 頁。
164 Broomhall, *Survivor's Pact*, p.452, p.457.
165 Ibid., p.277.

91

[166] Ibid., p.212.『教務教案檔』によれば、周は寧波府鄞県の出身であった。同治六年三月十六日（1867年4月20日）「總署收英國照會　附倪教師等供」『教務教案檔』第二輯（三）1253頁。

[167] 『教務教案檔』同上、1251-1254頁。

[168] Broomhall, *Survivor's Pact*, p.278.

[169] Ibid., p.282.

[170] 「英使阿禮國爲請飭浙江省地方官妥結蕭山教案事致奕訢照会」（同治六年三月十五日、1867年4月19日）『清末教案』第1冊、587-591頁。

[171] 同治六年七月十日（1867年8月9日）「總署收浙江巡撫馬新貽文」『教務教案檔』第二輯（三）1258-1259頁。贈り物には、絹の傘、象牙の扇子、ハンカチ22枚、コップ、ティーカップ、ティーポット、タバコ、果物が入っていた。Broomhall, *Survivor's Pact*, p.303.

[172] ニコルはテイラーが内地会の原則としていた「中国服の着用」に従っていなかった。テイラーは、知県をはじめとする蕭山の人々の反感とニコルの洋装が無関係ではないと考えていた。Broomhall, *Survivor's Pact*, pp.277-278, pp.287-298.

[173] 同治六年五月二十八日（1867年6月29日）「總署收浙江巡撫馬新貽函」『教務教案檔』第二輯（三）1256頁。

[174] 同上。

[175] Broomhall, *Survivor's Pact*, pp.299-303.

[176] Ibid., p.304.

[177] 同治六年三月十六日（1867年4月20日）「總署收英國照會　附揭帖」『教務教案檔』第二輯（三）、1265-1266頁。

[178] 同治六年三月十六日（1867年4月20日）「總署收英國阿禮國函　附湖南閤省公檄江西閤省士民公檄贛州閤郡士民公檄」『教務教案檔』同上、861-868頁。

[179] 改正条約、いわゆるオールコック協定の成立過程については以下の文献を参照。坂野正高『近代中国政治外交史』、282-286頁。

[180] Memorial of the Shanghae General Chamber of Commerce, *British Parliamentary Papers*, China No.5 (1871), Inclosure 2 in No.21, p.18, pp.20-21. 上海総商会の要望書が書かれた日付は不明だが、この文書は1867年11月7日付で総商会秘書ピアソン（Walter Pearson）から上海領事ウィンチェスター（Charles Winchester）に送られている。

[181] Memorial from Messrs, Jardine, Matheson, and Co., *British Parliamentary Papers*, China No.5 (1871), Inclosure 2 in No.32, p.75.

[182] Young J. Allen, "Revision of Treaty Relations." *Missionary Recorder*, vol.1, 1867, p.74.

第 1 章　外国人宣教師と「不平等条約」

183 "Memorials in Reference to Treaty Revision," ibid., pp.91-92.
総理衙門は 1867 年末、天津条約改正において予測される外国からの様々な改革要求に対し中国の国内事情を説明するために、バーリンゲームを特使として西洋各国に派遣した。その結果、1868 年 10 月にワシントンで結ばれた米清天津改正条約（通称バーリンゲーム条約）には、アメリカ合衆国に使節（領事）を常駐させること、在華アメリカ人も在米中国人もそれぞれの信仰、宗教的実践が守られること、在華アメリカ人も在米中国人も教育機関を設立する権利があることなど、天津条約よりもはるかに双務的な内容が盛り込まれた。一方、在華宣教師の伝道権については天津条約以上の内容は入らなかった。バーリンゲームの伝記を著したウィリアムズ（サミュエル・ウィリアムズの息子）は、バーリンゲームは、イギリス人宣教師を批判的に論じることが多かったオールコックとは異なり、アメリカ人宣教師の活動について公に発言することはあまりなかったという。わずかな言及の例として、伝記の中で引用されている 1867 年 5 月 27 日付上海総領事セワード宛書簡には次のようにある。「中国人クリスチャンに合衆国による強力な保護を期待させるべきではないと私は申し上げる。中国で武力に頼んだ伝道をするつもりでないなら、これが唯一求められるべき方法である」。彼は、少なくとも砲艦外交によるキリスト教保護には否定的であった。Frederick Wells Williams, *Anson Burlingame and the First Chinese Mission to Foreign Powers*, Charles Scribner's Sons, 1912, pp.66-69. なおバーリンゲーム使節団については、坂野正高の前掲書のほか、使節派遣の観点から論じた箱田恵子『外交官の誕生　近代中国の対外態勢の変容と在外公館』（名古屋大学出版会、2012 年）の第Ｉ部第 1 章「清朝による常設使節の派遣」が参考になる。

184 イギリス議会資料には、*Chinese Recorder* に掲載されたものと同一の意見書が在福州イギリス人宣教師の名前入りで所収されている。Memorial from Missionaries at Foo-chow, August 13, 1867. *British Parliamentary Papers*, China No.5 (1871), Inclosure 3 in No.31, p.68. 英国教会伝道協会の宣教師ウルフ（John R. Wolfe）とクリブ（Arthur W. Cribb）からオールコック宛て。この文書は、他の商人たちの要望書等と一緒に 11 月 27 日付でオールコックからスタンリーに送られた。

185 Memorial from Swatow Missionaries, October 11, 1867. *British Parliamentary Papers*, China No.5 (1871), Inclosure 2 in No.33, pp.90-91. イングランド長老教会の宣教師スミス（George Smith）、マッケンジー（H. L. Mackenzie）、ゴールド（William Gauld）からオールコック宛て。

186 Memorial from Ningpo Missionaries, no date, *British Parliamentary Papers*, China No.5 (1871), Inclosure 3 in No.33, p.91. イギリス・バプテスト伝道会宣教

師ハドソン（T. H. Hudson）、合同自由メソジスト教会宣教師フラー（W. R. Fuller）、アメリカ北長老教会のドッド（Samuel Dodd）、内地会のストット（George Stott）とメドウス（James Meadows）、イギリス・メソジスト伝道協会のマラ（J. Mara）、英国教会伝道協会のベイツ（J. Bates）とモウル（A. E. Moule）の8名の連名でオールコックに提出。日付が不明だが、汕頭の宣教師の意見書と一緒に1867年12月23日付でオールコックからスタンリーに送付されている。

[187] The Rev. W. Lockhart and others to Lord Stanley, Received April 28, 1868. *British Parliamentary Papers*, China No.5（1871）, No.42, pp.116-117. 差出人は、ロンドン伝道会所属宣教師のロックハート、レッグ、チャルマーズ、ホブソン、ミュアヘッドの5名で、いずれも初期のプロテスタント伝道において大きな足跡を残した著名な宣教師である。

[188] 福州、汕頭、寧波の宣教師が用いた英文訳は"It is in addition permitted to French missionaries to rent and purchase land in all the provinces, and to erect buildings thereon at pleasure."で、3地点の宣教師らは訳文を共有していたことが推測される。他方ロンドン伝道会宣教師の意見書にある訳は"French missionaries shall be allowed to purchase land in every province, and to build on it, as their own convenience shall require."で若干異なる。

[189] Memorial from Swatow Missionaries, *British Parliamentary Papers*, China No.5, pp.90-91.

[190] Memorial from Ningpo Missionaries, *British Parliamentary Papers*, China No.5, p.91.

[191] Memorial by the Tien-tsin Community to Sir R. Alcock, regarding the approaching Revision of the Treaty, *British Parliamentary Papers*, China No.5 (1871), Inclosure 1 in No.33, p.85, p.89.

[192] Note for communication to the Tsung-li Yamen, on the several Memoranda addressed by the Ministers during the past months to the British Representative, on the Revision of the Tariff and Commercial Articles of the Treaty of Tien-tsin, September 8, 1868, *British Parliamentary Papers*, China No.5 (1871), Inclosure 32 in No.76, p.223.

[193] Sir R. Alcock to Lord Stanley, December 6, 1868, *British Parliamentary Papers*, China No.5 (1871), No.76, pp.187-188.

[194] Ibid., p.187.

[195] Sir R. Alcock to Lord Stanley, November 10, 1868, *British Parliamentary Papers*, China No.5 (1871), No.74, p.176. この報告が書かれた前日の11月9日に、上海領

第 1 章　外国人宣教師と「不平等条約」

事メドハーストの主導で軍艦が配備された。なお揚州教案における砲艦外交の効果は坂野正高も指摘している。坂野正高『近代中国外交史研究』238 頁。
196 Acting Consul Alabaster to Sir R. Alcock, May 9, 1868, Correspondence respecting Missionary Disturbances at Che-foo and Taiwan (Formosa), *British Parliamentary Papers*, China, No.3 (1869), Inclosure 2 in No.1, pp.2-3.
197 同治七年五月二十八日（1868 年 7 月 17 日）「總署收閩浙総督英桂等文」『教務教案檔』第二輯（三）1272-1275 頁。Narrative of Events in the Island of Formosa, 1868, *British Parliamentary Papers*, China, No.3 (1869) Inclosure in No.14, pp.26-30. Mr. Matheson to the Earl of Clarendon, April 8, Ibid., Inclosure in No.14, p.26. イギリス議会資料所収のこの資料は、ロンドン伝道会海外伝道局のマセソン（職位不明）が、台湾教案に関する最も詳細にして最も正確な記録であるとしてクラレンドンに送付したものである。台湾教案の概要は以下を参照。林文慧『清季福建教案之研究』台湾商務印書館、1989 年。蔡蔚群『清季台湾的傳教與外交』博揚文化事業有限公司、2000 年。
198 同治七年八月十七日（1868 年 10 月 2 日）「總署收英國阿禮國照會」『教務教案檔』第二輯（三）1279 頁。
199 『教務教案檔』第二輯（二）1006-1015 頁。
200 The Earl of Clarendon to Sir R. Alcock, April 19, 1869. *British Parliamentary Papers*, China, No.8 (1869), Correspondence with Sir Rutherford Alcock Respecting Missionaries at Hankow, and the State of Affairs at Various Ports in China, No.6, p.5.
201 *The Times*, December 3, 1868, p.9.
202 "The House of Lords on missionaries," *The Times*, March 10, 1869, p.6 ; *Chinese Recorder*, Vol.2, 1869, pp.24-27.
203 Sir Alcock to Consul Medhurst, March 23, 1869. *British Parliamentary Papers*, China No.5 (1871), Correspondence respecting the Revision of the Treaty of Tien-tsin, Inclosure in No.114, p.358.
204 The Earl of Clarendon to Sir R. Alcock, May 19, 1869. *British Parliamentary Papers*, China No.9 (1870), Correspondence respecting Inland Residence of English Missionaries in China, No.3, p.4.
205 "The Protestant Missionaries of China," *Chinese Recorder*, vol.2, 1869, pp.57-63.
206 Cohen, *China and Christianity*, pp.224-225.

第2章　プロテスタントの内地伝道と中国社会の「反発」
―― 中国内地会と揚州教案を中心に

はじめに

　この章では、ハドソン・テイラーら中国内地会宣教師が1868年に長江流域の揚州で襲撃された事件、揚州教案を中心に据え、さらに華中伝道を開拓したグリフィス・ジョンの活動をも視野に収めながら、1860年以降のプロテスタント宣教師による内地伝道に中国社会はどのように反発したのか、教案がその後のプロテスタント伝道のありかたや宣教師と政府、とくにイギリス政府との関係にどのような影響をもたらしたのかを考察する。

　プロテスタント伝道に限って述べれば、揚州教案以前にもプロテスタント宣教師と現地の人々との間に対立が生じたケースはいくつかあったが、揚州教案は、宣教師が負傷し、宣教師館（教会堂）が物理的損害を被り、砲艦外交によって決着がついた最初の事件だった。

　砲艦外交に加えて、揚州教案を考える際にさらに押えておくべき点は、テイラーが揚州に入る少し前から、カトリック教会の育嬰堂（孤児院）をめぐる謡言（根拠のないデマ）が流布していたことである。謡言によって生み出された敵意が、育嬰堂とは無関係のプロテスタント教会を巻き込むことになった。砲艦外交と謡言という二つの要素は、揚州教案の2年後に起きた天津教案――揚州教案よりはるかに甚大で多くの死者を出した事件――との共通点でもあった。この共通点については、呂実強が二つの教案を比較考察した研究の中でつとに指摘している[1]。

　揚州教案が、育嬰堂にまつわる謡言をきっかけとして起き、砲艦外交によって解決されたという基本認識に議論の余地はない。だがそこから先の議論、すなわち砲艦外交が用いられたことが果たして"宣教師の武力依存"や

"イギリス植民地主義とキリスト教伝道の表裏一体の関係"を示しているのか否かについては、複数の異なる見方がある。

特に焦点となっているのは、ハドソン・テイラーたちが、強引に内地の揚州への居住に踏み切ったのか否か、そして事件後テイラーがイギリス領事に外交的介入を求めたのか否か、という問題である。これらの二つの点について、顧長声、張力、劉鑑唐ら1980年代に揚州教案に関する論考を発表した中国大陸の研究者は、おおむね「是」とする立場をとっている[2]。80年代の大陸の研究は、従来の人民闘争史観（反洋教史観）を前提としたものだが、90年代に入るとこうした史観にとらわれない研究が進み、テイラーは少なくとも軍事介入を求めてはいなかったという主張が見られるようになる[3]。だが一方で2000年代以降に論考を発表した楊朝全は、テイラーが無理やり家屋を借りたとし[4]、張暁宇は人民闘争史観の全面否定に疑問を呈し、揚州教案前後のテイラーの世俗権力に対する距離の取り方を検討したうえで、テイラーは砲艦外交を支持していたと結論付けている[5]。他方、先に触れた台湾の呂実強は、砲艦外交による政治介入を歓迎する宣教師の一般的傾向は指摘するものの[6]、テイラー個人については、敬虔なキリスト教徒で、いくつもの苦労を乗り越え揚州に伝道の拠点を作ったと述べ[7]、砲艦外交に対する姿勢は特に取り上げていない。

欧米の研究に目を転じてみると、60年代のコーエンの研究から2000年代のオースティンの本格的な中国内地会研究[8]まで、この二つの論点については否定的である。内地会側から揚州教案を考察した論考（その代表は、内地会宣教師の息子として煙台に生まれたブルームホールがのちに著した7巻に及ぶ内地会史[9]）については指摘するまでもない[10]。以下の行論で述べてゆくが、筆者もまた、テイラーは周囲の反対を押し切って無理やり居住したわけではなく、さらにテイラーは襲撃の事実を領事に報告はしたが、武力示威を支持したとまではいえないと考えている。

揚州教案についてもう一つ見逃すべきではない重要な点は、現地の人々の怒りを直接買ったのは、テイラーらが揚州に来る以前から布教していたカト

第 2 章　プロテスタントの内地伝道と中国社会の「反発」

リック教会の布教方法だったことである。それゆえ、なぜ民衆はカトリック教会に反発していたのか、彼らの感情が何に由来するのかを考察しなくてはならない。1860年以降旧会堂の返還交渉が全国に波及する過程で、あるいは内地に進出する宣教師が増える過程で、明末以来形成されていたキリスト教教義に対する批判・非難が繰り返し共有され、知識人が様々な文書を作成、拡散し、反発は拡大、増幅されていった。揚州の人々の感情もこうしたキリスト教観と無関係ではない。本章では、知識人が公刊した代表的なキリスト教論駁書を分析し、揚州教案の思想的背景も考察する。

　加えて、イギリス政府の対宣教師政策の検討も必要である。揚州教案が海外伝道と砲艦外交の関連を明確に示していることは確かだが、イギリス政府は決して宣教師の利益拡大のために教案に介入したわけではない。教案によってむしろイギリス政府は、キリスト教伝道が内陸部に争いの種をまいているとして、宣教師の内地からの撤退を勧告する方針を取るに至った。それは、列強政府とキリスト教伝道との関係が単純に図式化できないこと、そして様々な角度から多面的に検討されるべきであることを示している。

　本章ではさらに、中国内地会および揚州教案と並行して長江流域伝道の開拓者であるグリフィス・ジョンも取り上げる。その理由は、中国内地会の長江流域伝道をより広い視野でとらえ相対化する必要があること、キリスト教を排撃した揚州の知識人に影響を与えたと思われる書物が、ジョンが著した書籍『天路指明』に徹底的な批判を加えていること、さらに揚州教案後、その余波がジョンの拠点である漢口にまで及んだこと、そしてプロテスタントの内地伝道に対するイギリス政府の批判にテイラーとは比較にならない激しさで反論した宣教師が、ジョンであったことである。

　以下、ハドソン・テイラーと内地会、そしてグリフィス・ジョンの活動と、それに対する中国社会の反応を通して、1860年代のプロテスタント伝道のありようを明らかにしてゆきたい。

１．ハドソン・テイラーと中国内地会

　ハドソン・テイラーは1832年、イギリスのバーンズリーで、熱心なメソジスト教会会員の家庭に生まれた。長じてからの彼の中国伝道の使命は、「神の啓示」を聞くという、すぐれて個人的な宗教体験によって与えられた。世俗の生活と信仰との矛盾に煩悶するという思春期特有の悩みを抱える一方、父親の中国伝道への関心を通して、中国での伝道を志す宣教師が極端に少ないことを知ったテイラーは、1849年のある日「私のために中国へ行け」という声なき声をはっきり聞き取ったという[11]。そのころ中国関連の図書の入手はそう容易ではなかったが、テイラーはたまたまメドハーストの著書 *China: Its State and Prospects*（1838）を借りることができた。この書物からほぼ初めて中国に関する具体的な知識を得ると同時に、中国における医療伝道の必要も知り、テイラーは自らも医学を学び始めた[12]。

　翌1850年、カール・ギュツラフの呼び掛けで、彼の中国伝道に賛同する人々によって中国人伝道者養成を目的とする中国協会（Chinese Association）がロンドンに設立された。テイラーは同会が出版に関与していた *The Gleaner in the Missionary Field* を読み、ギュツラフを中国伝道の師と仰ぐようになる。まもなく中国協会は、ギュツラフが1844年に香港で創設した中国人による中国人伝道のための組織、福漢会（Chinese Union）が問題の多い組織であるという情報や[13]、ギュツラフ個人に対する批判のために多くの支持者離れを起こした後、ギュツラフの初志に共鳴する人々の手で中国福音伝道協会（Chinese Evangelization Society）として再出発した。1851年に不遇の死を遂げたギュツラフの後継者を自ら任じていたテイラーは、この団体によって宣教師として中国に派遣されることになり、5か月の船旅を経て、1854年3月1日、上海に到着した。

　テイラーは、最初の数か月は、ロンドン伝道会の宣教医ロックハートの世話になりながら基本的に租界の中で過ごしていたが、この年の秋に、初めて開港場外での伝道旅行をエドキンスとともに行ってからは、上海を拠点に精

第 2 章　プロテスタントの内地伝道と中国社会の「反発」

力的に各地を訪ねて回り、伝道用冊子を配って歩いた。そのうち、短い伝道旅行に慣れると、借家での長期滞在を試みるようになった。

　1855 年 6 月、靖江知県から抗議を受けたオールコックがテイラーに注意を与えたことは第 1 章で述べたが、その後もテイラーは、行動を慎むどころか内陸で診療所を開設する決意を固め、10 月下旬、長江河口に位置する崇明島の新開河鎮（現新河鎮）に家を借りて医療伝道をスタートさせた。診療所は連日多くの患者であふれた。特に目の疾患に苦しむ者たちが多く、テイラーは彼らの治療に追われた。ところがこの診療行為が在地知識人の反感を招き、知県からは、仲介者が知県に無断でテイラーに住居を提供したことを咎め、事情を調査する旨を記した文書が届いた。間もなくテイラーは、この事実を把握した上海領事館から呼び出され、再びオールコックと面談し、崇明島から退去するか、領事の命令を拒否して中国人信徒や大家を窮地に追い込むかの選択を迫られた[14]。

　テイラーは、「イギリス領事が中国人官吏と結託して我々の行いを妨害した」と反発、カトリック宣教師が事実上内地伝道を行っていることを理由に自らの正当性を主張し[15]、在上海の宣教師、バードン、エドキンス、ミュアヘッド、ホブソン、ロックハート、ブリッジマン、バーンズらとも相談して打開策を探ったが、結局は崇明島での伝道継続を断念した。テイラーとオールコックは、この 13 年後の揚州教案で再び接触することになるが、この時すでにテイラーは、内地に入り込み外交上のトラブルを起こす人物という印象を持たれていたと考えられる。

　その後テイラーは、7 か月にわたってバーンズと行動をともにし、江蘇省南部から浙江省北部をくまなく回り、1856 年 3 月上旬、広東省汕頭に貸家を見つけてしばらく滞在した[16]。賃貸の交渉は、広東語ができたバーンズが偶然出会った広東人を通して行った[17]。さらに香港で伝道を助けていた汕頭出身の潮州人二人が彼らを手伝いに来て、教会のための物件交渉に当たったが、これは失敗に終わった。テイラーは汕頭のことばである潮州語は全く話せなかったが、4 月の終わりにはかろうじて現地の人々と簡単なコミュニ

ケーションが取れるまでになった[18]。だが、潮州語はできないが広東語が話せるバーンズは、隣接する地域への伝道旅行のため汕頭を留守にしがちで、現地語ができないテイラー単独での伝道には限界があった。

　教会が無理でも、せめて診療所を建てたいという希望を持っていた彼らは、夏を迎えようとする頃、診療所開設の準備のため上海に保管されている医療物資を取りに行こうと、7月5日に汕頭を離れ上海に戻った。慣れない気候で体調を崩していたテイラーの保養もかねてのことだった。

　その後テイラーは汕頭には戻らず、同じ中国福音伝道会から派遣されている医療宣教師パーカー（William Parker）[19]と宣教師ジョーンズ（John and Maria Jones）夫妻のいる寧波に移動した。しばらく上海との間を往復しながら過ごしたが、10月にアロー戦争が勃発し、伝道活動もその影響を受けることになった。英仏両軍による広州攻撃はテイラーももちろん知っていたが、しかしテイラーの複数の伝記は、自国軍による中国人の被害を彼がどう受け止めたのかについては何も語っていない[20]。

　この時のテイラーの最大の関心事はアロー戦争ではなく、彼を送り出した中国福音伝道協会が負債を抱え送金困難に陥っていたことだった。同協会はテイラーが上海に着いた当初から送金を滞らせがちで、この問題が引き金となってテイラーは1857年に協会を脱退し、翌年からは本国の友人の寄付金のみを頼りに寧波で伝道した。貧しくしかし地道な伝道活動の傍ら、医療伝道としての診療行為も継続して行なわれ、1858年には6名の改宗者が生まれた[21]。

　協会を脱退した1857年、テイラーは寧波最初のキリスト教女子教育機関、寧波女塾の教員を務めていたマリア・ダイヤー（Maria Dyer, 1837-1870）と結婚した。同塾の設立者であるアルダーシー（Mary Ann Aldersey, 1797-1868）の大反対を押し切っての結婚であった。

　寧波での伝道を通して、沢山の中国人と接し、彼らの福音に対する反応に触れたテイラーは、より多くの宣教師と共に活動できないものかと考えるようになる。内地会設立の構想はこうして芽生え始めた。

第2章　プロテスタントの内地伝道と中国社会の「反発」

　1860年、テイラーは健康を害していったん帰国するが、病気療養後は中国伝道の必要を各地で講演して回り、1865年にはそれらの講演をもとにした *China, its Spiritual Needs and Claims* を出版[22]、それまで停滞気味だった中国伝道への関心を喚起した。テイラーは宣教師が到達していない省として甘粛、四川、雲南、陝西、山西、河南、安徽、江西、湖南、貴州、広西を挙げ、こう呼びかける。「読者の皆さん、滅びつつあるこれらの地に福音を届けることは皆さんの務めではないというのでしょうか？[23]」「読者の皆さん、考えてみてください。宣教師がすでに伝道に着手している7つの省で福音がまだ届いていない1億8500万人のことを。宣教師のいない省の1億9750万人のことを。満洲、モンゴル、イリ、青海、チベットの広大な地域の数百万人のことを[24]」。福音の未達は、滅び、暗黒、悲惨であり、その中にさまよう膨大な数の人々に一刻も早く永遠、光、喜びの知らせをもたらすことこそ我々の使命であると畳みかけるように訴える。さらにその前提となる条約に触れ、キリスト教伝道に関わる清英天津条約の第8条（プロテスタント、カトリックの保護を規定）、第9条（内地旅行に関する規定）、第12条（開港場その他における家屋、教会等の建設に関する規定）を全文掲載し、「この帝国のどこにでも行く権利が条約によって与えられていることを私たちは心にとめるべきである」と述べる[25]。

　ページの大半は、テイラー自身や他の宣教師が伝道活動で経験した感動と試練の叙述に割かれ、中国の文化や宗教への言及は皆無に等しい。あったとしても「誤った宗教と腐敗した道徳の暗黒と堕落[26]」という抽象的かつ否定的な表現か、太平天国を指すと思われる叙述において「木や石で作られた神々への信頼を揺るがし、よりよきものを求める感情を呼び起こしたという点で、最近の反乱を見過ごしにすべきではない」「偶像破壊主義者は、一度は偶像を崇拝する帝国の支配者を打ち負かし、偶像を信じる民衆を征服した」と述べている程度である[27]。いうまでもなく後者は、太平天国が崩壊した後、偶像信仰が揺らぎ新たな価値が求められている地域にキリスト教が必要であるという文脈で語られているに過ぎない。

中国の人々の暮らしや文化を具体的に語らない本書はしかし、たちまちベストセラーとなり、以後1890年まで8刷を重ねた。平易な文章、情熱的な筆致、中国人信徒との感動的な逸話に加えて、女性宣教師の活躍ぶりに触れていることも人々の関心を呼んだであろう。1865年の本の出版と同時に、テイラーはロンドンに事務所を置く中国内地会を設立し、宣教師の募集にとりかかった。

　1866年5月テイラーは、募集に応じた人々17名と彼の妻、そして4人の子どもとともにラメミュア（Lammermuir）号に乗ってロンドンを出発し[28]、9月に上海に到着、かつてテイラーが伝道していた寧波に立ち寄った後、内地会最初の拠点を設置すべく、一行は杭州に向かった。

　テイラーの内地会構想は、それまでの伝道のスタイルを打ち破るものとして受け取られた。その理由としてまず、伝道活動に従事する者に対し聖職者の資格を求めなかったことが挙げられる。プロテスタント教会やプロテスタント伝道会が派遣する多くの男性宣教師は、所属教会によって牧師資格の認定である「按手 Ordination」を受けた聖職者であった[29]。当時中国に派遣された男性宣教師には、按手を受けずに平信徒のまま海外伝道の志を立てて派遣される印刷工、医師、教師もいたとはいえ、大多数は牧師資格を持つ宣教師だった。また按手を受けていない宣教師

左から、ハドソン・テイラー、グリフィス・ジョン、W. A. P. マーティン。Ralph Wardlow Thompson, *Griffith John: The Story of Fifty Years in China*, p.42 より

第 2 章　プロテスタントの内地伝道と中国社会の「反発」

も、高等教育は受けていることがほとんどだった。ところが内地会に所属する宣教師は、牧師資格を持たない宣教師が多数を占めただけでなく、資格を持たない宣教師の多くは低学歴で、中には英語を正確につづれない者もいたという評価すらある[30]。一方で内地会の牧師資格を求めない原則は、そもそも按手礼から排除されていた女性たちにも広く門戸を開くことにつながった[31]。

テイラーが宣教師を志す人間に第一に求めたのは、神学的な学識や学歴、牧師資格ではなく、信仰的情熱と敬虔さであった。前掲の著作の中でテイラーは、中国に自らを捧げる宣教師の少ないことを訴え、安逸な生活を送るイギリスの教会人を奮いたたせつつ「信仰と聖霊に満たされた人物であれば、たとえ教育を受けていなくとも未到の地に福音を持ち運ぶという、この神に祝福された務めに従事できない理由はない」と述べている[32]。

このほかにも内地会には次のような6つの特徴があった。
1) 超教派であり国際的である。
2) 教師に一定の給与は保障されない。
3) 個人からも団体からも資金集めは一切行わず、自発的な献金のみ受け取る。献金者の氏名は公表しない。
4) ロンドンの内地会本部は伝道地における宣教師の活動に指示を与えない。伝道方針、伝道計画は現地主導で決定する。
5) 宣教活動はすべてシステマティックに組織的に行われる。最短期間で全中国に伝道することを最優先の課題とする。
6) 宣教師とその家族は、ヨーロッパ式の生活スタイルを捨て、衣食住すべての面で中国人の生活様式を取り入れる[33]。

このうち超教派主義について述べると、テイラーは教派の垣根はとり払われるべきだと考えており、小児洗礼には否定的で、信じた者の洗礼 Believer's Baptism ——信仰を持った者の新生のしるしとして洗礼を受ける——を支持していた。したがって聖公会はもとより、契約のしるしとして小児洗礼を重んじる長老主義にも反対であった。それだけでなく、洗礼理解が近いよう

に見えるバプテスト的な考え方にも賛同はしていなかった[34]。

　内地会以前にも、様々な教会的背景を持つ教派の異なる人々を宣教師として派遣する伝道会がすでに設立されていた。1795年に会衆派（Congregationalist）のエドワード・ウィリアムズが創設したロンドン伝道会がその代表である。中国に派遣されたロンドン伝道会の宣教師には、例えばスコットランド出身のロバート・モリソンやモリソンの右腕となったウィリアム・ミルンのように長老派の背景を持つ人物が少なくない。またロンドン伝道会には、バプテスト教会やメソジスト教会出身の宣教師も数多く加わっていた。これらの教派は教会政治のあり方や洗礼理解は異なってはいるものの、伝道地に教会（建物としての教会ではなく信仰共同体、エクレシアとしての教会）を建てることを重視するという重要な共通点があり、教会は宣教師が去った後も継続する教会でなければならないという認識でも一致していたといえる。彼らは中国人信徒を育て、教会を治めるうえでも、財政を支えるうえでも、伝道活動をするうえでも、中国人による自立した教会の形成を目指した[35]。

　中国内地会も伝道地に教会を設立した。しかし内地会は、個人の回心、十字架の救い、敬虔な信仰を強調し、相対的には教会の形成そのものにはそこまで重きを置かなかった。内地会の報告書には、かつて数名の中国人の入信を見届けてから他の伝道地に赴いた宣教師がしばらく後にその地を訪ねてみると、最初の信者が皆いなくなっていたという例が見られる[36]。こうした例は内地会だけに見られるわけではないが、内地会の特徴を物語るものとしてとらえることは可能であろう。

　また、内地会が宣教師に給与を支払わず現地主義を取ったことは、一般の伝道会組織のあり方への挑戦でもあった。他教派の宣教師は、本国の海外伝道局（ミッション・ボード）から与えられる給与と伝道資金を自身の生活と活動に充てていた。たくさんの伝道地を世界中に抱えている教会や伝道会の伝道局であればなおさら予算配分は難しく、在中国宣教師からの予算要求をそのまま受け入れるとは限らず、伝道の現場の真の必要が満たされないこと

第2章　プロテスタントの内地伝道と中国社会の「反発」

もしばしば起きていた。テイラーは伝道局が主導権を握るこうした仕組みを拒否した。ロンドンでは、幼馴染のブルームホールが事務所を仕切っていたが、内地会ロンドン事務所の務めと他の伝道会の海外伝道局のそれとは大きく異なっていた。

　これらの特徴に加えて、テイラーはその経験から、辮髪を結い、中国服を着用し、中国語を操り、中国人と同じものを食べること、すなわち中国的生活様式の全面的な採用によって中国人と宣教師との距離が大いに縮まると確信していた[37]。中国服の着用はテイラーが師と仰ぐカール・ギュツラフに倣ったものだが、中国の人々との壁を取り除くための素朴な方法であり、中国文化そのものを理解することが第一義的な目的だったわけではない[38]。

　すべては神から出て神に帰結すると信じ、福音の拡大も神によって約束されていると確信していた内地会宣教師は、中国文化であれヨーロッパ文化であれ、そもそも人間が生み出した文化に特別の価値は置かなかった[39]。神の召しと福音を知らずに死んでいく夥しい数の中国人を一人でも多く救済することが最優先の使命であるから、キリスト教と中国の伝統宗教を比較し対話を模索する一部宣教師の姿勢とは一線を画し、非宗教的分野での活動を通して「中国文化を媒介とした中国のキリスト教化（Christianization of China）」を目指す方法も採用しなかった。また同様の理由から、高等教育事業や知識人を対象とした出版事業にも内地会はほとんど関与しなかった[40]。

　もっとも、19世紀の中国伝道に関して、伝道方法の違いを神学的背景の違いに単純に求め類型化することには慎重さが必要である。中国か日本か、あるいは朝鮮かを問わず、伝道地には様々なタイプの宣教師が派遣されており、その伝道の実践方法は、保守かリベラルかで大別されることが多い。しかし敬虔主義運動を背景に生まれた海外宣教に自ら志願し19世紀半ばに来華した宣教師は、多かれ少なかれエヴァンジェリカルなムーブメントの中で志を立てたことを忘れるべきではない。しばしば「リベラルな宣教師」としてテイラーと比較されるティモシー・リチャード（Timothy Richard, 1845-1919、イギリス・バプテスト伝道会）も、最初は中国内地会の宣教師に応募

していた[41]。姚西伊が指摘したように、中国伝道において実際に保守とリベラルが鋭く対立するのは 20 世紀に入ってからの社会的福音の普及以降であり、それ以前の 19 世紀後半の伝道の現場では大きな対立はなかった。たとえ意見の相違があったとしても深刻な分裂を生むほどではなく、宣教師たちは総じて互いに協力し伝道の進展に努めていたといえる[42]。

とはいえ手法や流儀の違いは確かにあった。前段と矛盾するようだが、その違いはどうしても保守かリベラルかという表現で区別せざるを得ない。リベラルな立場は、伝道の成功のためには社会構造の変革が必須であるとし、西洋キリスト教文明全体を翻訳紹介し、出版事業に積極的に関わり、高等教育を通して知識人に影響を及ぼす方法を重視した。19 世紀の在華宣教師の中では少数派に属し、その代表格はティモシー・リチャードやウィリアム・マーティンである[43]。彼らも中国に派遣されたばかりのころは、いわゆる直接伝道を重視していたが、例えば山東省を拠点としていたリチャードの場合、1870 年代、大飢饉に見舞われた地域で目撃した深刻な政治の機能不全に、それまでの伝道方法を根本的に見直し、知識人へのアプローチを積極的に始めたといわれている[44]。一方保守的方法とは、宣教師の使命を中国の民衆に直接福音を語ることに限定し、広くキリスト教文明を伝えるための著作活動や高等教育には否定的、消極的な姿勢で臨む方法である。医療や福祉は中国民衆への奉仕の業として、また初等教育は福祉の延長、もしくは信仰者を育てるための基礎的訓練の場としてとらえられた。ハドソン・テイラーはそうした立場に立つ代表的な宣教師だった。

宣教師の所属教派や国籍を問わず、本部が主導権を握らない、しかも経済的支持母体を持たないという方針は、内地会とイギリス政府の関係を考えるうえでも重要である。設立者の母国に司令塔がおかれず、活動資金は個別献金に頼り、組織に属する者たちの出身国を問わないという原則によって、内地会は国家を超越した団体に限りなく近づく。それはイギリス政府が自国の宣教師対策の中に内地会という宣教団体を丸ごと囲い込むことを困難にし、それによって内地会は列強の政治的、経済的利害との一体化を免れることが

第2章　プロテスタントの内地伝道と中国社会の「反発」

できる。もっともこれらの原則が立てられたのは、テイラーが他の伝道団体に所属していた頃にロンドン本部の意向が優先された経験と、彼自身のエヴァンジェリカルな伝道観の故であって、彼がイギリス帝国の植民地主義を自覚し批判的に見ていたからでは決してない。しかし結果的に内地会がイギリス政府の意向に非協力的だったことは事実であり、それは揚州教案以降、イギリス政府の方針として宣教師の内地からの撤退が勧告された時の各宣教団体の対応の違いにも表れている。

　従来の伝道の枠組みやスタイルを打ち破る画期的な方針は、海外伝道に関心を持つ敬虔主義的な人々の大きな関心を集める一方で、既存の伝道会や教会だけでなく、在中国の宣教師から辛辣な批判を受けた。彼らはテイラーが独裁的であると批判したほか、中国服の着用だけでなく、男女の宣教師が同じ屋根の下に暮らしていることをもやり玉に挙げた。中国服の着用は明代以降のカトリック宣教師もギュツラフも、その他一部の宣教師も実践していたことだが、女性宣教師が中国服を身にまとったことに対する不快感が、着用の原則自体への批判を助長したものと思われる。彼女たちを「娼婦のようだ」と見下げる心ない中傷もあり、テイラーは中国人娼婦の着る服は内地会女性宣教師の衣服と大きく異なっていることを説明しなくてはならないほどだった[45]。男女の同居に対する批判も、実際には別棟に居住している形態を知らない他教派の宣教師の思い込みを根拠としたものだったという[46]。

　スキャンダラスな噂から新奇さへの違和感から生ずる批判にいたるまで、様々な誹謗中傷を受けながらも、杭州に最初の拠点を設置した内地会に応募する人々は年を追うごとに増え、その結果内地会は中国に宣教師を派遣するプロテスタント中最多の宣教師を擁し、最大の伝道地域を誇る宣教団体に成長してゆく。その過程では、住民の反対と抵抗の故に伝道を断念せざるを得ない場合もあった。中でも揚州教案は内地会伝道初期の最大の「試練」であった。

2．グリフィス・ジョンの初期華中伝道

　ハドソン・テイラーの1年後に初めて中国の土を踏んだグリフィス・ジョンは、しばらく上海に滞在していたので、そのころすでにテイラーと面識があったと考えるのが自然であろう。テイラーが中国伝道をいったん休止し一時帰国する間に、ジョンは漢口に内地伝道の拠点を置き、さらにテイラーが内地会宣教師とともに再来華した後、杭州から長江流域の鎮江、揚州を目指していたころには、華中伝道の基盤を固めつつあった。

　1832年、ウェールズの信仰熱心な家庭に生まれたグリフィス・ジョンは、1855年にロンドン伝道会宣教師として中国に派遣され、1861年に中国内陸流通の要地である漢口での伝道にプロテスタント宣教師としては初めて着手、以後1911年まで一時帰国の期間を除きほぼ50年にわたって中国伝道に献身した人物である。中国近代史研究上の関心からは、太平天国占領下の蘇州や南京を複数回訪問し領袖たちに面会し、彼らの宗教観、キリスト教理解について報告書を書いていること[47]、さらに彼が手掛けた出版事業が特に注目される点であろう。

　実際、ジョンに言及する中国における研究は、ジョンが中国近代出版事業にどのように関わったかをテーマとしたものが多い。後述するようにジョンは、1876年、全国でも有数のキリスト教出版局となる聖教書局を漢口に設立し、キリスト教関連書籍を中心に多数の書籍、冊子を出版した。だがジョンその人に焦点を当てた本格的な研究は中国においてもほとんど見当たらず、英語の伝記が翻訳された以外は、彼に関する研究は十分ではない状況にある[48]。

　他方、グリフィス・ジョンを日本に初めて紹介したのは、中国カトリック布教史研究で著名な矢沢利彦であろう。筆者も2014年にグリフィス・ジョンに関する試論を執筆しているが[49]、それらを除く論考は出ていない。

　少年のころから説教者としての豊かな才能をいかんなく発揮していたと言われるジョンは、街頭で中国民衆に直接説教する路傍伝道を非常に重んじて

第2章　プロテスタントの内地伝道と中国社会の「反発」

おり、1855年に上海に来てから一年も経たないうちに、時には条約港外での行動範囲を定めた「遊歩規定」を破りながら、覚えたての中国語を駆使して周辺地域への伝道旅行をしばしば行った。1858年には、後に中国ジャーナリズムの基礎を築く王韜とともに松江方面に伝道小旅行に出かけている[50]。

街頭に出て道行く人々に直接語る路傍伝道は、19世紀以前に中国で布教したカトリック宣教師はほとんど採用しない、プロテスタント特有の方法だった。この方法についてはジョン自身が次のように述べている。

> 宣教師の務めは真実を教えることで、この教えが理解され記憶されることほど嬉しいことはありません。・・・（カトリック）司祭は異教徒たちに公の場で説教はしません。実のところ彼は異教徒の世界に直接触れてはいないのです。彼が出会っているのは、求道者という形で中国人の助手たちが彼のもとに連れてくる人々だけです。中国人の助手たちですら公に語ったりはしません。彼らはただ静かに直接の知り合いのところに出かけていくだけなのです。彼らは広く本を配ったりもしません。時々冊子を配布しているようですが、異教徒は対象としていないと思います。プロテスタントの方法は、声に出して、オープンに、正直に、聞きにきたいと思う人々にはだれにでも語り、本や冊子という形の真理の種を可能な限り広く撒くことです[51]。

宋莉華によれば、清代には民衆を善導する目的で、役所から人が派遣されて路上で『聖諭広訓』が読み上げられることがしばしばあり、プロテスタント宣教師の路傍伝道もまた、民衆にとっては慣れ親しんだ光景の一つだったという[52]。

こうした伝道手法は彼が漢口に移ってからも用いられた。

ジョンが40年以上にわたって伝道した漢口は長江に面し、古くから軍事、経済の拠点として重視され、「九省通衢」（九つの省に通じる大きな道）とも呼ばれる内陸交通の要所であった。貿易拡大のための内陸流通ルートの拠点

として注目された漢口は、アロー戦争の末結ばれた天津条約で開港場の一つに加えられた。1860年10月24日締結の北京条約（清英追加条約）で天津条約が発効すると、翌年3月、イギリスは漢口に調査隊を派遣、租界の場所を定め、3月21日に清朝側と「英国漢口租地原約」を結び、11月から租界建設に着手した[53]。

　ジョンが1855年から滞在していた上海は、彼にとっては一時的な備えの場であり、彼は自分の拠点をどこに設けるべきかずっと模索していた。しかし開港場を5港のみに限定した南京条約体制下の時期は、条約港ではなかった漢口はいまだ関心の外にあった。ジョンが初めて公に漢口の地名を挙げて同地での伝道の可能性を示すのは、1860年12月17日、上海から伝道本部宛てに太平天国首都南京訪問について書いた書簡においてで、すでに天津条約が結ばれ、漢口の開港が決定してからのことである。この時期、彼の関心は、むしろ太平天国の首都天京（南京）に向けられていた。

　中国に到着してから、上海を拠点に周辺地域でも伝道していたジョンは、1860年5月の杭州伝道旅行で太平軍侵攻の爪跡を目撃し、太平天国占領地の訪問を決心、同年7月に同じロンドン伝道会のエドキンスら3人の宣教師ともに、蘇州を訪ねた[54]。当時ここは、太平天国の複数の王の一人だった李秀成（忠王）の支配下におかれていた。その後彼らの訪問を別な王の洪仁玕（干王）が知り、面会を希望して蘇州にやって来た。洪仁玕は、1853年に広東でスウェーデン人宣教師から洗礼を受けた後、太平天国建国には関わらず、しばらくは香港でイギリス人宣教師のジェームズ・レッグ（James Legge, 1815-1897、ロンドン伝道会）の助手を務めていた。1859年に太平天国に合流すると、干王として太平天国の宗教を含む諸改革に取り組んだ[55]。

　洪仁玕が面会を希望しているとの知らせを受けたジョンは、翌月同地を再訪、キリスト教をよく理解する洪仁玕との対話を通じて、太平天国にはまだ真のキリスト教を植え付ける見込みがあることを確信する。11月末、ジョンは今度は南京に入り、太平天国天王洪秀全の代理としての彼の息子に面会

第 2 章　プロテスタントの内地伝道と中国社会の「反発」

し、南京で正統キリスト教を伝える決心を固める。少なくともこの時ジョンは、南京伝道が自らの使命であると考えていた[56]。

しかしジョンは、南京から帰ってきて間もない12月17日に上述の手紙で漢口に言及し[57]、さらに、1861年3月に漢口租界の建設に先立つイギリスの現地調査への同行も予定しており、南京と並行して早い時期から漢口伝道も視野におさめていた。漢口視察の計画は、4月に南京を再訪することになったため見送られたが、この再訪でジョンは、太平天国の状況に失望し、前回訪問時に感じた伝道の可能性はもはや見いだせないと判断し、南京伝道に完全に見切りをつけることになった。

ジョンは、杭州や蘇州、煙台など漢口以外の伝道地も検討したようである。しかし、すでに何度か訪問していた杭州は英国国教会系の伝道会が、蘇州はアメリカ長老教会が拠点を設置することに決まっており、ロンドン伝道会が参入することは控えるべきとの判断が働いた[58]。そして6月9日、ジョンは汽船ヘレスポント（Hellespont）に同じロンドン伝道会宣教師のウィルソン（Robert Wilson）と一緒に乗り込み、6月21日、漢口に到着した。

到着後すぐにジョンは、蘇州人の紹介で、租界用地の外で同所の南側にあった民家をウィルソンとともに借り受け[59]、落ち着く間もなく伝道を始めた。しばらくは自宅で日曜日の礼拝が守られ、翌年の5月に漢口初のプロテスタント信者が誕生、年末には新たに11名（うち子どもが3名）が洗礼を受けた[60]。

1863年6月、漢口初のプロテスタント教会がジョンの自宅近くの「夾街」に建てられる[61]。さらに相前後してジョンたちの宣教師宅も新たに建てられた。最も詳細なジョンの伝記を書いたトンプソンは、宣教師宅は租界の中に建てられたとしているが、別な伝記著者ロブソンが引用しているロンドン伝道会から漢口視察に訪れたミュレンズという人物の報告は、「〔宣教師宅は〕現地の人々が住む町の北外れ」にあるとしている[62]。『武漢市誌』は「花楼街」と特定しており[63]、ミュレンズの報告と場所的にほぼ一致するので、おそらくジョンたちは、租界の南側にのびる花楼街に宣教師宅を建てたものと

思われる。

　第 1 章で見たように、イギリス政府は、北京条約締結後も自国宣教師に不動産取得権が与えられたとは解釈しなかったが、地方政府が理解を示し、地主が承諾し、現地住民の反感を最小限に抑えることができれば、土地、家屋の購入は不可能ではなかった。

　ジョンたちが漢口租界の外に容易に土地を見つけることができたのかどうか、その詳細は少なくともロンドン伝道会側の資料からはわからない。伝記記者ロブソンは、The district magistrate（漢陽県知県であろう）は 2 度ジョン宅を訪問し、The Lieutenant Governor（漢陽府知府か？）はジョンの家の扉に張り出すための諭告を送ってきたと記している[64]。その諭告は、外国人への攻撃を厳しく戒めるものだった。ロブソンの記述では、周囲の人々は非常に好意的であったともされているが、諭告文を貼り出さなくてはならなかった状況は、むしろ住民の反感や疑念が皆無ではなかったことを語っているともいえる。

　彼が土地の購入を阻む大きな壁に突き当たるのは、漢口の対岸、武昌での伝道に着手しようとしてからである。以下に記す土地取得までの経緯は、管見の限りでは突き合せるべき清朝側の資料がないため、すべてジョンの日記と手紙に依拠したロブソンとトンプソンの伝記に基づいている[65]。伝記はジョン側の立場からのみ叙述されているものの、地方当局との興味深いやり取りが具体的に記されているので、敢えて取り上げ、宣教師による不動産取得の実例を示してみたい。

　この頃武昌にはすでにローマカトリック教会の湖北代牧区が置かれ（湖北が代牧区に指定されたのは 1856 年）、フランシスコ会宣教師の代牧主教ユスタッチェ・ザノリ（Eustache Zanoli）が駐在していた[66]。トンプソンは「武昌の場合、すでにカトリック宣教師が住み込んでいたため、交渉には細心の注意と粘り強さと礼儀正しさがとりわけ求められた」と述べている[67]。

　1863 年、中国人伝道者を介した土地探しが地主に拒否され失敗したため、ジョンは湖広総督官文に直接面会して、土地購入の許可を下すよう要請し

第2章　プロテスタントの内地伝道と中国社会の「反発」

た。だが官文は無知な民衆が騒動を起こすから武昌は諦めるよう慇懃に勧めた。この年の11月（同治二年十月九日）、官文は湖南省岳州の士民が外国人排撃、布教反対の大量のビラ、掲貼を撒いていることを総理衙門に報告しており[68]、武昌府内で同様の騒ぎを未然に防ぐための措置を取ろうとしたとしても不思議ではない。

渋る官文に対しジョンは「宣教師はどんな困難も引き受ける」と引き下がらず、最後には協力の口約束を引き出したものの、一筆書いてほしいと要求した土地購入許可文書の発行はやんわりと断られる[69]。口約束も口約束に過ぎず、再度の土地探しも苦労を重ね、ようやく1864年1月20日、中国人伝道者の奔走で購入に成功、衙門に登録に行き証書も発行してもらった。

しかし間もなく武昌府江夏県知県がこの土地が教会用地であることを問題視し、もともと「公的財産」であった土地を地主が誤って売却したと主張して、買い戻しを通告してきた。

ジョンは、知県に対し「礼儀正しさ」を貫きながらも、証書を盾に一歩も引かなかった。衙門には連日キリスト教伝道を阻止せよと訴える人々が200人から300人押しかけ、武昌伝道をやめさせるよう呼びかけ、万が一会堂が建った暁には破壊すると宣言する掲貼が、街中のあちこちに貼りだされた[70]。

知県は、事態の鎮静化を図ろうとしたが、妥協の気配を見せないジョンと知識人たちの批判の板挟みとなった挙句、ジョンに折衷案を提示、「公産」の土地を諦めさえすれば、別な土地を与えると申し出た。そこでジョンはこの代案をのみ、自らが納得のいく土地を取得するに至った。武昌城北門の西側、戈甲営と呼ばれる場所である。土地は7月16日に引き渡され、ロンドン伝道会の名義とし、この件はイギリス領事館にも報告された。さらにその後知県によって「この土地はグリフィス・ジョン氏が購入したもので、同氏は条約に基づきここで伝道活動をする権利を有する」という内容の諭告が出された。前述の漢口知県がジョンに送ってきた諭告同様、この諭告もジョンが要求したものなのかどうかはわからない。ジョンは「漢口領事もできる限

りの協力をしてくださいました。彼がこの試みに難色を示していれば、役人たちが勝利を収めていたでしょう」とも書いており[71]、大事件の一歩手前だった騒ぎを懸念した領事が、あるいは知県に何らかの働きかけをしたとも考えられるだろう。

　この一連の過程が示しているのは、土地取得の条約上の権利が定まっていない時期であったとはいえ、そのこと自体が宣教師の土地購入に対する強い反対の理由ではなかったことである。知識人らはキリスト教伝道そのものに反対していた。だが知県がジョンの活動が条約に基づくものであることを言明する諭告を出すと、彼らはなんとか矛を収め、土地購入の権利については何も問わなくなったのである。また領事も不動産取得権のあいまいさを理由にジョンの試みを問題視するようなことはなく、むしろ彼に協力的であった。

　戈甲営には漢口のイギリス人コミュニティからの500ポンドの献金で教会と伝道師の家が建設されたが[72]、伝道はその後2年間は中国人伝道師の張河清にゆだねられた[73]。宣教師に対する反感が考慮されたためで、1867年1月22日にジョンが一夜を過ごすまで、外国人宣教師がここに逗留したことはなかった。それから間もなくロンドン伝道会のブライソン（Thomas Bryson）が張とともに武昌伝道を担うことになった[74]。

　こうしてジョンは、漢口と武昌に拠点を設け、さらに長江とその支流である漢江流域への伝道拡大に意欲を傾けた。その一方でジョンは、路傍伝道の際配布する冊子や讃美歌、信仰問答

グリフィス・ジョンゆかりの教会、崇真堂。1864年献堂。於武昌区戈甲営。2013年、筆者撮影。

第 2 章　プロテスタントの内地伝道と中国社会の「反発」

などの伝道書の執筆、出版も精力的に行った。ジョンによればこれらの伝道書は「宣教師が入ることができないキリスト教に敵対的な地域にも入っていくことができ」「伝道旅行で私が語ったことはすぐ忘れられてしまうが、文字はいつまでも真理の証言者となってくれる」ものであった[75]。彼はすでに上海滞在中に『上帝全能顕著於福音道理内』など複数の冊子を出していた[76]。当時宣教師は、漢文書籍を出版する際にたいてい中国人助手に口述筆記させ文章をまとめてもらっていたが、ジョンも同様に上海で知り合った南京人の沈子星に中国語を習い伝道書の執筆を手伝ってもらっていた[77]。ジョンが1861年に漢口に移ると、沈子星もその翌年ジョンの後を追いかけ、漢口でも伝道と並んでジョンの執筆活動を支えた[78]。後述するキリスト教論駁書『辟邪紀実』(1862年) の中で「妖書」として批判されている『天路指明』(*Clear Indication of the Heavenly Way*, 漢口、1862年) は、沈子星が漢口に来て間もなく出版されたものと思われる[79]。沈子星は、この論駁書で『天路指明』同様に「妖書」扱いされている『訓子問答』の著者でもあった[80]。

　ジョンはその後1876年にロンドン伝道会から50ポンドの資金提供を受け、漢口に漢口聖教書局 (Religious Tract Society) を設立し、自ら文書伝道のための冊子や本を多数執筆し、さらに聖書を「浅文語」、「北京官話」の2種類に翻訳した[81]。伝道文書の秀逸さはハドソン・テイラーにも絶賛されており、内地会宣教師のホスト (Dixon E. Hoste, 1861-1946) はそれらの冊子を全国の内地会で用い、教会の外の教養人に配布するうえでも、教会員や求道者の学びに用いるうえでも非常に役立つと述べている[82]。

　漢口伝道を最初からともに担ってきた同僚のウィルソンが、最初の教会が建てられて間もなく病に倒れ、1863年8月12日に死去したことは大きな痛手であったが、伝道会本部は、1866年にブライアント (Evan Bryant, 1839-1918)、1867年にブライソンを派遣し、武漢伝道は軌道に乗ったかに見えた。

　しかしまもなく、長江流域の城市、揚州で教案が起きると、その余波が武昌に及んでくる。さらに揚州の事件をきっかけに、イギリス政府は「内地居住 (inland residence)」を問題にし、内陸からの宣教師の撤退を勧告するに

117

至る。この時政府の方針を最も厳しく批判し、撤退勧告の撤回を求めたのが、ジョンであった。

3．事件発生　強引な居住？

　1868 年 8 月 28 日付の『ノース・チャイナ・ヘラルド』は、同 22 日から 23 日にかけて揚州で起きた教会襲撃事件を次のように報じた[83]。

　　　揚州でプロテスタント宣教師に対する激しい攻撃があったという知らせが我々のもとに届いた。領事権力による迅速かつ決然たる行動が求められている。…中国人は次第に各省領事が消極的で実行力に乏しく、まともに機能していないと感じ始めている。今や彼らはそれを権力の単なる影か幻であるかのように見下している…すべての権力と権威とを北京の総領事館に集中させるという理想は抽象的には良いことだろう。しかし実際には各省でもより頻繁により強い圧力が用いられるべきだ。さもなければ新たな危険と困難がまた生じることになる。…もしフランスのミッションが事件に巻き込まれたとしたら、中央、地方を問わずフランスによる復讐が完全に行われるまでは、中国当局に平和が訪れることはない。わがイギリスもこれに見習うべきである。

　事件が起きてから 5 日後に書かれたこの記事は、上記の他に襲撃した側の首謀者、揚州知府の対応、被害の大きさ等にも詳しく触れ、テイラーら宣教師には同情的な書き方をしている。しかし記事の主眼は事件報道よりも、英国政府に対する批判と行動要請にある。いったん事が起きたら、外交代表の中心にいる公使の意向を伺わずに臨機応変に対応できるよう、各領事の裁量権を大幅に認めるべきであるという。果たして、揚州教案はこの記事が主張

第 2 章　プロテスタントの内地伝道と中国社会の「反発」

するとおり、上海領事メドハースト[84]による最も断固たる行動、すなわち砲艦による威圧によって解決したのだった。

本節では、揚州教案発生までの経緯、発生の状況、そしてテイラーらの「内地居住」は官側にどのように受け止められたのかを整理し、揚州居住を教案の原因の一つと見なしうるのかについて考察する。

各省に伝道の拠点を設置しそこから隣接する府県を開拓する「体系的伝道活動」の原則に従って、内地会宣教師たちは最初の伝道拠点である杭州から紹興をはじめとする浙江省の主要都市に伝道範囲を拡大した。1868 年になるとその範囲はさらに江蘇、江西へと広がっていった。

テイラー自身は、家族や仲間とともに 1868 年 4 月 10 日杭州を出発、5 月の終わりに条約港の鎮江に到着した。この伝道旅行の目的は、江蘇省伝道の拠点を南京に設けることだったが、鎮江城内には宣教師がいないこと、また大運河と長江の結節点として立地条件が極めて優れていることなどを知ったテイラーは、当初の予定を変更し、鎮江を拠点とすべく住居探しを始めた。その一方でテイラーは中国人信徒を揚州に遣わし、伝道の可能性を探らせていた。

この時鎮江にはプロテスタント宣教師は常駐してはいなかったが、ロンドン伝道会の小さな教会が建てられていて、中国人伝道師によって管理され、教会の前には教会や信徒を侮辱することを禁ずる鎮江府発行の告示が掲示されていた[85]。テイラーらも間もなく住む家が見つかり、6 月 24 日に賃貸契約を結び、鎮江副領事アレンの地方官への働きかけで同様の告示が出されることも決まった。ところが揚州教案発生直後の 8 月 24 日にテイラーらが難を逃れてここにたどり着くと、連日の反対運動に遭い、「居住」は断念せざるを得なくなった（後述）[86]。

鎮江での家探しと平行して、揚州が伝道地として有望であるという報告を受けたテイラーは、中国人信徒を連れて揚州に向かった。6 月 1 日に運河に船を停泊させ、その後は鎮江・揚州間を行き来しながら鎮江で継続して借家を探した。江蘇省伝道の拠点を鎮江とする構想に変更はなく、揚州は鎮江の

119

アウトリーチとして位置づけられていた。

　揚州到着後テイラーは、いたずらに紳士層の感情を刺激せぬよう配慮し、宿の手配は同行していた中国人信徒に依頼し、宿が見つかるまでの１週間を船の中で過ごした。

　揚州の宿に逗留し始めて間もなく、テイラーは自宅と礼拝場所を兼ねた借家を探し始め、6月27日には、鎮江副領事の仲介で入手した常鎮道（鎮江に駐在していた道台）による揚州知府宛ての紹介状と、領事の紹介文を持参し知府の孫恩寿を訪問した。紹介状には、テイラーらの揚州来訪の目的と、条約の規定に基づき宣教活動を保護してほしい旨が書かれており、これを読んだ知府は、各県に宣教師保護を命じた[87]。その後知府は彼らの居住を正式に許可する文書を発行したので、不動産の取引を無事行うことができた[88]。

　7月17日には、テイラーによれば「居住許可」に基づいて賃貸契約を交わし、その3日後に引越しをした。内地会の資料は、賃貸契約はテイラーらが宿泊していた宿の主人が仲介したという[89]。他方、清側の档案は下級紳士が代わりに借りたとしている[90]。

　ようやく住居を借り、揚州での伝道に着手する足がかりが整ったテイラーらを待っていたのは、紳士層を中心とする人々の想像以上の反発だった。引越し後、テイラーらの周りでも中傷ビラが数多く撒かれ始め、テイラー宅に石が投げ込まれるなどの実害も生じるようになった。中には宣教師は死人から目をくりぬく、病院を建てて子どもをさらう、妊婦の腹を割いて嬰児を取り出し薬を作るなどと書かれた特大のビラもあった。

　揚州で活動らしい活動を始めていないテイラーらが攻撃の的となった重要な背景には、その前年から始まっていたカトリック教会の布教活動に対する人々の反発があった。同教会が運営していた育嬰堂（孤児院）に対する疑念が、キリスト教そのものに対する反発と結びつき、知識人が作成した謡言の掲帖が大量に出回り、その矛先が揚州入りしたテイラーにも向けられたのである。

　困り果てたテイラーは、事件発生前に知府に善処を求める手紙を2度送っ

第 2 章　プロテスタントの内地伝道と中国社会の「反発」

ている。事件後テイラーがメドハーストに提出した報告資料によれば、8 月 14 日、テイラーは流布していた掲帖を同封し「大きな文字で黄色の用紙に書かれたビラが方々に出回り、愚かな人々がこれを信じて問題を起こすのではないか」と懸念を述べ、早急に取り締まるよう求めた。これに対する知府の返事は、「揚州の人々は軽々しく気まぐれだ。禁止の告示を出すだけならできるが、一人ひとり取り締まることはできない。だが知県に告示を出すよう指導しよう」とそこまで前向きではなかった。その 5 日後の 8 月 19 日、知識人、中でも葛という名前の生員（科挙の院試に合格し郷試の受験資格を保有する者）が人々を扇動し、窓やドアに被害が出たため、テイラーは 2 度目の申し入れを行った。すると知府は、葛の捜索と諭告の告示を知県に命ずることを約束した。だが後述するように、この約束は守られなかった[91]。

　この時知府は、テイラーに回答すると同時に、テイラーからの要請について、浙江省と揚州のある江蘇省とを治める両江総督の曾国藩にも報告し、テイラーの家は、依頼を受けた下級紳士が官に無断で借りたもので「〔私からはテイラーに〕『貴国の伝道はもともと善を勧めるが、もしそれが原因でいざこざが起きてしまうのなら却ってよくないと思う』と述べて、長逗留しないよう遠回しに促しました」と記す。知府は、宣教師にそう言ったのは「一方で謡言を禁止し、もう一方で退去するよう婉曲に仕向けて初めて民衆は相安んじて問題もなくなる」からだとも記しているが、テイラーの報告資料には、「貴国の伝道」以下の引用箇所は含まれていない[92]。

　揚州知府から報告を受けた曾国藩は、家屋の賃貸の経緯に大きな関心を示し、官への報告なしにテイラーに物件探しの便宜をはかった下級紳士の行為は「即属私租房地，乃不遵照前次批意，責以違定章（即ちひそかに土地家屋を借りたのであり、すでに出した指令に従っておらず、規定違反として責を問う）」と断言する。それは、テイラーが揚州知府のもとに持参した常鎮道の紹介状には、テイラーが分を弁え、行き過ぎた行動をとらない「安全無過」な人物であるかどうかの記載がなかっただけでなく、そもそも、揚州府を管轄に含まない常鎮道が府宛てに紹介状を送ること自体が越権行為だから

121

である。曾国藩は、居住許可の妥当性を疑問視し、つまり揚州知府を批判し、手続き上の瑕疵を指摘したのである[93]。

　曾国藩は、彼らが分に安んじる宣教師であることを保証する文書を管轄領事に書いてもらうよう命じること、さらに何者がテイラー宅の貸主になっているのかを調べ、その人物を処罰することを知府に指示した[94]。揚州の人心が平静さを取り戻すためには、宣教師が真っ当な手続きを経た、安寧秩序を守る人物であることが証明される必要があった。

　ここで曾国藩が言及している「定章（規定）」は、1865年にベルテミー協定が成立した際、中国側が独自に売買時の条件として定めた規定を指していると推測される。第1章で述べたとおり、ベルテミー協定は、カトリック教会の公的な財産として土地家屋を入手することを認めたが、清朝政府は同協定を取り決める際、ローカルルールとして地方官の事前許可を義務付け、売主による自由な売却を禁止し宣教師の内地居住の足枷とした[95]。ベルテミー協定と中国独自の施行規定では、いずれも土地、家屋の「売却」を問題としており、賃貸への言及はないが、例えばテイラーが揚州から鎮江に避難したのちに遭遇した反対運動（鎮江教案）の際、曾国藩はベルテミー協定施行規程に触れて、城内で家屋を借りて教会堂とする場合もまた同規定に準じて処理すると述べている[96]。

　とはいえ曾国藩は、揚州府の許可が下りた以上、テイラーに対し居住許可の取り消しや物件の放棄を要求することはできなかった。その一方で、知府に誹謗中傷を強く禁止するよう求めるわけでもなかった。曾が提示したのは、テイラーの伝道の継続が「安全無過」であるという保証を条件として認め、宣教師が秩序を重んじる謙虚な人物であることを示し、住民の感情を宥めようとするある種の弥縫策である。民と宣教師との平和共存の実現可能性を探りながら、両者の利害のバランスを測る解決方法を提示したといえるだろう。だがこれらの対策を書き記した曾の返答が知府に届く頃には、テイラー宅はすでに大規模な群衆に襲われており、曾の指示は教案の未然防止にはつながらなかった。

第 2 章　プロテスタントの内地伝道と中国社会の「反発」

　曾国藩は、テイラーに安易な居住許可を発行した知府と、官への報告なしに無断で貸した中国人の「規定」違反を問題視しており、テイラー側を直接批判してはいない。テイラーらは教案発生後に「揚州にミッションの拠点が置かれていた全期間、すなわち 1868 年の 6 月 1 日からずっと、私たちのメンバーはでき得る限り、人々の感情を害する原因となるようなことはどんな些細なことであれ避けてきたし、時折受けた散発的な侮辱にも、よくよく考えて忍耐してきた」と述べており[97]、彼らなりに「安全無過」を心がけていたといえる。その配慮が揚州の人々に理解されていたかどうかは別問題であるが、鎮江領事が承認し、いったんは知府の居住許可が出た以上は、たとえ不穏な空気が流れていたとしても、テイラーらに居住を断念する選択肢はなかったであろう。したがって、テイラー一行が無思慮に居住を強行したことが教案を引き起こしたというストーリーは、乱暴に過ぎるといわざるを得ない。

　もちろん現地政府の許可と住民感情に対するテイラーらの配慮が内地居住権を正当化する理由にはならないのは、第 1 章でも見たとおりである。多くの宣教師が内地居住権の確立を条約改正交渉中のオールコックに要請しているさなか、テイラーはこの未確立の権利を行使したのであり、その意味においては、居住は強行されたとみなすことも不可能ではない。彼は中国伝道に携わって以来ずっと同じようなことを繰り返しており、1865 年 1 月に起きた蕭山での出来事がそうだったように、それまでは問題が生じても首尾よく切り抜けることができていた。テイラーたちにとっては、揚州居住も伝道の使命を果たすために継続してきた実践の一環に過ぎなかったのである。

　テイラーたちに対する実力行使を伴う反発と憎悪は日を追うごとに増幅し、ついに 8 月 23 日、テイラーらの住居兼教会に 8,000 人から 1 万人規模の群衆が押し寄せ、火を放ち、破壊行為に及んだ。群衆は翌日もテイラー宅を襲ったため、宣教師たちは鎮江に難を逃れた。この時の襲撃の様子、そして解決に至るまでの外交交渉については第 5 節で取りあげることとし、次節ではなぜテイラーらが攻撃の的となったのかを、中国知識人のキリスト教認

識の考察を通してより広い見地から論じてみたい。

4．知識人のキリスト教認識

（1）各省督撫の意見聴取から

　中国知識人の一般的なキリスト教認識を考える前に、まず前章で言及した総理衙門による各省督撫の意見聴取を取り上げてみよう。1868年に控えた天津条約改正交渉の準備として、総理衙門は1867年10月、条約改正の焦点となるであろう6項目の懸案事項（「総理衙門條説六條」）に総理衙門の見解を付したうえで、各通商口岸の督撫18名に各項目につき意見を求めた[98]。6項目中最後の「伝教」について総理衙門は、清仏条約13条のみに触れて、宣教師の訴訟介入や旧教会堂返還要求に代表される問題を指摘し、「人々の感情や社会の雰囲気を案じ、問題点を正そうと思うのなら、〔地方官は〕日ごろから紳民と連絡を取り合って、表向きには〔教民を宣教師に〕従わせ、隠れたところで〔教民を〕教導して、誤りを指摘したり邪さを正したりする不禁之禁をとればよい」と述べる[99]。この時総理衙門が念頭に置いていたキリスト教はカトリックで、「不禁之禁」とは、カトリックを認めるように見せかけて、実質的には禁止するという方法である。

　総理衙門に回答を寄せた督撫は17名、うち「伝教」については15名がそれぞれの見解を示した[100]。各人の「伝教」に関する見解は分量がまちまちであるほか、キリスト教そのものに対する見方も、キリスト教本来の教えの良さは認める福建巡撫の李福泰から、全面的に否定する郭柏蔭（湖北巡撫）、あるいはプロテスタントとカトリックを比較して後者を激しく攻撃する沈葆楨（江西巡撫）まで、決して一様ではない。李福泰は、キリスト教は仏教や道教と似ているように見えて実は異なっており、己のごとく人を遇すべしと教え善を人に勧める点は、邪教とは異なるとして、キリスト教本来の教えを多少は肯定的に記しているが[101]、郭柏蔭はキリスト教と仏教を同一視し、キリスト教の美点は全く認めない[102]。

第2章　プロテスタントの内地伝道と中国社会の「反発」

　他方、沈葆楨は、カトリックとプロテスタントの違いに触れ「耶穌教は清浄をその教えとしています。善悪の区別については〔儒教の〕聖人と比べれば劣っておりますが、仏教や道教の流儀と同じ様に扱うことができましょう。天主教は、塵や芥のような悪事を包み隠し、どんなことでもやってのけ、悪人もそこに逃げ隠れております。また地方官にしょっちゅう無理難題を要求しています。伝教とは名ばかりで、実際はひそかに悪巧みをしているのです。正士や良民は憤嫉の情を募らせ、殺傷の挙に出てしまうこともあるほどです」と述べ、この時点ではカトリックと比較すると目立った動きを見せていなかったプロテスタントに比較的好意的な評価を下す一方で、カトリックは悪の巣であり治安上の不安定要素であるという厳しい見方を示す[103]。

　沈葆楨は自身の上奏に下級の官僚や知識人5名の提言を添付しているが、そのうち3名の見解には謡言に近い言説や極端な誇張が見られる。いわく「イエスの教えは嘘だらけで、婦女や嬰児幼児をかくまい、目をくりぬいて血を取る、といった行動に対し、人々は殺意を抱いている」とか、「邪説淫行が中原に横行している」あるいは「数百年にわたって信者の息子と娘の結婚によってキリスト教徒が多数育ち、さらに広く信者が集められている」などである[104]。厳しい評価を下しているとはいえ最低限の節度を保っている沈葆楨の提言とは異なっているが、沈葆楨自身がこうした言説を容認していたことは明らかであろう。

　15名の中で、カトリックの教えの評価にはあまり踏み込まず、その行為を具体的に批判しているのは、この時湖広総督の職にあった李鴻章である。李はこう述べる。

　　教士（宣教師）は無頼の窮民を引き込むことを専らにし、貧者は教士の資力を利用し、弱者は教士の権力を利用し、法を犯した者は教士に匿ってもらう。こうして教主と地方官との対立が慫慂されるのです。キリストの教えを学んでいることを理由に奸徒を放任しておくことは地方

125

で表には出ない弊害となっておりますし、伝教を理由に仲間を集めることは、とりわけ将来の災のおおもとを覆い隠すことになりましょう[105]。

督撫らのキリスト教観は一様ではないものの、現実の「伝教」対策は似たり寄ったりで、総理衙門が示す「不禁之禁」を基本に、知識人が無知蒙昧な民を教え諭しキリスト教の影響を減衰させ、地方官が宣教師の不法な訴訟介入を取り締まるというものであった。この対策についても李鴻章の提言は具体的である。

督撫大吏は地方官を慎重に選任し、民を教え育てることを急務とし、保甲を実行して善良な民と悪人とを見分け、礼を尊び儒の教えを明らかにして民の教化を進め、善堂を数多く設置し貧困を救済する、これらが根本的な統治の原則です。さらに、天津条約の規定を遵守して、教士には地方の公の事柄には全く関与させず、教民と一般民衆との訴訟は、例にならって地方当局が尋問、処罰を行い、読書人と民衆が教民を虐げたならば地方官は公平かつ速やかに処理し、内地に教会堂の旧跡地がないのであれば、勝手に土地を購入し会堂を建てたりさせない、これが個別具体的な措置です[106]。

ベルテミー協定によってカトリック教会の内地における公産としての不動産購入は可能となっていたが、李鴻章は、自由な購入にはあくまで反対であることを表明している。条約に基づいてキリスト教の存在そのものは受け入れざるを得ない状況下で、その弊害を防ぐ方法の一つが、宣教師による土地の購入や新しい会堂建設を徹底的に管理することであった。また、儒家思想に基づく民の教化と慈善事業の充実によってキリスト教への耐性を高め、キリスト教伝道に対抗し防波堤を築くための方途を提示する。キリスト教とは天津条約の規定の範囲内である程度共存していく他はない、しかしその影響を実質的に骨抜きにするような策を講じるべきだというものである。

第 2 章　プロテスタントの内地伝道と中国社会の「反発」

最後に曾国藩の奏文も確認しておきたい。

> 異端の教えは廃れたり新たに起こされたりしますが、周孔の道はいつまでも滅びることなく、中国が政を修め世を整えるようにさせ、そうして礼教が盛んになるのです。〔宣教師〕あの手この手で布教地を拡大しましたが、結局教えを尊重するものは僅かであります。まして、各省郡県の様子を見ますと、多くの教会が建てられていて、これ以上開拓することはできません。条約改正の時期が来て、その国がもし布教条項に関して度を越す要求をして止まないようなことになった場合、問題が生じた時そのつど公文書を送ってキリスト教を保護することはできるかもしれませんが、別に新たな条項を加える必要はありません。私が思うに、彼らはそれほど法外な要求を突きつけてくることはないでしょう。布教活動について幾つか述べましたが、キリスト教の害は比較的軽いので、宣教師と争わないだけでなく、宣教師からの求めがあればすぐに応じてやるべきだと思います。ただ鉄道汽船、塩の取引、内地における倉庫の設置等がわが民の暮らしを脅かすのであれば、これらについては力の限り争うべきであります[107]。

キリスト教伝道の問題性については、山東巡撫の丁寶楨も「条約締結以来、以前よりも解決しやすくなっている」と見立てているが[108]、曾国藩はこれに比べてもさらに楽観的で、宣教師は「法外な要求をつきつけてくることはない」「害は比較的軽い」という。第 1 章で見たとおり、在華宣教師はオールコックに内地居住権を改正条約に明記するよう要求してはいたが、オールコックがゼロ回答に徹したため、その意味で曾国藩の「法外な要求をつきつけてくることはない」という見通しは的確だったといえる。だが「キリスト教の害」はどうであったか。曾国藩は少なくともここでは比較的軽いと書いているが、地方の知識人はそうは考えなかった。彼らはキリスト教が現実に彼らの生活圏を脅かし、害毒を広めていると信じ、その危機感をばね

にしてキリスト教を論駁するビラや冊子を作成した。曾国藩は、こうしてため込まれた負の感情の暴発を、自身が総督として解決処理に当たった二つの教案、すなわち翌年の揚州教案とその２年後の天津教案によって身をもって経験することになった。

（２）育嬰堂をめぐって

　テイラーら一行が揚州に居を定めた時すでにカトリック教会の布教、中でも育嬰堂に対する反感が広がっていて、宣教師を非難する様々な謡言も流布していたことはすでに述べた。後述するように、反キリスト教の謡言は、1861年ごろから湖南を中心に長短あわせて種々の形をとって公刊され、江蘇省一体にも広まっていた。謡言とは一般に根拠のないデマ、風説と解されるが、謡言と教案との関係を考察した蘇萍は、謡言はいわゆる流言飛語とは異なり、ある者が何らかの目的を達成するために大衆心理に訴えて世論を高揚させるために作り出すもので、「操縦機能」を持つと規定している[109]。この時飛び交っていた謡言の目的は、カトリック宣教師の追放とカトリック施設の閉鎖といってよいだろう。

　謡言によって生み出された負の感情が、直接的な暴力行為につながったきっかけは、育嬰堂から幼児24名が宣教師によって連れ去られたという噂だった。当時条約港鎮江に滞在していたカトリック宣教師セキンガー（Joseph Seckinger）によれば、「1868年の８月下旬、影響力を持つ知識人に扇動された大群衆が育嬰堂を破壊しようと集まってきた。・・・外国人の家を取り壊すのだ〔と彼らは言い、その場にいたある女が〕ここには洋人はいないよ、その洋人なら別の場所さと言ってプロテスタント宣教師の家を教えると、群衆はすぐさまそこへ向かった」という[110]。そして８月22日の夕刻、テイラー宅が襲われた[111]。

　「幼児24名の失踪」は事実ではないが、この噂には根も葉もなかったわけでは必ずしもない。噂が広まった同じ日に、幼児の遺体の埋葬係をしていた信徒の李得義が、堂内で死亡した幼児２名の遺体を江都県大汪の空き地に埋

第2章　プロテスタントの内地伝道と中国社会の「反発」

めているところが目撃された。「目がくりぬかれ心臓が抜き取られ」ていないかどうかきちんと調べて皆の疑いを晴らしてほしいという住民の懇願を受けて、江都県知県が調べると、幼児の遺体がさらに12体埋められていたが、検死の結果みな病死であることが判明した（5体はすでに腐敗していた）[112]。24名の幼児失踪の噂は、この出来事が発端となってまことしやかに語られ、またたくまに広まったと考えられる。

揚州のカトリック布教の歴史は元代までさかのぼり、清代以降も、断続的にカトリック宣教師が来着し、布教活動を行っていた。太平天国が鎮圧されると、フランス政府は禁教以前に獲得した旧カトリック用地を、他の江蘇省（通州、鎮江、江寧）の用地とともに返還するよう要求した。当時の江蘇巡撫李鴻章は、各知府に旧カトリック用地の調査を命じたが、鎮江、揚州にはフランス人カトリック宣教師の所有を裏付ける証拠が残されておらず、返還は不可能である旨がフランス側に伝えられた[113]。だが前出のセキンガーはこの調査結果に満足せず、1866年、1867年と、二度にわたって直接揚州知府を訪れて再調査を要請した[114]。並行してセキンガーは、1867年に地方官への報告なしに三義閣という場所に生員の名義で民家を借り[115]、そこに義学、薬局を設立した。さらに貧しい子どもたちのために育嬰堂の設置を計画したが、宣教師は「刀で肉を割く」「目玉をくりぬいて薬を作る」などの事実無根の謡言が数多く流れたため、育嬰堂設立の希望と合わせて謡言禁止を揚州知府に申し入れた。

カトリック旧財産の証拠が残されていないにもかかわらず、返還もしくは代替地を要求し、その上民家まで借りているセキンガーに手を焼く知府は、両江総督曾国藩に報告し、どうすべきか指示を仰ぎ、さらにこう述べている。「宣教師は民家を借り、義学と薬局を設け、その上育嬰堂の設置までしようとしています。その言い分を一応聞くには聞きますが、揚州にはもともと義学、薬局、育嬰堂等の慈善事業はあり、今はただ育嬰堂のみが修復していない状況です。他はみな等しく順調に機能しています」[116]。

この時曾国藩は、セキンガーの賃借の経緯を正し、官への報告なく私的に

民家を借りたのは規定違反であることを宣教師本人にも理解させるべきだと回答するのみで、育嬰堂には特に触れていない[117]。

だが翌年教案が起こると、「洋人が育嬰堂を設立してもよいという規定は、条約にはない。・・・中国には本来育嬰の善挙がある。外国人までもが育嬰堂を設ける必要はないのだ。このカトリック宣教師は勝手に孤児の収容を繰り返すべきではなかった。そうすれば紳士も民も理解を示し、騒ぎを起こすには至らなかっただろう」と、育嬰堂の設置を教案の原因として指摘した[118]。揚州教案が起きる3か月前の5月19日に、セキンガーが淮安府で家屋を購入し設置した教会堂についても、教案発生後の11月になってから、揚州教案を引き合いに出して、「このカトリック会堂で育嬰の事業を行わせてはならない。そうすれば目や心臓をくりぬくといった謡言も一切なくなる」と警告を発した[119]。

揚州の固有の慈善施設の中で唯一運営されていないと知府が述べた育嬰堂は、順治十三年（1656年）に建てられた施設である（設立当初は育嬰社と呼ばれた）。揚州の学術振興は、山西省および安徽省徽州府出身の塩商の資金援助に支えられていたが[120]、『続纂揚州府志』には、これらの塩商（西商、徽商）が育嬰堂建設にも多額の資金を投じたことが記されている。この育嬰堂事業は設立以来乾隆年間までは活況を呈したものの、道光期の両江総督陶澍による塩政改革で塩商は没落し、学術同様育嬰堂も資金繰りが苦しくなった。「1830年から31年（道光庚寅申辛卯）にかけて塩法が一変し、塩運使の兪徳淵は乱費を防いだが、育嬰堂の経費には毎年相変わらず二万数千両が必要とされた」と『続纂揚州府志』はいう[121]。こうした状況に追い打ちをかけるように、1853年（咸豊三年）、太平天国軍がこの育嬰堂を襲った。太平軍が破壊した育嬰堂は1869年（同治八年）に再建されているので、揚州教案の引き金となったカトリック教会の育嬰堂は、ちょうど揚州の育嬰堂が太平軍に破壊されたまま機能していなかった時期に設立されたことになる[122]。

揚州の紳士たちがカトリック教会による育嬰堂設置に対して示した反応からは、まず中国本来の伝統的な福利事業の座を奪取しかねないことへの恐れ

第 2 章　プロテスタントの内地伝道と中国社会の「反発」

が読み取れる。地方の名士が固有の理念に基づいて行った民の保護と教化＝家父長的な条理の実践が、カトリック的救済システムと対立していると言い換えることもできるだろう。

　加えて、カトリックの慈善事業の中でもとりわけ幼児を収容する施設が人々の中に疑念と不安を生んだ点も注目すべきである。

　キリスト教の育嬰堂事業に対する反感は、雍正帝の禁教以前にはここまで深刻ではなかった。地元の育嬰堂に収容されている子どもが重い病気にかかり、死期が近づくと、宣教師の下で働く中国人伝道師に連絡が入り、彼らが洗礼を授けに行くという連携が確立していた広東省の例や[123]、在地の名士と協力して育嬰堂を建設することが計画された北京の例などもある[124]。宣教師たちは、一面では中国固有の育嬰堂に注目し、ある種の敬意も払っていた。この時代にも知識人レベルでのキリスト教批判はあったものの、1860年の天津・北京条約体制成立後、宣教師が保護享有権、内地伝道権等を有する特権的存在になってから、カトリックの育嬰堂事業をめぐる状況は質的変化を遂げたといえる。中国知識人には、清朝政府が抗うことのできない特権を持つ宣教師が彼らの生活の場に進出し事業を行うことによって、地域固有の福祉をも支えてきた伝統的支配秩序が切り崩されることに対し強い危機感を持った。さらに小さな子どもが密室に閉じ込められる事態が自分たちの生活圏に起きていることに対する不安と恐れ、それらを引き起こす宣教師への反感が、すでに広範囲に流布していた湖南由来の謡言と結びつき、人々を教会襲撃へと駆り立てたと見ることができよう。次節ではこの湖南由来の謡言とは何かを検討する。

（3）揚州教案の背景――『辟邪紀実』を手がかりに考える

　17世紀以来儒教知識人に共有されてきた反キリスト教言説の公刊は、雍正の禁教以後低調となるが、アヘン戦争を経て欧米各国との関係が大きく変化する中で、魏源『海国図志』や梁延楠「耶穌教難入中国説」（『海国四説』）などの新たなキリスト教論が出された。日本の幕末知識人にも大きな影響を

与えた全百巻に及ぶ魏源の『海国図志』は、「西印度天主原国」と小題がついた第二十六巻、第二十七巻でキリスト教（天主教）を論じている。第二十七巻では明末清初の知識人楊光先の『辟邪論』が引用されているほか、複数の文献が紹介され、後半には「天主教考」（上中下）が置かれ、カトリックのみならず漢訳聖書をはじめとするプロテスタント宣教師の著作も取り上げながら、キリスト教の教理面をより詳細に批判する。そこには多くの誤解や偏見も含まれており、薬を飲ませて祖先を軽んじさせる、目玉をくりぬくなど、古くからの批判言説も引かれている。

　天津・北京条約体制の下で宣教師の内地布教が始まると、批判はさらに激烈さを増し、湖南を中心に次々にキリスト教を攻撃する論駁書や冊子、掲帖類が公刊されるようになった。

　中でもここで取り上げる『辟邪紀実』は、天津・北京条約体制下の最初期に書かれたもので、分量も九十頁にのぼり、読書人のキリスト教観や宣教師認識を知るうえで格好の資料である。それまでの論駁書と同じような言説が繰り返され、分量に比例するほどの内容ではないが、他の冊子や掲帖類に与えた影響は小さくない。筆者が参照した東洋文庫所蔵版（順天時報社社員だった松村太郎が1940年に寄贈）は、光緒十二年（1886年）刊行で、また筆者は未見だが1871年版（ハーバード大学所蔵）もある[125]。

　『辟邪紀実』の著者（選者）は、「天下第一傷人」という匿名の筆名を用いているが、コーエンは、この書にしばしば湖南省の地名が登場すること、太平天国軍に厳しい批判を浴びせていること[126]、湖南省はキリスト教に対する排斥が最も強かったことなどの理由から、著者は湖南省人ではないかと推測している[127]。佐々木正哉も同様に湖南で編纂された形跡が濃厚であるとし、著者については湖南省長沙の唐際盛の名前を挙げている[128]。『反洋教書文掲帖選』を編んだ王明倫は、より踏み込んで『辟邪紀実』の編纂者を湖南省寧郷県出身の崔暕（1833-1901）であると特定している[129]。

　次に刊行年であるが、先行研究によっては若干の混乱が見受けられるので、ここで改めて整理しておきたい[130]。

第2章　プロテスタントの内地伝道と中国社会の「反発」

「耶穌教は邪であり、人の心が少しでもあるのなら断じて従うことはできない」という書き出しで始まる前序は、本書に掲載されている文書として「天主邪教集説」「天主邪教入中国考略」「辟邪論」「雑引」「案証」、さらに坿巻の「辟邪歌」「団防法」「哥老会説」を挙げ、「これらをあわせて辟邪紀実と名付けた。罪のない者を誣いて罪に落とすような主張はしていないという意味である。本書は五日五晩かけて書き上げて、私はすっかり疲労困憊している。すぐに刊行し次々送るので、受け取った者は私の苦労を察してほしい。皆が邪教に惑わされることがなければ幸甚である」と述べ、咸豊十一年五月（1861年6～7月）の日付を記している。その数ページ後に挿入された「後叙」は「私が昨年編纂した辟邪紀実は万やむを得ず作ったもので、好き好んでやったことではなかった。ここにまた批駁邪説を数十條分雑引の後ろに加筆する」と説明し、最後に「壬戌八月」すなわち同治元年八月（1862年8～9月）と記している。つまり本書は、いったん1861年に完成し、翌年加筆して出されたということになる。

1862年に新たに挿入された「批駁邪説」は、宣教師や中国人信徒が書いた4種類の書物に徹底的な批判を加えるもので、そのうちの一つはグリフィス・ジョンが書いた『天路指明』である。『天路指明』の刊行年は1862年であるから、天下第一傷人は、『辟邪紀実』の初稿を書き終えた直後に『天路指明』を入手、分析し、批判文を書いたものと推測できる。

筆者が参照した1886年版と初版が同一であるとは断定はできないが、1862年以降に出版された宣教師の著作は取り上げられていないことから、改稿された可能性は低いと考えてよいであろう。

以下、『辟邪紀実』の構成と内容から、知識人に共有されていた反キリスト教思想を検討してゆきたい。なお『辟邪紀実』はすでに呂実強が他の様々なキリスト教論駁書とともに論じており非常に参考になるが、その中身が仔細に分析されているわけではない[131]。ここでは呂の議論を踏まえながら、より詳細な考察を試みる。

冒頭ページでは、「前序」の次に著者が参照した文献が「考証書目」とし

て 202 種類列挙され、続いて『聖諭広訓』の「黜異端以崇正学」が転載されたのち「後敘」が置かれる。本編は以下のとおりである。掲載されている文書のタイトルに続いて概要と短い考察を記す。

上巻
「天主邪教集説」
　キリスト教の由来、イエスの十字架と復活、制度的側面をある程度事実に即して解説していると思いきや、男女の性的な乱れに言及しはじめ、伝統的な中傷言説が用いられる。マテオ・リッチらカトリック宣教師を「夷匪」と呼び、彼らの言動について次のように具体的に批判する。
　天文測定の技術をもって妖術、錬金術を弄している。洗礼や聖餐の儀式によって惑わし祖先の神主を廃棄させる。病気の時も通常の医療は受けさせず、裸で鍼灸の治療を受けた婦人が治らないまま死ぬと、臓腑と頭部を剖き病巣を確認する。信徒の家に不幸があると、牧師が遺族を押しのけて遺体を埋葬しひそかに目玉を取り出し膏薬を作る、などである。
　キリスト教には天主教と耶穌教があり、競い合って勧誘していると指摘してはいるが、聖職者はもっぱら「牧師」と呼んでいる。
　文末には「咸豊十一年（1861 年）辛酉夏五学聾居子跋」と記されている。

「天主邪教入中国考略」
　文字どおり、天主教がどのようにして中国で布教を行ってきたのかについて述べている。
　「ある雑文にはユダヤ国の烏合利の党が宋の隆興元年に五色の棉、五色の布を貢いで匪徒を集めて中国に足を踏み入れたと書かれている」から始まり、開封に清真寺を建てた、永楽十六年には夷匪（外国人の匪賊）が医術を持ち込んだ、天順三年には複数の匪徒（中国人信徒）が多数の妖書を清真寺に安置した、大秦景教流行中国碑を偽造した等々、真偽不明の主張や、事実と虚偽がないまぜになった叙述がなされる。

第2章　プロテスタントの内地伝道と中国社会の「反発」

「辟邪論」上下
　楊光先（1597-1669）の有名な著作『不得已』に収められている「辟邪論」の転載である。魏源も『海国図志』第二十七巻で引用している本論は、儒教知識人がキリスト教を学ぶ際の基本文献と見なされていた。キリスト教は祖先崇拝を禁止して無父無君の弊を広めていると批判し、イエスの処女懐妊を「荒唐怪誕」といい、十字架につけられ肉体的に苦しんだイエスが天地万物を主宰できるはずがなく、この世界を創った上帝イエスを人間が殺害できるはずもないと、ある意味で合理的な教義批判を展開している。他方で、肉体の損壊や性的逸脱に触れた中傷はほとんど用いられていない。

中巻
「雑引」
　キリスト教書だけでなく、キリスト教や西洋諸国を批判する書物（実在していたかどうか確認できないものも多数）の一部を引用し、それにコメントを加える形式をとる。一例をあげると、『密雲齋随筆』『万国全図集』という書物には、イエスは神の子で、33年間布教し、人々の罪を贖うために処刑されたが、そののち復活して天に昇り、世界と宇宙をすべ治める権能をもっていると書かれているとその内容を紹介し、こう述べる。「上帝の子がなぜ人間を偽って生きるのか。人間に罪があるならなぜ代わりに贖えるのか。イエスが生まれる前はだれが宇宙を操る権能を持っていたのか。・・・荒謬の極みで、わずか数語の中に矛盾が含まれている」[132]。
　ここで引用されている反キリスト教の書物は、荒唐無稽な中傷を連ねているものが多い。例えばそれらは、白蓮教は西洋由来である、天主教は子どもの魂を奪うといった類いであり、また育嬰堂についても次のように述べる。「育嬰堂の設立は、子どもを多く産んだ者が子を溺死させることを恐れて、篤志家が出資し子どもを収容して養おうとしたもので、真の義挙であった。しかし近頃は流弊が少なくない。幼いうちに預けられるまま、多くの匪賊が連れ去ってひそかにその脳髄や心肝を取り、西洋人に売り渡し三仙丹が作ら

れる。これは厳密に調査しなくてはならない」[133]。中国伝統の育嬰堂が機能しなくなった結果、匪賊と宣教師が結託して子どもの脳や肝から薬が作られるという作り話で、同じ育嬰堂を題材としていても、揚州教案やその2年後に起きた天津教案の際に広まった噂話とは次元が異なっている。揚州や天津の教案は、カトリックの育嬰堂で死亡した子どもの体が毀損されていたという噂を震源とした事件で、子どもの遺体をめぐる噂話の前提として、閉じられた空間に子どもが多数収容されていること自体が疑念を生んでいた。このような批判が見られるようになるのは、内地布教の解禁とともにカトリックの慈善事業が活発化する1865年あたりからではないかと思われる。

「批駁邪説」

1862年の増補改訂時に加えられたもので、著者の断り書きには「私は天主邪教諸書の百はくだらない種類に目を通した。書かれている事柄も文言も一つ一つ論駁しないわけにはいかないが、論駁するにしても、し尽す時間がない。今朝がた偶然、教匪が新たに出した妖書を数種読んだので、さっそく数十行批判を加え、雑引の後ろに置くことにした」とあり、壬戌八月五日（1862年8月29日）の日付が記されている[134]。

論駁の対象として取り上げられているのは、グリフィス・ジョン著『天路指明』、ウィリアム・ミルン著、エドキンス編『甲乙二友論述』（上海、1858年[135]）、ウォルター・ヘンリー・メドハースト著、エドキンス編『耶穌教畧』（上海、1858年[136]）、沈子星著『訓子問答』の4種の書物で、沈子星は前述のとおりジョンの助手である。ワイリーが編纂した書誌目録は『訓子問答』をジョンの著作として扱っているが、上海で1864年に出版されたとあるので[137]、1862年に『辟邪紀実』の著者が閲覧した『訓子問答』はそれとは異なる版で、著者は沈子星とされていたのであろう。

これらの4種の書物の中で、著者が最も詳細かつ徹底的な批判を加えているのは『天路指明』である。その批判の中身については後ほど検討したい。

第2章　プロテスタントの内地伝道と中国社会の「反発」

下巻
「案証」

　明末の宣教師パントーハ（Diego de Pantoja）やディアス（Manuel Dias Jr.）、中国人信徒徐光啓から清末のグリフィス・ジョンの弟子に至るまで、有名無名の人物に関する個別情報が文献や伝聞に基づき50種近く集められ、「教えに従う者」は淫乱好色の輩、教会は男女乱交の場、宣教師は女性を捕まえて性行為を強要する人物として描かれ、キリスト教が性的倒錯と結び付けられる。またキリスト教の儀式に対する疑念が表明され、古くからキリスト教批判の常套句として使われてきた身体（目や心臓、肝臓、腎臓）の毀損、子どもへの危害が告発される。

　計27例挙げられている同時代の人々のエピソードは、すべて筆者自身の見聞や手紙で提供された情報に基づいて書かれており、列挙されている人々の出身地や移動先などの地名を拾うと、湖南が8例、湖北が6例、江西、広東、河南、浙江が1、2例ずつとなる。宣教師では、香港の宣教医瑪格利（イギリス人）と湖北省武漢のグリフィス・ジョンの名前が見える。「案証」が書かれた当時、湖南にはカトリック宣教師は入っていたが、プロテスタント宣教師はだれも足を踏み入れておらず、湖南に最も近いプロテスタントの拠点は湖北省漢口であった。「批駁邪説」でグリフィス・ジョンの著作に過度に反応していることからしても、著者は湖北省のプロテスタント伝道に関する情報を注視していたのではないかとも考えられる。

　なおプロテスタントの湖南伝道は、イギリス・メソジスト伝道協会のジョサイア・コックス（Josiah Cox, 1829-1906）が1863年に着手した。コックスはグリフィス・ジョンの依頼を受けて1862年に漢口のジョンに合流していた。以後湖南への伝道旅行は何度も試みられたが、反キリスト教排外主義に阻まれて、実際に拠点が設置されたのは19世紀末だった[138]。

附巻
「辟邪歌」
　七言形式の反キリスト教の歌。

「団防法」
　キリスト教防圧のために各県城に防邪総局を設ける方法が20項目にわたって示される。20項目の中には組織の構築、団員募集、費用調達のほか、キリスト教徒の摘発や宣教医や宣教師の処刑も含まれる。摘発の方法は五家族一組の連座制で、どこかの家でキリスト教が見つかったら五家族全体の責任となるが、先に白状すれば責めを受けず、さらに連座制導入以前の過ちは問わないという[139]。また外国人医師（宣教医）や卜星相（宣教師）、その疑いが少しでもある者はだれであっても捕まえて団練の本部に送って厳しく尋問し、「邪教符咒」（邪教の呪文が書かれている札、つまり聖書や伝道冊子）の所持が認められたら、人々に処刑させるに任せ、証拠がなければ直ちに追放せよという[140]。
　キリスト教の流入を防ぐ方法として、摘発して追放するだけでなく、あらゆる街市郷村の地面、各家々の門口など必ず足で踏みつけて通る場所に、イエスの磔刑の像を顔かたち、足の組み方まで忠実に再現し彫り付けることも奨励されている[141]。キリスト教徒はその信仰ゆえにキリスト像を踏みつけることはできないと考えられていたのである[142]。前掲の「案証」にも、18世紀半ばに書かれた『澳門紀略』の文章「ジャワの波止場では路上に十字架が刻み込まれていて、衛士が刀を見せながら通りの両側に立っている。この国と貿易をする者は必ず十字の通りを踏みつけなくてはならない。さもなければ刀で切りつけられるので、西洋人もあえて逆らおうとはしない。またイエスの石像を城門のところに刻み込みこれを踏みつける[143]」を引用している。これは、マカオに関する初めての地方志である『澳門紀略』が、海外のキリスト教防圧策を紹介した箇所である。ジャワ島で果たして本当にこの方策が実施されていたのかはともかく、「団防法」の提案は、古くから伝わるキリ

第2章　プロテスタントの内地伝道と中国社会の「反発」

スト教防圧法をそのまま踏襲しているといえそうである。なお『澳門紀略』の当該箇所は、魏源の『海国図志』第二十七巻でもそっくり引用されている。

　この方法は他の地域でも奨励され、1876年に開封の紳民が公開したキリスト教排斥の文書にも、河口付近に停泊する船や五つの門の入り口の大きな石や宿屋の入り口に十字架を刻んでイギリス船やイギリス人の侵入を阻止すること、もしイギリス人が城内に入ってきたら、当人の土踏まずに針を十字の形に刺してその上を墨で黒く塗り棄教のしるしとすることなどが提起されている[144]。

　以上の資料にみえる十字架やキリスト像を踏みつける行為、そして五家族一組の連座制は、日本のキリスト教防圧の方法と類似しているが、「十字架を堂々と踏み越える」ことによって悔悟の意思を確認する方法は、嘉慶二十四年（1819年）以降の『大清律例』巻十六、礼律・祭祀の「禁止師巫邪術」にも記されていた。官にキリスト教から足を洗いたい（出教）と願い出て十字架を踏めば許されるという規定で、天津教案が起きた1870年（同治九年）に削除されるまで有効だった。

　ちなみに日本のキリスト教防圧の方法が紹介されている文献としては、乾隆二十九年（1764年）から長崎の唐館に滞在していた汪鵬の『袖海編』が知られているが、それよりも数十年早い段階で、ある地方官吏が自著で「踏み絵」に触れている。雍正期から乾隆期にかけて蘇州、福州、漳州などで知府を務めた童華が、長崎貿易に携わった商人からの聞き取りをもとに著した『長崎紀聞』（雍正十三年、1735年）である[145]。それから約130年後の1862年に湖南で流布した「湖南閤省公檄」という反キリスト教文書（後述）にも、「日本ではイエスの像を鋳て海辺や大通りに置き、通る者にこれを汚させ蹴らせる」[146]と踏み絵と思われる摘発法への言及が認められる。

「哥老会説」

　『辟邪紀実』の最後に、秘密結社哥老会の説明と問題点が数頁にわたって

述べられ、根絶の必要性を訴える。

　以上が『辟邪紀実』の概要である。次に「批駁邪説」で最も多くのページが割かれている『天路指明』批判を取り上げてみよう。

　現在『天路指明』は、1862年に漢口で出版された初版と、1880年版（漢鎮夾街福音堂蔵版）、1893年の官話版（漢口英漢書館鉛板印）の3種類の版を確認することができる。筆者が閲覧した初版と1880年版はいずれもデータベース上の電子データで、前者は、オックスフォード大学に付属するボドリアン図書館が[147]、後者はオーストラリア国立図書館が公開している[148]。また筆者が実際に手に取って閲覧した官話版は、東洋文庫が所蔵している。

　版を重ねるごとに、構成が変更され、読みやすさと神学的な正確さが追及されているように思えるが、異なる版の比較考察は別な機会に譲ることとし、以下、「天下第一傷人」が読んだと思われる『天路指明』初版と『辟邪紀実』で取り上げられる内容を比較しながら、編者の批判内容を考察したい（筆者が参照する『辟邪紀実』は1886年刊で、この時には『天路指明』の1880年版が出版されていたが、引用で用いられているのは初版の『天路指明』である）。

　『天路指明』（初版）の構成は以下のとおりである。
　　第一篇　上帝為誰
　　第二篇　上帝有幾
　　第三篇　上帝無形像
　　第四篇　上帝称呼
　　第五篇　上帝之体
　　第六篇　上帝降生
　　第七篇　降生之憑
　　第八篇　降生之故
　　第九篇　上帝捐身代死
　　第十篇　三日復生

第2章　プロテスタントの内地伝道と中国社会の「反発」

　　第十一篇　歴四十日升天
　　第十二篇　上帝審判人
　　第十三篇　賞善罰悪
　　第十四篇　復生道理
　　第十五篇　上帝感化人心
　　第十六篇　信而称義
　　第十七篇　上帝国迩矣爾宜悔改
　　第十八篇　信主者有身前身後之福
　　第十九篇　不信主者受永苦
　　第二十篇　上帝教中聖規

　序文は「同治元年七日朔日」付で、助手の沈子星が書いており、それによれば、『天路指明』の目的は、グリフィス・ジョン牧師の説教の聞き手が聖書の要旨を知らず、耳で聞いてもすぐ忘れてしまうので、聖書の要点をまとめて詳細に解説することだった[149]。想定された読者は教会にすでに通っている中国人で、本書はいわば信仰教育のためのカテキズム的な読み物だったということができる。キリスト教に初めて接する者がガイダンスなしで本書を理解するのはまず困難だったであろう。

　ましてや最初からキリスト教に偏見を抱いていた天下第一傷人が、キリスト教書の教理についての説明を冷静に正しく受け止めたうえで反論したとは考えにくい。彼は、『天路指明』に書かれている内容から目に留まったものを選択して適宜まとめ、それに問いや批判を対置させているが、その選択が恣意的で、教理上はそこまで重要ではないと思われる箇所に執着を示す傾向が認められるのも、『天路指明』の聖書釈義を十分把握していないことを示すものだろう。

　彼が最も影響を受けたのは楊光先『辟邪論』であると思われ、『天路指明』の第七篇「降生之憑（イエスの降誕の根拠）」については、『辟邪論』で詳細に批判されているので贅言を避けると述べている。批判の仕方そのものも

『辟邪論』を意識しているのか、極端な中傷は「天主邪教集説」や「雑引」、「案証」と比べると抑え気味である。

だが『辟邪論』が批判したのはカトリックの教義であり、『天路指明』のプロテスタントの教理とは大きな隔たりがある。例えば『辟邪論』は、カトリックがイエスとマリアを拝めば天国に行けると説くことを批判するが、『天路指明』が言及するマリアはイエスを産んだ女性以上でも以下でもない。天下第一傷人は、キリスト教に二つの教派があってお互い批判しあっていることは知っていたが[150]、こうした教理上の解釈の相違までは理解していなかったように見える。

それでは『天路指明』が掲げている項目を踏まえながら、それらをキリスト教の基本的な教理ごとに整理して、批判の内容を考察してみよう。

①総論

『天路指明』冒頭の総論ともいうべき第一篇「上帝為誰（神とは誰か）」は、目に見えない神の唯一性、全能性を説き、外在的超越的な存在に対する儒教や仏教の認識をキリスト教と比較しながら批判するが、これに対して天下第一傷人は「上帝に形がないなら形のある天地を作るのをだれが実際に見たというのか。もし大工のかしらが一緒に家を作るのをみるとしたら、一緒に作っている者の形が見えないはずはない」と単純な反論をおこなっている[151]。その次の三位一体論に対する批判も同様である。

②三位一体

三位一体論は第五篇の「上帝之体」で取り上げられ、神（上帝）とは、父（創造主）なる神、子（救い主）なる神、聖霊（助け主）なる神であり、これらを混同してはならず、神を三位一体の神として理解して初めて正しい神理解に到達できるという。説明に非常に苦心した跡が認められるが、キリスト者にとってすら難解であり、当然天下第一傷人の批判も以下のとおり皮相的である。

第 2 章　プロテスタントの内地伝道と中国社会の「反発」

　　「上帝之体」の條では、上帝は父、子、聖神の三位一体で、父は万物の本、子は人間に代わって罪を贖い人間の魂を救い、聖神の功用は人間の心に働きかけるという。・・・では問おう。父、子、聖神がそれぞれ三つでありかつまた一つであるというのは口先のでたらめな主張で当然錯乱している。加えて、子はイエスのことで神として自らを低くしてこの世に下ったというのも、途方もないでたらめである[152]。

③処女降誕
　『天路指明』は、イエスが人間の子どもの誕生とは全く異なる形で処女を通して生まれなくてはならなかったわけを、罪からの救いというキリスト教の最も重要な教理と結び付けて次のように説明する。「人間の理では夫婦があって初めて父子があるが、イエスの誕生はこの方法を用いる必要がなかった。夫婦の道は欲から生まれるが、欲から生まれるとはすなわち罪から生まれるということであり、生まれた子どもも欲念と悪い本性を持っている。これが罪びとである。罪びとが罪びとを救えるのか。否である。それゆえ救世主は必ず人間の方法と全く無関係に生まれなくてはならない。すなわち能わぬところなき上帝によって、その大いなる不思議な御力を感じた童女マリアが身ごもって生んだのである[153]。」ところが天下第一傷人は引用の際に、処女降誕を理解するうえで最も重要な原罪に関わる上記の部分を捨象し、「夫婦の道は欲より生まれるというなら、かの教えに従うものはなぜ妻をめとるのか。しか姦淫も一度や二度ではない。貞節を守って嫁がない女性は必ず教師と一夜を伴にする。欲に従わないどころではない」と述べて「案証」でも用いた中傷を強引に当てはめている。

④原罪・救い・神の愛
　『天路指明』第八篇の「降生之故」（降誕の理由）によれば、イエスの降誕の目的は人間を罪から救うことであり、罪とは上帝の法を犯すことで、権力者から一般個人まで上帝の法を犯さない人間は一人もいないという。では神

の法とは何か。それは上帝を愛し、人を愛することで、この二つを全うして初めて上帝の法に従うことになると述べ、上帝を愛するとは、偶像を拝まず、賭博や酒を遠ざけ、心の中でみだらな思いを持つことも自らに禁ずることであると、倫理重視の説明をおこなっている。また隣人愛については、困った時は助け合い、互いに善を勧め、隣人の喜びも悲しみもわがこととし、足りない時は与えるのは当然の理だが、しかしそれができないのが人間であると述べ、人間の悲惨さが語られる。これに対し天下第一傷人は、第八篇が強調し何度も用いている「愛」はほとんど使わず、以下のように批判する。

「降生之故」の條にはこう書かれている。この世の人々に中国か外国かの区別はない。君子、宰相から士大夫、庶民にいたるまでみな法を犯す人間であると。では聞くが、中国にはこれまで少なからぬ聖君賢相がいた。品行方正な士大夫や庶民も。これらの人々が皆、法を犯す人間の中に入れられてしまうのか[154]。

またこうもいう、イエスは罪びとを救うためにやってきて（罪びとに）代わって死に尊い血を流し、それによって人間の罪が贖われた。尊い体をなげうってこの世の罪を贖ったと。さらにいう、罪の悪辣さは天に上るほどで罪は山のようである。みな、天のように高く海のように深いイエスのいさおしのおかげで〔罪を〕逃れ、暗闇を離れて明宮に上ることができるという。では問うが、罪は物ではないのに、血でどうして清めることができるのか。世の罪とは大衆の罪だが、たった一人で全員を贖えるわけがない[155]。

イエスの復活については、あくまでも気絶した人間が目を覚ましたととらえており、死者の復活に対する合理的反論は行っていない。むしろ復活後のイエスが40日間地上で過ごし昇天したという『天路指明』の説明に対して

第２章　プロテスタントの内地伝道と中国社会の「反発」

次のように反論する。

> イエスが苦労して人間に代わって罪を贖い、十字架上で死に復活したのなら、なぜもっと長く人間の世界にとどまって人々を救うか、ほかのだれかを派遣するかしなかったのか。しかも遣わされてくる聖霊をだれが実際に見たのだろうか[156]。

キリスト教の教理や教理の根拠となる聖書のことばに対する天下第一傷人のこうした反論や疑問は、「案証」や「雑引」のような性的倒錯批判は控えめであるものの、皮相的、恣意的で、時には言いがかりに近いようにもみえる。だがその一方で、彼ら知識人がキリスト教国である欧米をどうとらえていたかをよく示している次のような批判もある。

> 〔「降生之故」はいう〕、問題があれば助け合い、善を勧め合い、喜びを共に慶び、憂いを共に憐み、足りない部分を補い与え合うこと、これは自然の理で、決して功績にしてはならないと。では問うが、イギリス、フランスの諸夷はもともと天主教であり、この自然の理を実行できるはずである。問題があれば助け合うとは、おそらくは粵賊（太平天国）に、武器や食料を提供することだろう。善を勧め合うとは、おそらく無理やり信じさせて姦淫をほしいままにするということだろう。喜びを共に慶ぶとは、おそらく正しい人を殺戮して快感を味わうことだろう。憂いを憐れみ合うとは、おそらく邪教に従う権力者が禍を免れ幸福を得るように助けることだろう。足りない部分を補うとは、粵閩浙（広東、福建、浙江）の匪徒と組んで、中国の財産をだまし取ることであり、徹底的にかき集めることだけに心を砕き、おのずとその国（英仏）を富ませることだけを気にかけるということである[157]。

また「上帝国迩（神の国は近づいた）」の「この世界には、上帝に従う上

帝の民とサタンに従うサタンの民の二に分かれる」という主張について天下第一傷人は、「昔から賢帝たちは耶穌教に従っていないが、みなサタンなどではない。しかもわが清国の君臣を並べて直接非難するというのか。粤賊がその教えを奉じて決起し、騒乱を起こして人々を蹂躙したのは、上帝の民になりたかったからか」と激しい憤りをあらわにする。

批判者は、原罪にとらわれる人間の悲惨さ、キリストの十字架と復活による罪の許し、神の愛といったグリフィス・ジョンが説く純粋な救済論には関心を示さないが、それらのことばの中に宣教師の政治的目的や企図を読み込み批判しようとする。いまだ清朝の体制を揺るがそうとする太平天国の脅威が目の前にあった当時、宣教師の活動は体制転覆への協力であり、儒教的秩序の破壊を促すものであった。『天路指明』に散見される次のような孔子批判も、その疑いを裏付けるに充分であった。

〔『天路指明』の〕「上帝感化人心」の條にはこう書かれている。かつて孔子は、正しい道を守ろうとしながらそれが行われず、人々に理解されずに嘆いていたと。またこうもいう、必ずや上帝たる神は人心を感化する。・・・どの国であれ偉大な聖人や賢人が格物などの方法を用いて人心を正そうとしていることはいうまでもないが、それらは名ばかりで中身がないと。私は問いたい。その教えがどうして孔子に対し礼を失していないといえよう。またどうして却って孔子を引用して自らの拠り所とするのか。・・・偉大な聖人や賢人が人心を正す方法は名ばかりだというが、いったいどのような見解なのか[158]。

〔『天路指明』はいう〕、あらゆる邪教が滅び去り、悪事が淘汰され、天変地異が起きて新しい世界が生まれ、上帝を拝まない者は一人もなく、皆己のごとく人を愛するようになる、そういう日がやってくるだろう。これは必ずや実現するのである、と。私は問いたい。あらゆる邪教が滅び去るとは、孔孟の教えのことか。佛老の教えのことか。孔孟の教

第2章　プロテスタントの内地伝道と中国社会の「反発」

えはもとより太陽と星のように明らかである。佛老の正道からの逸脱は、かの教え（キリスト教）の邪さが悪辣極まるのには及ばない[159]。

〔『天路指明』はいう〕、近年耶穌教の宣教師が中国にやってきて聖なる道を説き、聖書を頒布し始めて五十余年になる。人々は皆国を挙げて悔い改め主を信じるべきだというのに、結果的には信者は少なく信じない者が多い。このことはまた人心が邪で破壊されていることの証拠である。それ故中国人は上帝の律法に照らせば、実に皆罪を有しているのである、と。では聞こう。人心が邪で破壊されている証拠や中国人の罪が三綱五常や名教に見出せるのだろうか。幸いにして信者は少なく信じない者が多いので、もし中国を駆り立てて妖を皆殺しにすれば、私が介入する余地はなくなるだろう[160]。

　以上見てきたように、紳士層の依って立つ基盤を「神のことば」によって相対化しようとし、聖人君子をも神の前にはすべて罪びとであるといって憚らないキリスト教の教えは、郷村社会、宗族、家族に至る中国的支配秩序を底辺から切り崩すものと解釈された[161]。彼ら自身の秩序、世界観を守るためには、邪説とそれに仕える宣教師をすべて駆逐しなければならない。こうした紳士層の意識が反キリスト教運動に理論的根拠を与え、たとえ分に安んじ中国人の感情に配慮する宣教師であったとしても、それを放逐することが正当化されたのである。

（4）『辟邪紀実』以後の掲帖類
　『辟邪紀実』の公刊前後には、類似した反キリスト教文書が各地で公刊された。その中に『辟邪紀実』とほぼ同時期に書かれた「湖南閤省公檄」があり、1862年4月14日、江西巡撫沈葆楨が、3月に南昌で起きた教案について総理衙門に送付した報告に写しが添付されている。報告は以下のようにいう。1862年初頭、中国人信徒方安之の協力を得て江西省南昌で住宅を購入

し布教を始めたカトリック宣教師アノー（Antoine Anot）から、衙門に次のような訴えがあった。この宣教師は南昌に来て以来、会堂の正門は固く閉ざしたまま、裏門から出入りするよう心掛けていて、孤児の受け入れも信徒の出入りもこの門を使っていた。そのため外部の人間は会堂で何が行われているのか知るすべがなかった。まもなく科挙の府試の時期になり、続々と集まってきた受験生の中に、キリスト教は祖先を敬わない、男女を分けない、脳みそを取り出すなどの雑言が書かれた「湖南閣省公檄」二種を持っている者がおり、檄文が町中に出回ることになった[162]。

アヘン戦争から1860年代半ばまでの出来事を対外関係中心に論じた同時代の学者、夏燮も、このいきさつに言及している。「湖南長沙湘潭一帯の伝教の奸民は、一緒になってそれをひけらかし、再び日の目を見たようにすっかり得意顔になっている。湖南の紳士はこれを聞き怒って公檄を作成し、天主教の駆逐を主張した」[163]。

江西巡撫沈葆楨の報告に添付されている写しには「湖南閣省公檄」のほか、キリスト教の害毒を十項目にわたって列挙した檄文「邪教十害条」も含まれていた[164]。「湖南閣省公檄」「邪教十害条」の正確な公刊日は不明だが、南昌のカトリック宣教師の来着時期から推して1862年初めには流布していたことがわかる。「湖南閣省公檄」では、キリスト教流入によって中国が被った損害、キリスト教教理批判、太平天国批判が述べられ、「邪教十害条」ではより具体的にキリスト教の害悪が列挙される。いずれにも育嬰堂への直接の言及はない[165]。

さらに、1862年8月10日（同治元年七月十五日）湖南省巡撫毛鴻賓が総理衙門に送った報告によると、1861年に毛が湖南巡撫に就任した頃、前任地の湘潭から移ってきたフランス人宣教師がいて、士民らの非常に激しい反対が起き、あちこちに檄文が貼り巡らされていたという[166]。この檄文が「湖南閣省公檄」と同一であるとは断定できないが、少なくとも湖南では1861年からキリスト教排撃の檄文が流布していたこと、『辟邪紀実』と「湖南閣省公檄」が相前後して公刊されていたことは確実で、一方がもう一方に影響

第2章　プロテスタントの内地伝道と中国社会の「反発」

を与えた可能性は十分にある[167]。

　1865年の秋口には、江西省贛州近辺で「湖南闔省公檄」「邪教十害条」に加えて、江西省独自の「江西闔省士民公檄」「贛州闔郡士民公檄」が流布した。「江西闔省士民公檄」は前出のカトリック宣教師アノーの名前を挙げて、アノーは家屋を数軒購入して仲間を配置し、男女の子どもを騙して魂を抜き取って丸薬を作り、ここ数ヶ月で死に至った男児は数百人以上に上ると非難している。さらに教会堂の中に男児10数名、女子60〜70名が閉じ込められていてみな口がきけない状態だったとも書かれている[168]。江西省南昌では、アノーの来着前に中国人信徒の方安之が家屋を購入し（1861年暮れ）、5、6歳から11、2歳の女児13人と女性5名の世話をしていた。男児を収容する施設も他所にあった。翌月南昌に来たアノーは、方安之が子どもを集めて世話をしていた家屋を正式に育嬰堂として運営することにした。「湖南闔省公檄」「邪教十害条」は、カトリックの内地布教が始まったばかりで、布教に伴う様々な事業がもたらす影響がまだ表れない段階で書かれたためか、先行するキリスト教論駁書をアレンジした内容で、身近な場所で起きた事例は一切書かれておらず、育嬰堂にも触れていない。他方、「江西闔省士民公檄」は、アノーや方安之が育嬰堂を設立し子どもたちを収容したこと、言い換えれば、閉鎖された空間に幼児を収容（＝監禁）する事態が生じたことについて人名を挙げて批判している。内地布教の解禁以後、カトリック布教の進展に伴って慈善施設も各地で設立され、その影響が掲帖に反映されたことが見て取れる。

　これらの様々な掲帖と『辟邪紀実』との具体的な関連は不明だが、『辟邪紀実』はその後再編集を経て山東省にまで広まった。『辟邪紀実』公刊後しばらくしてから、同書からいくつかの文書を選択、適宜加除修正し、それに「湖南逐異類公呈」（異教の追放を求める請願書、1862年刊）を加えた『辟邪実録』が公刊されている[169]。

　『実録』はその後宣教師の目に留まり、1870年8月に山東省登州の宣教師たちによって英訳された（英語タイトルは *Death Blow to Corrupt Doctrines*）。

登州の宣教師が『実録』を入手したのはその数か月前である[170]。英語版の前書きには、『実録』原本には出版年が書かれていないとあるが、1863年に湖南巡撫毛鴻賓が、永州府でおきたカトリック教徒に対する迫害問題について作成した報告書の中で「この秋の省試のさいに紳士たちが闢邪実録を作成し、城市に広め、そのため謡言が起きている」と述べているので、この年には完成していたと思われる[171]。

英訳の訳者の名前は安全に配慮してか明らかにされていないが、1870年9月に在山東省イギリス領事のメイヤーズが駐華公使のウェードに宛てた書簡で、同じ山東省で活動していたアメリカ北長老教会のネヴィアス（John Livingstone Nevius, 1829-1893）から『辟邪実録』を受け取ったと記しているので、ネヴィアスが中心になって翻訳作業が進められたと思われる[172]。前書きによれば、『実録』は華北一帯に広範囲に出回っており、山東省萊州府では知府自ら地方官に配布し、指導的立場の者たちに回覧し、キリスト教徒の手に渡らないようよくよく注意して返却するよう指示が出たという。本来キリスト教徒に渡らないはずの本書は、棲霞県衙門が配布していた『実録』を入手したキリスト教徒が宣教師に届けたものだった。このキリスト教徒は、彼を説得し棄教させようとした友人から本書を受け取ったという[173]。

英訳版があるのは『実録』のみで、親本の『辟邪紀実』は英語に訳されていない。『実録』英語版の前書きには『辟邪紀実』への言及はなく、『実録』のような書物が広範に読まれていることを知った宣教師たちの大きな衝撃が表されていることから、この時まで宣教師の間で親本の存在は知られていなかったのであろう。

次に、湖南由来の反キリスト教文書と揚州教案との関連について考えてみる。テイラーが揚州に来着した時すでに流布していた掲帖の記録は残されておらず、その具体的な内容は不明である。わずかにテイラーが事件前に知府に宛てた請願書で「私が育嬰堂を開設し、ひそかに嬰児を食べているという謡言を人々が妄りに作っている」と述べ、揚州知府が事件後「『洋人がここで幼児を収容する目的は脳髄を蒸して取ることで、彼らはあらゆる悪事に手

第2章　プロテスタントの内地伝道と中国社会の「反発」

を染める。何としても駆逐しなくてはならない』など、何者かが書いた匿名の掲帖が次々に出回っている」と報告していることが確認できるだけである[174]。ただ、揚州教案の数か月前に揚州から遠くない淮安に流布した掲帖が資料として残されており、揚州で出回った掲帖の内容を推測するうえで参考になる。1867年末、揚州に伝道の拠点を設けたカトリック宣教師のセキンガーが、翌1868年5月12日に揚州から淮安に赴き教会再建に着手したことはすでに述べたが、この動きに敏感に反応した淮安紳士が掲帖を作成、宣教師、教民を激しく攻撃した。掲帖は次のようにいう。

　現在教鬼が伝教し、わが淮城に混乱を巻き起こしている。天父天母は所詮出鱈目の邪説だ。教鬼に丸薬を塗られると租宗の位牌は不要になってしまう。未亡人と幼い子どもの二つの堂（修道院と育嬰堂）にいるのは、金で騙して入教させた者たちだ。婦女は教鬼に為すがままに姦淫され、ぼうっとして周囲のあざけりも顧みない。幼児が受ける被害はさらに凄まじい。教鬼に目玉を抉り取られてしまうのだ[175]。

淮安でこの掲帖が流布した3か月後に揚州教案が起きたが、さらにその翌月には「湖南閣省公檄」と「醒心編」という掲帖が江蘇省常州一帯に広まった。揚州教案からひと月も経っていない1868年9月12日、江南大牧区主教のロンギア（Adrien Languillat, 1808-1878）がこれらの掲帖を印刷部数や販売所を書き留めたメモとともに上海の蘇松太道衙門に持ち込んで明らかになったものである。ロンギアは、淮安、揚州、鎮江、寧波での宣教師攻撃はみなこの書に由来していると強い懸念を表明し、早急に禁止の措置を取るよう要求した[176]。

「湖南閣省公檄」は、先にも述べたように『辟邪紀実』と同じ湖南発祥で、公刊の時期も近似している。「醒心編」の詳細は不明だが、蘇松太道応宝時が曾国藩に送った報告によると[177]、参考文献を挙げて根拠を示しながらキリスト教を論じ、人々に入信しないよう勧める内容で、常州府出身の呂という

151

地方官が中心になって作成したとのことである。呂は1867年の冬、葬儀で帰省した際に「湖南閻省公檄」を持ち帰り、地元の刻字店に木版を作らせ、さらに友人を誘って「醒心編」を編纂し同じ店に刻字させた。呂はこれらを書房に持ち込んで3000部印刷し、常州府の各地で販売させたという。ロンギアは、掲帖はイギリス批判が多くを占めており、イギリス人がこれを読んだら間違いなく激怒するだろうと述べている。「湖南閻省公檄」にはイギリスに的を絞った批判は見当たらないので、ロンギアの叙述に基づけば、呂が「醒心編」で意識的にイギリス批判を展開したことになる。それが揚州教案に影響された可能性はあり得るだろう。

以上述べてきたように、17世紀以降の破邪論を参考に1860年代初頭に湖南省で書かれた『辟邪紀実』をはじめとする反キリスト教文書は、湖南省はもとより各地に広まる過程で儒教知識人の共感を得、現地の実情に即して翻案され、それぞれの地域にキリスト教排斥の感情を瀰漫させていった。揚州の紳士層もまた同様の反キリスト教言論を共有していたと思われ、彼らがしたため広めた掲帖が生み出したキリスト教排斥感情は、育嬰堂に関するまことしやかな噂によって臨界点に達し、直接行動を促したのである。

5．揚州教案の顚末

（1）1868年8月14日からの3か月

テイラーが知府に要請した14日、宣教師らは家の入口をすべて閉ざし、通りから彼らの教会に至る小道に大きな椅子を2脚置き、そこに座って道をふさいだ。彼らはそこに押しかけてきた100〜200人の群衆を説得し、敷地内になだれ込まないよう抑え込んでいた。16日（日曜）になると、新たな掲帖が出回り始めた。それはより激烈な調子で「イエスとやらは何のけだものだ。奴の毒が中国に届いている」と非難し、府試が行われる8月18日に、童生（府試受験生）が受験会場から宣教師の家に向かい火をつけて、教民もろとも殺しつくす、と締めくくっていた。実際にはこの日、生員の葛という

第2章　プロテスタントの内地伝道と中国社会の「反発」

人物が人々を扇動し「目と腹をくりぬき、子どもの脳みそを食べている云々」と騒ぎ立てたものの、被害は投石による窓や屋根の破壊程度だった[178]。

　だがテイラーは、最初の手紙から5日経っても知府が何ら有効な手立てを打っていないことから、8月19日に2通目の手紙を送った。この中でテイラーは、先の要望に加えて、彼らが危険にさらされている状況を訴えると同時に、清英天津・北京条約に触れ、イギリス人は内地に土地を購入し教会を建てることができ、内地旅行も一切妨げられないと述べて、伝道活動の正当性を訴えている。もとよりこの条約理解はイギリス政府が公に認めたものではなかったが、知府は同日午後に送った返事でこの主張をあっさり認め、地方官に謡言禁止の諭告を出させること、そして葛某の捜索も約束した[179]。

　知府の対応は、前年に浙江省蕭山県で内地会宣教師が経験した地方官の態度（第1章参照）に比べればまだましであったとすらいえるだろう。しかし口では浮言、謡言の流布に懸念を表明しながら、実際はテイラーの撤退によって事態が収束することを望んでおり、謡言の禁止に断固とした措置を取ろうとはせず[180]、しかも19日の回答に記されていた約束も守られることはなかった。

　この時揚州には、テイラー一家6名のほか、ブラッチリー、ダンカン夫妻、ヘンリー・リード、杭州から呼び寄せていたデスグラズとルドランド夫妻の計13名の内地会メンバーがいた。テイラーの妻マリアとルドランドの妻メアリは妊娠していた。また宣教師のほか、中国人の伝道師や印刷工があわせて19名いた[181]。8月22日土曜日、カトリックの育嬰堂から24名の子どもが失踪したという噂で町中騒然となり、午後4時にはテイラー宅の敷地はおびただしい数の群衆で膨れ上がった。テイラーはダンカンとともに塀を乗り越えて衙門に助けを求めに行った。数十分待たされてようやく面会できた知府が最初に彼らに言ったのは「お前たちはいったい赤ん坊をどうしたのだ？」だったと内地会の資料は語っている[182]。

　この間、宣教師宅には群衆がなだれ込み、留まっていた者たちのうちマリアとブラッチリーは負傷し、リードは歯を数本折られ片目に失明寸前に至る

重傷を負った[183]。衙門からはだいぶ時間が経ってから兵士が送られてきたが、翌23日に兵士たちが退却すると、前日と同じような乱暴狼藉が繰り広げられ、日曜日の礼拝を守るどころではなかった。奇跡的にというべきか、人的な被害は1日目の3人の負傷にとどまったが、2日間で荒らされた宣教師宅の物的損害は甚大であった。

テイラーら一行は月曜日に鎮江に逃れ、間もなく連絡を受けて駆けつけてきた上海領事メドハーストによる聞き取り調査に応じた。

8月23日に起こった出来事を、テイラー自身の手記に沿ってまとめてみると以下のようになる[184]。

人々が再集結する様子に危険を察したテイラーは、鎮江副領事アレンのもとに中国人の使用人を送り、自分たちが置かれている状況を口頭で伝えさせた。前日の襲撃で放火され物品が略奪された教会は、見るも無残な姿をさらしていたが、あっという間に大勢の群衆に取り囲まれ、前日破壊しきれず残された壁が彼らによって解体されたり、石が投げ込まれたりした。ルドランドとダンカンは、群衆が家に入らないよう必死で追い払った。しばらくすると、知県が再び兵士を派遣し群衆を立ち去らせることに成功した。知県はテイラーに、揚州知府に手紙を書いて治安回復のために容疑者の処罰と再発防止の諭告を要望するようにと助言したので、テイラーはその場で手紙をしたため知県にゆだねた。またテイラーはこの時、もう一人の中国人の使用人に鉛筆書きのメモを託し、アレンのもとに走らせたという。

揚州知府宛ての手紙を受け取った知県は、おそらく届けに行く途中で開封し宣教師側の被害が書かれていることを知ったのか、まもなく内容が不適切であるとしてテイラーに手紙を差し戻した。内容を書き換えなければ命の保証はないといわれたテイラーは、やむを得ず放火や略奪の事実はすべて削除し手紙を書き換えて知見に再度渡した。これに満足した知県は4隻の船を用意し、この船に乗ってテイラーらは鎮江に逃れた。また同日午後、テイラー宅で騒擾を起こしてはならない旨を注意する告示が出された。

教案の初日と翌日にテイラーの使者から知らせを受け取っていたアレン

第2章　プロテスタントの内地伝道と中国社会の「反発」

は、事件発生の情報を直ちに上海領事メドハーストに伝えた。

　一報を受けたメドハーストは、現地調査を行うために9月7日、司令官ブッシュが統率する軍艦リナルド号に乗って揚州に向かった。いきなり揚州に軍艦が現れれば、敵意を惹起し、トラブルが起きかねないと考えたメドハーストは、あらかじめ彼の訪問の意図と要求内容を知府に伝えていた。事前連絡をしたとはいえ、軍艦派遣の目的が脅しであったことは、メドハースト自身がはっきりと書いている[185]。

　メドハーストは揚州で知府に対し、教案を教唆した者として晏端書、卞寶第、厲伯孚、呉文錫ら4名の紳士の降格処分、3人の負傷と物損に対する二千両の賠償金、家屋の完全修理、騒擾を禁じた告示の発布、告示文を刻んだ石柱の事件現場への建立などの要求を突きつけた[186]。

　メドハーストが加害者を特定するうえで重視した手掛かりは、数名の紳士が宣教師襲撃を相談するために集まっているとの情報を「親切な中国人」が知らせてくれたというテイラー自身の供述と、揚州在住の一中国人が教案の様子を知らせるために上海にいる友人宛に書き送った私信であった。私信には事件の経緯の説明と、事件前に民衆を背後で指導していた紳士として上記の4名晏端書、卞寶第、厲伯孚、呉文錫の名前が記されており[187]、メドハーストは彼らが掲帖を作成、民衆を扇動し、それによって教案が起きたと結論づけたのである。その後メドハーストは軍とともに南京に赴き、9月11日に曾国藩と会見し、同様の要求を提示した。

　メドハーストが到着する前に、揚州知府から、「領事の主張には根拠がない、自分たちは宣教師保護の義務に基づき彼らを鎮江に避難させており、まったく徳に対して恨みで報いている」という報告[188]を受けていた曾国藩だが、メドハーストの目には、当初は交渉の進展を期待させる柔軟な姿勢を示しているように映っていた。けれども3日後に曾国藩から送られてきた回答は、紳士の処罰、石柱への禁令の刻印を拒否し、賠償金ではなくお見舞金千両を支払うという内容で、面談の必要はもはやないとも書かれていた。この間、司令官ブッシュが急病を発し、軍艦ごと上海に戻ってしまったため、

南京周辺からは軍事的圧力がなくなっていた[189]。

　晏端書ら4名の処罰を求めるメドハーストに対し曾国藩は「疑念が生じ、荒々しく騒動がおきたけれどもこれには紳士たちは加わっておりません。あなたが名前を揚げた紳士は高い位階を持ち、彼らの地位と経験にふさわしく行動しており、実直で品位があり、物事をよくわきまえた人間で、皇帝が定められた条約に関して、故意に違反を欲するような理屈は全く持っていないのです。彼らを調査し、処罰する必要は全くありません」「〔紳士にかけられた嫌疑は〕喧伝されたものであります」「〔彼らは皆〕かつて二品、三品、四品の高官を務めた人々で、生監ではありません。生監でしかも見識の浅い人々でも物事を十分にわきまえておりますのに、高官を務めた者がどうして物の道理に通じていないことがありましょうか」と述べて要求を拒んでいる[190]。

　メドハーストが南京で曾国藩に面会していたころ、鎮江では、テイラーが再び反対運動に巻き込まれていた（後述）。南京での交渉失敗と、鎮江での騒擾について報告を受けたオールコックは、南京交渉の際に軍事的圧力が消失したことが中国を譲歩させ得なかった最大の原因であると断じた。10月12日付外相スタンリーへの報告では、病気は任務放棄の理由にはならないとブッシュを厳しく批判し、軍艦が引き揚げた結果は、中国人の戦略と性格を少しでも知っている者ならだれでも予測がつくことで、その時からすべての交渉はストップし、南京の総督は聞く耳を持たなくなった、と記している。軍事示威の必要性を確信するオールコックは、ブッシュを更迭し、別な軍艦の配備を海軍最高司令官ケッペルに一任することとした[191]。同時に彼は総理衙門（恭親王）との直接交渉に乗り出し、総理衙門に曾国藩の対応を厳しく批判する書簡を送った。

　書簡を受け取った総理衙門は、曾国藩の事実認識を問い質し、オールコックの要求に従って即刻揚州で英中合同調査を行うよう命じた[192]。この命を受けて曾国藩は、それまでの主張を翻し、事件の未然防止に努めようとしなかった揚州知府と甘泉知県の罪が判明したとして、総理衙門に判断を仰いだ

第2章　プロテスタントの内地伝道と中国社会の「反発」

うえで二人を解職、賠償金の支払いについても柔軟な姿勢を示し始めた。だが紳士の懲罰には最後まで応じようとしなかった。

　首謀者についてのオールコックの認識は、メドハーストと異なっており、数度にわたる総理衙門への書簡の中で4名の紳士には言及していない。唯一彼が逮捕を要求していたのは、事件以前にテイラー宅前に押しかけて窓に石を投げ気勢をあげていた人々の一人で、メドハーストも途中から処罰を求めていた葛某なる人物のみだった[193]。最終的には容疑者はこの葛某に絞られ、曾国藩も逮捕を約束し[194]、メドハーストの要求の半分は立ち消えとなる。大規模な教案がたった一人の人物によって引き起こされたとは考えにくく、彼の逮捕は事件の終結を宣言し、イギリスの威信を保つための象徴的な意味しかないように思える。しかしイギリスにとっては、キリスト教伝道の保護と騒擾の禁止を諭告として掲げ、賠償金の支払いを課すことが、より現実的な交渉内容だったといえるだろう。

　11月3日、メドハーストは、オールコックが総理衙門に求めた合同調査のために、司令官ヒニージ率いる軍艦ロドニー号に乗り、3隻の砲艦を従えて上海を出発した。

　時に、メドハーストの揚州調査に砲艦が伴うらしいという情報を入手した江蘇巡撫丁日昌は、メドハーストの意図は武力を頼んで要求を貫徹しようとしているものに他ならず、これを予め防がなくてはと、すぐに南京の曾国藩のもとに向かった[195]。中国側の慌てぶりは、上海から南京に向かう途上の11月6日、ロドニー号上で書かれたメドハーストの報告にも見ることができる。その中でメドハーストは、「イギリス帝国軍艦の登場とその目的に対する極めて有益な驚きがすべての階層に広まっております。…曾国藩に私の要求をあくまで主張し注目させることは困難ではないだろうと期待しています」と記している[196]。

　11月9日、南京に到着したメドハーストがまず行ったことは、合同調査の委員に選任された上海道応宝時が乗ってきた蒸気船「恬吉」の差し押さえだった。メドハーストは、問題が完全に解決されるまで「恬吉」を拘束し、

軍艦ロドニー号と行動を共にさせると宣言し、これによって要求の実現をより確実なものとした。揚州での合同調査を前に、メドハーストと曾国藩との交渉では具体的な賠償額こそ提示されなかったが、曾国藩の後任として着任したばかりの両江総督馬新貽と江蘇巡撫丁日昌、さらに直隷総督に就いた曾国藩の名前で、伝道は条約で認められていることを説明した諭告を淮安、揚州、鎮江の3地域に発布すること、宣教師保護を明記した文章を石柱に刻んで宣教師宅前に立てることが確認された[197]。

11月15日、300人の海兵を引き連れて揚州に到着したメドハーストは、17日から19日にかけて応宝時らと話し合い、南京で取り上げた2点（諭告の発布、石柱の建設）に加えて容疑者の処罰[198]と賠償金額の設定（千八百二十六両十五銭）に関して一致を見た。これらの合意の他にメドハーストは、容疑者である葛某が確実に捕らえられるよう、六千両を担保として応宝時から預かり、差し押さえていた「恬吉」号を返還した[199]。

この時点でほぼ解決したと思われた矢先、件の六千両をめぐって対立が再燃する。中国側は教案の際、宣教師リードが眼に重症を負った事実は認め、それに対する賠償金も支払ったが、メドハーストが主張していた女性2名の負傷は認めなかった。しかし揚州での最終交渉の後に、オールコックが内地会の3名全員の負傷を医師の診断を根拠に再度主張し、葛某が逮捕された場合には、六千両から負傷に相当する賠償額を差し引いた分のみ返却すると告げた[200]。両江総督馬新貽はこのオールコックの主張に反発したが[201]、両者は激しいやり取りを経て、葛某逮捕後の1869年（同治八年）5月10日、イギリスが預り金を全額返金することで合意し[202]、事件から9ヵ月後にして揚州教案はようやく最終解決した。

砲艦外交による外交圧力の強化が功を奏し、当初は要求を拒んでいた曾国藩も総理衙門の命令によって妥協を余儀なくされ、教案はほぼイギリスの思惑どおりに解決した。しかし宣教師の潔白が証明され、被害者としての宣教師に世論の同情が集まったかといえば、事実は全く逆であった。内地伝道そのものに否定的であったイギリス政府は、教案後、政権交代を機に強化され

第 2 章　プロテスタントの内地伝道と中国社会の「反発」

た英中協調路線によってその姿勢をいっそう鮮明にした。外交交渉がイギリス有利に展開する中でテイラーの存在感は極めて薄く、事情聴取に応じたこと以外に彼が関知する余地はほとんどなかった。砲艦の派遣を期待するような発言も資料上は全く確認できない。しかしテイラーら宣教師は砲艦外交の原因を作った責任を問われ、宣教師の内地居住と内地伝道はむしろ後退を余儀なくされることになる。

（2）揚州教案の余波

　前段で、揚州教案発生後、隣接する常州で揚州教案の影響を思わせる掲帖が流布したことについて述べたが、揚州教案最終交渉の段階で、テイラーが避難した鎮江や、同じ長江流域の武漢にも緊張が生じていた。

　まず鎮江で起きた教案を簡単に見ておこう。条約港鎮江を杭州に次ぐ伝道の拠点にしようと、テイラーら内地会宣教師が同地に来着したのは、上述のとおり1868年5月で、6月24日に家屋の賃貸契約を交わした。しかし揚州教案後テイラーが鎮江のこの家に避難すると、貸主の夏履なる人物の親族、夏李が退去を要求してきた。鎮江城内の寶城坊にあったこの家屋は、本来夏姓の親族の共有財産であったにもかかわらず、夏履が無断でテイラーに貸してしまったからだという。しかも官への事前報告もなかった[203]。9月1日にはメドハーストが自ら副領事アレンとともに丹徒県知県の王令を訪れ、家屋の賃貸は条約で認められており、すでに契約料も支払い済みで解約は認められないと主張する文書を手渡したが、その翌日には賃貸に反対する人々が衙門に押しかけ大きな騒ぎとなった[204]。これは明らかに揚州教案の影響だった[205]。以上の報告を受けた曾国藩は、ベルテミー協定施行規則を準用してもテイラー側には瑕疵はないとし、夏履を咎めれば外国人の妬みを買うが、反対派の反応を考えると夏李を咎めるわけにもいかないと述べ、契約した家屋に代わる別な物件の提供を提案した。同治五年から六年にかけて安慶でカトリック宣教師の寺院購入が問題になった時、同じように代替地を提供して解決した経験があったからである[206]。

こうして代替の家屋を探すことになり、テイラーは避難した家にそのまま滞在しながら連絡を待ったが、曾国藩の目論見に反して外国人への賃貸に対する反対は激しく、あちこちに「もしも貸し出したら火をつける」という匿名ビラが貼りだされて、家屋は一向に見つからない。最後には根強い反感を考慮したテイラーの判断で、借りた家屋は伝道所兼書籍印刷販売所とし、その工事のために中国人職員を配置すること、テイラー自身は居住せず城外から通勤することとした。揚州のような事態に至る前に、テイラーの妥協によって事態は収束し、その後鎮江は内地会の重要な伝道拠点に位置付けられた。

　揚州教案の余波は長江を遡った武昌にも及んでいた。

　1868年8月16日から19日にかけて、ロンドン伝道会の中国人伝道師張河清（前述）が、張とともに武昌で伝道していたイギリス人宣教師（おそらくロンドン伝道会のブライソンであろう）の意向を受けて、3名の地主と教会用地を購入する契約を交わした[207]。契約書を受け取った漢口領事ケインは、9月24日に江夏県知県に契約書を転送し土地取引を承認するよう求めたが、知県は書類の不備を理由に受理しなかったため、今度は11月9日に武昌府知府に書簡を送り、知県に土地購入を承認させ、紳士たちを説得してイギリス人の土地購入を認めさせるよう要求した。紳士たちが引き渡しを阻止しようとし、匿名の掲帖も出回る中、領事は湖北巡撫何璟文にも書簡を送り、開港場における不動産購入は条約で認められていることを紳士たちに説明し、宣教師の身の安全を守って欲しいと記した[208]。その数日前の10月29日、ケインはイギリス海軍司令官宛てに以下のような手紙を送っている。

　　ここ数日、武昌の人々が城内に住む宣教師に激しい敵意を表し始めています。間違いなく、この少し前に彼らが知った揚州教案の影響です。私は中国側の役人を通して宣教師にできる限り便宜を図ってもらうよう努力していますが、知県には協力を断られました。イギリスの軍艦に助けてもらわなければ、この努力は不成功に終わるのではないかと恐れて

第 2 章　プロテスタントの内地伝道と中国社会の「反発」

います。
　今日は宣教師に住宅を貸した人々を脅迫するビラが撒かれ、そのため宣教師たちは地主から契約を打ち切ると言われています。この事態は何とか止めなくてはなりません。できるだけ速やかに軍艦を送り支援していただけるよう伏してお願いする次第です。・・・支援の必要性は切迫していますが、鎮江よりこちら側には軍艦はありません。宣教師たちは夜に通りを歩くと必ずと言っていいほど石を投げつけられています[209]。

　しかし 12 月になっても漢口に軍艦は送られず、武昌府には相変わらず反宣教師の不穏な空気が蔓延していた。司令官に要求するだけでは事態は打開できないと考えたケインは、駐華公使オールコックに再度同じような手紙を出す。だがオールコックの返答は「軍艦で平和を維持すること自体が条約の精神に反しており、領事が武力に訴えられるのは、命に係わる緊急事態が生じるごく例外的なケースのみである。そもそも宣教師が武力に依存しなければ活動が継続できないなら、彼らを保護するための戦争まがいの方法を政府として正当化することはできない」というものだった[210]。
　一方、ケインの要請を受けた湖北巡撫に江夏県知県が送った報告書によると、契約書 3 通には張河清がキリスト教関係者であることも、土地が教会堂用地であることも明記されていなかったという。だが知県が最も懸念していたのは、書類の不備ではなく反対運動だった。100 名もの紳士が連名で教会堂建設に反対する陳情を衙門に寄せていたのである。
　売主に確認し、売買契約が成立した土地が人家が軒を連ねる大通りに面していることを知った知県は、ここで礼拝を始めたら間違いなく騒ぎが起こるだろうと判断し、領事と交渉し代替地を提供することによって、教案の発生を回避しようとした[211]。
　この報告を 1869 年 1 月 26 日に受けた総理衙門は、1 月 31 日の返信で「揚州や鎮江、台湾で人々が教会堂を壊し、衙門の前で騒ぎ、外国人が〔清朝

161

の〕軍人を死に追いやり、兵士を殺すような今年起きた事態」を繰り返さないよう、代替地の速やかな選択を指示した[212]。

　総理衙門はオールコックとの意見交換も考えたようだが、実際に交渉に及んだのかどうか、さらにこの問題が具体的にどう着地したのかは不明である。だが、おそらく最終的には代替地の提供によって収束したものと思われる。

6．教案解決後の動き

（1）教案とイギリスの宣教師政策

　第一章でも見たように、領事時代からすでに内陸の秩序をかく乱する要因になりうるとして宣教師の内地居住や内地伝道には懐疑的であったオールコックは、揚州教案の経験を通じてその懐疑を確信に至らせたと考えられる。

　確かにオールコックは、メドハーストの高圧的な姿勢を支持し、清朝政府に対してはその責任を厳しく追及した。だがテイラーたちは―イギリス国民として保護を受けたのであって、オールコックもまた臣民保護というイギリス政府の義務を果たしたに過ぎず、砲艦外交の究極的な目的は宣教師保護ではなく、イギリスの「正義」を貫徹することだった[213]。彼の理解では、教案の主たる原因は宣教師の内地居住であり、「正義」が回復された後は、同じ轍が繰り返されてはならなかった。

　1868年の暮れに発足したグラッドストン率いる自由党新内閣は、対中柔軟路線をとり、高圧的外交を終結させ、領事主導ではない両政府間の直接交渉による問題解決を掲げたので、砲艦外交による揚州教案の解決方法は批判的評価を受けることになった。

　新内閣による外交方針の転換は、元米国公使バーリンゲームの影響によるところが大きい。バーリンゲームは駐華公使退任後の1868年、清の欽差大臣として条約改定交渉のため欧米各地を回るミッションの途上でロンドンを

第2章　プロテスタントの内地伝道と中国社会の「反発」

訪れた際、新内閣の外相に就任したクラレンドンに中国との協調外交に関する声明を発表させた[214]。

クラレンドンは1869年1月、前年11月に取られた砲艦外交に関する報告を受け取ると、オールコックに宛てた書簡の中でバーリンゲームとの声明に触れたうえで、揚州教案の解決法を次のように批判している。「イギリス政府としては、イギリス海軍が（清朝の）地方権力に圧力をかけたり、罰を与えたりするよりは、清朝中央政府の処置にまかせ、もしその処置に効果を認められない場合は英国政府がその役割を担う方がはるかによかったのではないかと考える。・・・私とバーリンゲーム氏との対話は、貴兄が同じ様な事態に置かれた時に取るべき対応を示す今後の指針となるであろう」[215]。教案処理のために取られたオールコックの方法は、領事メドハーストにかなりの権限を与え武力による威嚇に積極的だったという点で、外交の基本方針に抵触したのだった[216]。

しかしこの政策転換の影響を最も受けたのは内地で伝道しようとする宣教師だった。彼らはいよいよ窮地に追い込まれた。オールコックが高圧的態度を取るに至ったのは宣教師の内地居住の故であり、それさえなければ英中関係は平和裏に継続していたはずだと考えられたからである。ここに至って、砲艦外交は宣教師の内地居住問題と短絡的に結び付けられ、3月、4月の下院で在華宣教師、特に内地会宣教師は、集中砲火に近い批判を浴びることになった。

本節では、教案の収束後、次第に宣教師批判が顕在化し、宣教師保護不要論が台頭する過程を、主にオールコックと外務省（クラレンドン）とのやり取りを中心に考察し、その後、議会やメディアの宣教師批判と宣教師の反論を整理する。オールコックとクラレンドンのやり取りにおいては、清仏北京条約改竄問題も取り上げられている。やり取りそのものはすでにコーエンが論じているものの、改竄問題との関連は触れられていないため、この点にも言及しながら内地居住問題についての議論をより詳細に追ってみることにする。

教案処理の渦中にあった 1868 年 9 月 11 日付の書簡でオールコックは、内地居住権の行使には慎重な立場を表明しながらも、宣教師の土地所有を認めた清仏北京条約第 6 条はイギリスにも適応されると述べている[217]。顧維鈞も指摘しているように、おそらくこの頃までにオールコックは、同 6 条の漢文テキスト改竄の事実、つまりこの文言が仏文テキストには含まれていないことを把握していたものと思われる[218]。この時オールコックは天津条約改正交渉も並行して行っており、上記の見解は、宣教師の内地居住権と不動産購入権を改正条約のなかに明記すべきとのロンドン伝道会の要求——ロンドン伝道会がクラレンドンの前任者である外相スタンレーに送った要望書がオールコックに転送された——に対する回答として示されたものである。オールコックは居住権と最恵国待遇との関連に注目しながら「清仏北京条約 6 条は最恵国条款によってイギリスにもそのまま適応されるので、改正条約に改めて土地所有に関する条項を加える必要はない」と断言する。もっとも書簡の要点はむしろこの内容に続く部分にある。新条項は不要である、「しかし」とオールコックは続けて「宣教師たちがどこに住むとしても、彼ら自身の身の安全、平和と秩序そして正しい統治の維持という点を考慮すると、その権利を無理やり行使することが賢明で考え抜かれた方法といえるのか、或いはそれを実行に移すことが現実に可能であるのかはまた別な問題である」「〔台湾や揚州の騒動は〕今後中国の内地にそうした〔宣教師の〕居住が実行可能であるのかどうか深甚な疑問を呼び起こすものだ」と記す。もともと宣教師の内地居住には懐疑的な彼の持論が二つの教案によってさらに強固にされているようにみえる。とはいえ、教案の解決に武力示威が用いられる前の段階だったこの時は、居住権を否定するまでには至っていない。

　メドハーストが揚州に再び軍艦を率いて現れたのはこのひと月半余り後のことである。武力示威による解決の報告がロンドンに届いたのは翌年の 1 月 10 日で、その 4 日後にクラレンドンはオールコックに砲艦外交を批判する前述の書簡を送った。揚州教案の処理に武力が使われたらしいことは、すでに前年 12 月の『タイムズ』が報じていたが[219]、1 月以降さらにこの情報が

第 2 章　プロテスタントの内地伝道と中国社会の「反発」

拡散し、在中国宣教師、とりわけ内地会に対する批判が大きくなっていった。2 月になるとロンドン伝道会が「最近中国で起きた事件（揚州教案）と、中国首任全権使節のロンドン訪問（バーリンゲーム・ミッション）によって」改正条約に宣教師の内地居住権が挿入される可能性がますます薄れたことを懸念し、内地居住権に関する質問書を再び外務省に送っているが[220]、これも宣教師批判の高まりを背景としたものであろう。

ロンドン伝道会の問い合わせに対しクラレンドンは秘書を通じて、条約に規定されている特権は、それが行使できる状況にあるか否かを見極めたうえで要求されるべきであり、内地に伝道拠点を設けることに対して中国当局と民衆の強い反感が認められる現在は、領事権力の及ばないところに住む宣教師を保護することは不可能であると述べ、「〔内地居住は〕一時的にではあれ少なくともイギリスの貿易を停滞させるでしょうし、外交関係における正義という観点からも多くの疑問にさらされるでしょう」と返答した[221]。しかしこの時点でもまだ内地居住権や宣教師保護は否定されていない。

時期は前後するが、1868 年 12 月、イギリス外務省は、バプテスト教会伝道局から在華宣教師の不動産入手に関する問い合わせを受け取った。山東省芝罘に住む宣教師ロートン（第 1 章参照）が不動産所有をめぐって遭遇した問題を本国伝道局に報告し、伝道局が直接外務省に持ち込んだものである[222]。単独で判断しかねた外務省は、伝道会の照会文を現地の実情に詳しいオールコックに 1868 年 12 月 18 日付で転送した。この照会文がオールコックのもとに届いたのは 1869 年 3 月で、クラレンドンから教案処理における武力示威を批判する上記の書簡が届いて間もない頃であった。

3 月 12 日付の返信でオールコックは、清仏北京条約漢文テキストの改竄（interpolation）問題に触れた後、宣教師個人の名義での所有は認めず、取得の際には地方官の承認を課した清朝政府のローカルルールを説明し、バプテスト教会の質問に対する回答として次のように書いている[223]。

　　　私が申し上げられる唯一の答えは・・・条件付の権利が清朝政府に

よって〔フランスに〕認められているといえること、清朝政府はフランス人宣教師が享受している権利を条約に従ってイギリス人にも認めざるを得ないことです。しかしながらどちらの場合も、権利の享受は清朝の地方官がそれに賛成なのかそれとも反対なのかに全く依存しており、宣教師が住む家屋の獲得も、彼らの反対を前にした場合、武力の直接介入なくして実現は困難であると思われます。最近、芝罘や漢口、その向かいの武昌、揚州、鎮江、the Min（四川省岷江か？）、台湾で起きた事件は、この権利の主張にどれほど反対が根強いか、また内地に伝道の拠点を建設する宣教師の試みを妨害するために当局や民衆がどれほど極端な行動に走るかを証明しています。・・・〔こうした反発は〕改宗目的の働きに好ましからざる結果をもたらし、政治と貿易の関係を大いに悪化させてしまうでしょう。そしてすべての進歩が妨害されることになるのです。

　続けてオールコックは、イギリス政府がイギリス人宣教師のためにフランスと同じ権利を要求すべきかどうかは重大な問題だが、イギリス政府は全くの自由意志に基づいてどうすべきか決断すればよい、もし列強の武力による支えがなくなれば、少数の熱に浮かされた宣教師は自ら殉教を招くかもしれないが、大方は深刻な事態から免れるだろうし、信者もまた周囲の人々を刺激するような行動を取ることはなくなるだろう、と述べる。また最後に、地方の平和をかき乱す「酒に酔ったような宣教師」――「新約聖書」『使徒言行録』2章13節を使い、おそらく中国内地会を念頭に置いた表現――を退去させれば、内地伝道はより安全に遂行されるのではないかとも述べている。
　最恵国条項を適応すれば、イギリスの宣教師もフランスの宣教師の特権に与ることは可能だが、自国の条約に規定がない以上、イギリス政府は特権の均霑をあえて主張する必要はない。「酒に酔ったような宣教師」が無謀にも内地を目指すのであれば、万が一の事態の責任は自ら引き受けるだけだとい

第2章　プロテスタントの内地伝道と中国社会の「反発」

うのである。

　クラレンドンはこの返信を5月16日に受け取り、5月19日付の再返信で、漢文テキストのみに記されている特権には何の根拠もないと述べ、イギリス政府がこの文書に基づいて宣教師の特権を要求することはないと明言した。そして内地居住権は自らの責任において行うべきで、イギリス政府に軍事的支援を求めても決して応じない旨を宣教師たちに伝えるよう指示を下した[224]。最恵国条項の適応はおろか、その議論の出発点となっていた内地の不動産取得権そのものを否定したクラレンドンの判断は、イギリス政府が内地伝道に赴く自国民の保護を明確に拒否した宣言であるといえよう。

　なお1868年12月26日付のタイムズ紙に下院議員のウェントワース・ディルキが同条約の二つのテキストを比較し改竄個所を示す投稿をしているので、クラレンドンもこの前には改竄の事実を知っていたと思われる[225]。

（2）宣教師批判と在華宣教師の反論

　ロンドン伝道会が1869年2月に外務省に質問状を送った背景がそうであったように、イギリス外務省と在中国現地代表が宣教師問題について書簡を交わしていた時、イギリス本国でも在華宣教師の伝道のあり方をめぐって議論が起き、宣教師の「武力依存」が批判にさらされるようになっていた[226]。

　1869年3月9日には下院議会で「中国におけるイギリスの伝道」が議題として取り上げられた。最初の発言者サマセット公は中国内地会を名指しし、彼らを守るために莫大な金がつぎ込まれたと非難し、20年前に「イエスの弟子と自称し男女を殺害した山師」、つまり洪秀全をわざわざ引き合いに出し、宣教師も洪秀全と同じイエスの弟子だという。さらに「海軍を縮小したいなら宣教師の数を減らすべきだ。彼らはみなたいてい砲艦を求めるから。実際我々は砲艦とともにキリスト教を布教しているのだ。中国の地方政府は、宣教師との間に問題が起きるとすぐに砲艦がやってくることをよく承知しているではないか」と述べる。また宣教師を「熱狂者でなければ狂信者

だ」といってこう続ける。「狂信者でなければ、だれも好き好んであんな川（長江のこと）の周辺に住み込んでキリスト教を広めたりなどしません。・・・彼らは自己責任で行っているのだと言われるかもしれませんが、それは事実ではありません。暴動が起こって宣教師が傷ついたり殺されたりすれば、海軍が介入することになります。ロンドン伝道会ほどこのばかばかしい事柄に責任があるところはありません。彼らは今の目標を追求せずに、ほかの地域に宣教団を送って、中国は未改宗のままにしておけばよいのです」[227]。

ここでサマセット公は、テイラーの所属先ではないロンドン伝道会を名指しで批判しているが、その後ロンドン伝道会本部からの指摘[228]を受け翌月4月5日の下院で発言を訂正した[229]。ロンドン伝道会が申し入れた訂正内容は、サマセット公の説明によれば、同会の宣教師は条約港に滞在し、所属宣教師が領事権力に保護を求めたこともなく、イギリス政府にも協力的であるというものである。

サマセット公の次に演説に立ったのは外務大臣クラレンドンである。彼は宣教師を「狂信者」と呼ぶことには躊躇を示しながらも、先に引用した1868年9月11日付のオールコックの書簡を引きながら「暴動が起き、〔宣教師の〕命が危険にさらされ、血が流され、財産が失われ、最寄りの領事に訴えがあり、領事は最寄りの海軍に助けを求めて、軍艦が駆けつけて賠償を求める」構図を批判する。さらにクラレンドンは「イギリス人の権利が侵されたからでも、イギリス政府やイギリス国旗が侮辱を受けたからでも貿易に支障が生じたからでもない」のに、「善良かもしれないが不思慮で」「自分たちの行為がどんな結果をもたらすか考えられないし考えようともしない」宣教師を保護せざるを得ない現状に強い懸念と不満を表している[230]。また宣教師が現地の人々や地方政府の反感を買ってまで自分のやりたいことに固執するのはあまりにも不謹慎であり、英国政府の保護は領事権力の及ぶ範囲に限定されるべきで、宣教師は駐華公使の指示に従い条約上の特権行使を抑制しなくてはならないと断言する。内地に入るなら貿易が行われてからにせよと

第2章　プロテスタントの内地伝道と中国社会の「反発」

もいう。なぜならすでに物質的利益を実感した人々は宣教師の話にも耳を傾けるが、伝道のために開拓されただけの土地では宣教師は攻撃され辱めを受けるだけだからだ。

シャフツベリ卿に至っては内地会に対する蔑視を隠そうとしない。彼は、「この空騒ぎ」を生じさせたのは、伝道局を有する「偉大な伝道会」とは異なる独立した小さなグループであり、「偉大な伝道会」をこの問題に巻き込んではならないと述べる。

4月下院では、イギリスの対清政策に反して独断で武力を行使した台湾領事ギブソンの責任が追及され（ギブソンは降格処分を受けた）、3月の下院同様「力による布教を意図しないのであれば、宣教師は十分な保護が得られない地域に拠点を置くべきではない」（クラレンドン）と武力による宣教師保護が批判的に取り上げられた。だが台湾教案の当事者であったイングランド長老教会は批判されず、寧ろシャフツベリ卿は、台湾教案は長老教会の宣教師の行動が引き金となったわけではないと発言した。第1章でも述べたとおり、台湾で用いられた砲艦外交は、当局に樟脳を差し押さえられた損失を被った商社も関係しているので、この発言は誤りではないが、揚州教案の責めを全面的に内地会に負わせながら、台湾教案については長老教会の責任を一切問わない姿勢には、教会組織を持たない伝道会に対する偏見が示されているといえそうである。彼のいう「偉大な伝道会」の条件は、指揮系統が明確で教派教会との結びつきが目に見える形で維持されていることで、中国内地会はこれらの条件を満たさない伝道会であった。

下院議員の演説を詳細に報じた『タイムズ』は、記者自身も議会の議論に依拠し宣教師を痛烈に批判する記事を書いている。「宣教師はいつも世界の人々を挑発する人々である。・・・彼らは平平凡凡な人間で、それほど教育があるわけでもなく、非常に紳士的というわけでもなく、長話が好きである・・・議会は宣教師が好きではないし、マスコミも、一般世論も彼らを好いていない。中国で起きた事件は、彼らに対する偏見を増幅させたといえる」[231]。

下院の模様は2か月以上のタイムラグを経て中国にも伝えられ、当事者である宣教師たちからは様々な抗議の声が上がった。下院議員たちの批判点は、①伝道の使命に固執する宣教師は反知性であり、②無思慮にも内地に居住して伝道し、③彼らが説くキリスト教が民衆の反発を招き、④その反発から宣教師を守るための武力が行使されることにほぼ集約できるが、以下、これらの批判に宣教師がどう反論したのかを、まず華中伝道を開拓したグリフィス・ジョンの抗議を例に見てみよう。

　シャフツベリ卿が持ち上げた「偉大な伝道会」に数えられるロンドン伝道会は、議会における宣教師批判を受けて、同会所属の在華宣教師たちに、各伝道拠点から条約港に引き揚げ新たな内地伝道を行わないよう指示し、イギリス政府の政策に協力的な姿勢を示した。ロンドン伝道会の拠点がある武昌もこの指示の対象であった。武昌は長江を挟んで条約港の漢口の対岸に位置するので、漢口に引き揚げたとしても、時折武昌の教会の様子を見に行くことはそう難しくはなかったはずである。だがグリフィス・ジョンは本部宛てに抗議文を送り、武昌の教会が租界在住のイギリス人の献金によって建てられたことを示して指示の不当性を訴えた[232]。

　ジョンの抗議はこれだけにとどまらず、下院の議論のきっかけであったオールコック発言を批判する長大な書簡を、ロンドン伝道会本部宛てに2度送った。

　手紙の中でジョンは、キリスト教がしばしば強い反発を受ける理由を、中国知識人と中国民衆それぞれに関する彼独自の見方を披歴しながら述べている。ジョンによれば、中国知識人は停滞の中に生きており、停滞を打ち破る外国人が彼らの教師となることを断固拒否する[233]。他方民衆は決して宣教師を憎んでおらず、彼らとだけ付き合えるのなら、宣教師と中国との関係はもっと平和的だっただろうが、結局彼らは上からの力に絶対的に服従することを教え込まれている[234]。彼らの反発の理由は、中国社会の中にあるのに、宣教師はひどく誤解され、生じた問題のすべての責任を負わされている。

　またジョンは、クラレンドン卿の演説が引用するオールコックの宣教師批

第 2 章　プロテスタントの内地伝道と中国社会の「反発」

判、例えばプロテスタント宣教師は内輪もめに忙しく、太平天国という反乱者に共感し、中国人知識層へのアプローチを嫌がり、何よりも学がないといった主張を取り上げて、宣教師像の訂正を次のように求め、中国伝道の現実と格闘する宣教師の真の姿を示そうとする。God の訳語を巡る対立に代表されるプロテスタント宣教師の内輪もめは今や過去のものであり、伝道に反対する理由には全くならない[235]。太平天国運動には確かに共感を抱いた宣教師もいた。しかしそれは彼らだけだろうか。海軍司令官も領事も皆一時的に共感を抱いていたではないか。しかも宣教師は反乱そのものを肯定したことは一度たりともなく、むしろ彼らの暴力が反キリスト教的であると説得しようとした[236]。宣教師が知識人に無関心で、無教養であるというのも全くの誤解である。教会は誰にでも開かれている。当然私たちは知識人伝道にも強い関心を持っており、彼ら向けの出版物も発行している。また宣教師は、中国にいる他の外国人と比べても、能力においても実績においても決して劣っていない。オールコック氏は現実を知らなすぎるのではないか[237]。宣教師の著作がどれだけ中国知識人に歓迎されているだろうか。「中国語を学ぶイギリスの学生たち向けに書かれたすべての中国語辞書」はプロテスタント宣教師によるものであり、中国古典の翻訳、言語、宗教、習慣に関する優れた書物もまた彼らの手によるものである[238]。

　ジョンは武力による自国民保護の是非については態度を明確にしていない。だが、内地伝道の動機は間違っていないという主張を敷衍させれば、自国民保護は国家の当然の責務であるので、武力行使も時には必要であるという結論に行きつくであろう。

　単独で所属伝道会に抗議文を送ったジョンとは別に、北京在住の 4 人の宣教師、ロンドン伝道会のエドキンスとダジェン（John Dudgeon）、英国教会伝道協会のバードンとコリンズ（William Collins）は、1869 年 7 月 14 日、連名でオールコック宛に長大な抗議の書簡を送付した[239]。彼らはこの年の冬にオールコックに非公式にコンタクトを取り、宣教師問題について彼がイギリス政府（外務省）に送付した報告書の閲覧許可を求め、オールコックから

1868年12月から翌年2月までの3通の報告書の写しを送付してもらっていた。彼らはオールコックの宣教師批判を熟読し、さらに彼の見解に強く影響された下院議員の発言を知ってこの書簡を送ったのである[240]。

　書簡において彼らは、武力を頼みとしているという議員たちの批判に対し宣教師の平和志向と武力否定を強調し、内地居住が許されないという指摘には、それが条約上の明白な権利であり、通行証を持つ宣教師を保護するよう清朝に要求するのは公使と領事の務めであると述べ、中国社会におけるキリスト教の必要性を訴える。またプロテスタント宣教師が敵意の標的になるのはキリスト教の故ではなく、中国人が宣教師を「アヘン商人を含むすべての外国人の代表」と見做すことであり、排外主義こそが反感の原因であると主張する。キリスト教が受け入れられない理由を排外主義、ゼノフォビアに一義的に求めているのである。

　宣教師が十分な教育を受けていないという批判に対しても、イギリスの通訳養成の教科書に採用されている *The Middle Kingdom*（『中国総論』）の著者（ウィリアムズ）、『四書』や『万国公法』の訳者（レッグ）がみな宣教師であることを例に、下院議員による「熱狂者でなければ狂信者だ」というレッテルを問いただす。

　さらに彼らは、オールコックが政府への報告で「キリスト教は革命的傾向をもっている」と批判したことを取り上げて次のように反論する[241]。オールコックは「革命」を「扇動」の意味で用いてキリスト教を批判しているが、それは本来キリスト教が持つ「革命性」とは全く異なる性質であり、キリスト教が扇動的であったことはいまだかつてない。扇動的革命性は、アングロサクソン文明についてこそ主張されるべきである。アングロサクソンは、これまでしばしばキリスト教伝道とは無関係に半文明国で革命を起こしてきているからだ。キリスト教国の法も貿易も、半文明国の既存の秩序を破壊し、異郷の専制王国の停滞性に敵対する西欧の進歩的事物をもたらしている。銃剣を突き付けて設置した北京の公使館はそのよい例で、宣教師の説く教えよりもはるかに破壊的である。

第2章　プロテスタントの内地伝道と中国社会の「反発」

　キリスト教以外の革命的要素の攻撃性を強調し、「中国の無知、迷信、誇り、排外主義」の克服も真の「文明化」もキリスト教なくして困難であるという彼らの確信は、「伝道の使命」と「文明化の使命」の表裏一体性を示しているといえよう。

　在北京の宣教師たちの反論もジョンのそれも、自分たちこそ中国の停滞を打ち破り進歩の恩恵をもたらすキリスト教文明の中心を担っていると信じ、彼らを批判する世俗権力の人々と自分たちは同じ側にいると主張している。そうであるとすれば、「宣教師はキリスト教の故ではなく外国人の故に攻撃される」と彼らが述べる時の「外国」とは、キリスト教文明に基礎づけられた西欧を意味するのであって、彼らが理解する中国の排外主義は、それこそ排他的に西欧、すなわちキリスト教文明国のみに向けられたものとしてとらえられていることになるだろう。

　宣教師とオールコックの主張は全く折り合わなかった。民衆の反感を排外主義に求める宣教師の主張に対してオールコックは「テイラー氏とその仲間の放逐は、純粋に宣教師の側に原因があった。彼らは宣教師であると知られていた。子どもを殺しているとか、目をくりぬいているといった言いがかりは宣教師にのみつきつけられるものだ」と反論する[242]。宗教的信条は必然的に教条的、排他的であり、絶対的なシステムによって構築されており、またそれ自身の真理を説くのみならず、他宗教の信条の誤りを説くからである。

　革命云々に関する宣教師の反論に対してもオールコックは、皮肉を込めて「異国におけるキリスト教が本質的に革命的であるという私の見解が正しい」ことを認めてもらったと述べ、「変えようとすること」が中国の官僚や政府の敵意を招くという。またキリスト教があってこそ中国を変えられるという主張も、ヨーロッパにも中国に劣らぬ腐敗と無秩序があり、キリスト教はそこまでの影響力は持っていないと述べ、中国で成功しなかったら、キリスト教は革命と戦争の危険を呼び込むだけの無用な存在になると言い切る[243]。

　キリスト教は必然的に内地のかく乱要因となるというオールコックの持論は、いささかも揺らぐことはなかった。この後書かれたオールコック協定に

宣教活動を利する条件が一切入らなかったことは前章で見たとおりである。

おわりに

　ジョンと北京在住の宣教師は、宣教師は反知性であるという批判には文書伝道の功績を強調し、内地伝道批判には条約上の権利を主張し、民衆の反発はキリスト教ではなく排外主義が原因であるとした。さらに北京在住宣教師は、政府には条約の権利を行使する自国民の保護義務があると述べた。一方のジョンも、明言は避けているとはいえ、書簡の内容からして自国民保護を言外に当然視していたと見なすことができる。

　こうした認識は、1869 年 3 月以降 Chinese Recorder 誌上に掲載された様々な反論、再批判を見ても、在中国宣教師全体に共有されていたといえる[244]。領事の保護を求める行為を疑問視し、自らが置かれた位置を多少なりとも客観的に省みようとする宣教師が皆無だったわけではないものの[245]、それでも多くの宣教師にとって、「中国人に危害を加えられた時には領事の保護や援助を求めること」は要求できて当然の権利であった。

　また宣教師保護のためには武力による威嚇もやむを得ないというのが大方の認識だった。例えばアメリカ・バプテスト宣教連合のノールトンは、「正義は外交のみによっては実現されない。条約は「武力」の背景がない限り無益な紙切れに過ぎない。・・・領事が十分な軍事力を背景に頑迷な地方官とそれを支える知識人たちを屈服させることができるというのは当たり前のことではないか」と強硬な姿勢を示している[246]。また、広州在住の宣教師チャルマーズ（ロンドン伝道会所属）は、以下のように、武力行使が必要悪であることを説く。

　　われわれはここで、強力なキリスト教国家の保護下に置かれている。われわれ、そして他の外国人がここにいるということを保障するために、何らかの形で武力が用いられてきている。われわれがここに居続け

第 2 章　プロテスタントの内地伝道と中国社会の「反発」

ることを得させるために、時折武力が行使されている。「砲艦」なしにわれわれはここに滞在し続けることは出来ない。「砲艦」なしにわれわれは聖書一冊、布教書一部配ることは出来ない。「砲艦」がなければ、キリスト教に改宗した優れた中国人は身を隠さなくてはならない。さもなければ殺されてしまうだろう。そういうわけで、われわれは単に今われわれが多かれ少なかれ手にしていることを維持したいだけのために、武力介入を望んでいるのである[247]。

一方で先に見た在北京宣教師がオールコックに宛てた連名の書簡は、以下のとおり、武力による威嚇には否定的である。

　　プロテスタント宣教師が自分たちを守ってもらおうと砲艦や兵士たちを要求することはありません。武力行使は宣教師が最も嫌悪することであります。彼らが望むのは、公使と各領事が中国当局に友好的に働きかけ・・・彼ら全員に保護を与えるよう主張することです。・・・こうした方法が失敗する場合は、どんな町であっても戦争の恐怖を伴うよりは、宣教師は他の場所に退くべきであると強く思います[248]。

しかしながら、イギリス政府が内地伝道を批判しているのは、軍事力発動ないし示威の可能性が否定できないからであり、平和的交渉による保護のみを求めることは非現実的だった。ロンドン伝道会のチャルマーズの率直な主張が、はるかに現実に即していたといえるだろう[249]。

宣教師保護が武力による威嚇を伴わざるを得ないが故に宣教師の内地居住に反対したイギリス政府の姿勢には、アメリカ人宣教師も無関心ではいられなかった。イギリスの方針が自国政府に波及することを恐れたノールトンらは、クラレンドンが「内地に居住する宣教師を一切保護しない」という方針を打ち出したことを知った時、「アメリカ政府は決してこれに追随しないよう」にと宣教師の内地居住の保証を求める請願書を提出した。

彼らは、バーリンゲーム条約で打ち出された互恵主義（第4条、5条、6条）を根拠に、バーリンゲームの有名なニューヨーク演説の一節「中国はこの国の商人を招き、この国の宣教師を招いて、すべての谷と、すべての丘に輝ける十字架を建てることを認めている。この国が公平な議論を快く受け入れているからだ」をも引用して、中国人がアメリカに仏教施設を建設する権利があるのと同様、アメリカ人にも中国で不動産を得て居住する権利があることを主張した[250]。

　この申し入れにアメリカ公使ロスは宣教師支持を表明した。アメリカの現地外交代表は、宣教師の内地居住、内地における不動産取得問題に現状に即した比較的柔軟な態度で臨み、すでに見たように、アメリカ人宣教師に土地所有と居住の権利を認めさせることに成功した。こうしたアメリカ政府の対応をイギリス人宣教師バードンは次のように評している。「アメリカ人宣教師は、・・・現地の人々に無理やり家屋を貸し出させることは一切なく、もし居住困難と判断すれば、そこから撤退する。しかし被害に遭うようなことがあれば、アメリカ公使は中国側に譲歩を迫り、宣教師に保護を与えるためにできる限りのことをすると思う。この方法では十分な効果はないかもしれない。しかし公使が、宣教師は内地居住という無法なことをしていると考えていないことは、宣教師たちにとって利益となるだろう。宣教師は危険を引き受けるが、公使が彼を無法者と見なしていないことを知って満足するのだ」[251]。このようにバードンは、居住権の条文化が当面困難だったこの時期、与えられた環境下においてでき得る最善の方法を取るアメリカ政府を評価し、宣教師保護の手本とするよう主張した。

　もっともアメリカも、その後一貫してロスの姿勢を踏襲していたわけではない。1885年3月号の *Chinese Recorder* に長文の論考を投じたティモシー・リチャードは、当時のあるアメリカ領事から聞いた話として、「アメリカ政府は宣教師の内地居住の権利を要求することはできない。中国人信徒〔が被害に遭っても〕、その事実を地方当局に提示するだけで、彼らを守るためにそれ以上の行動を起こすこともできない」との発言を紹介している[252]。

第 2 章　プロテスタントの内地伝道と中国社会の「反発」

とはいえ特権の条文化を求める彼らの願いは、最終的にはアメリカ主導によって、後に結ばれる条約の中で次第に形を整えていくことになる。

　イギリス政府と宣教師との間に、バードンが望んだような関係が築かれることはなかった。政府の政策と世論の風当たりの中、ロンドン伝道会は、内地伝道に従事していた宣教師を条約港に引き揚げさせる処置を取るに至った[253]。これに反して内地会は、教案解決後再び揚州に戻って活動を再開したテイラーを中心に内地伝道を継続した。1869 年末のオールコックの退任後は、反宣教師を公然と掲げるトーマス・ウェードが駐華公使に就任した[254]。内地会にとっては中国民衆の敵意のみならず、同国政府の政策もまた「信仰の試練」であり、彼らの伝道の使命は、この試練の中で却って強化されていった。

注

1　呂実強「揚州教案與天津教案」『中国近代現代史論集　第四編　教案與反西教』台湾商務印書館、中華民国七十四年（1985 年）
2　張、劉前掲書、348-351 頁。顧長声『伝教士与近代中国』上海人民出版社、1981 年、138 頁。
3　王立新「美国伝教士与晩清中国現代化」天津人民出版社、1997 年、33 頁。
4　楊朝全「档案里的揚州教案」『档案与建設』江蘇省档案学会、2003 年 10 期。
5　張曉宇「載徳生在揚州教案中的態度考辨」『宗教与歴史』社会科学文献出版社、第十一輯、2019 年。
6　呂実強『中国官紳反教的原因』102 頁。
7　同上、109 頁。
8　Alvyn Austin, *China's Millions, The China Inland Mission and Late Qing Society, 1832-1905*, Eerdmans, 2007.
9　A. J. Broomhall, *Hudson Taylor and China's Open Century*, Ⅰ-Ⅶ, Hodder and Stoughton, 1981-1989. ブルームホールの祖父ベンジャミン・ブルームホールは、ハドソン・テイラーの幼馴染で、中国内地会のロンドン支部総幹事であった。
10　内地会関係者によるテイラーや内地会に関する著作については、テイラーの生涯を無批判に取り扱っているという指摘もある。Whyte, *Unfinished Encounter*, p.119.

11 Dr. and Mrs. Howard Taylor, *Hudson Taylor and the China Inland Mission: The Growth of a Work of God*, China Inland Mission, *1918*, p.51 以下参照。テイラー個人の伝記としては、ハドソン・テイラーの次男ハワード・テイラー（1862-1946）夫妻が書いた本書が最も詳しい。揚州教案が起きた時、ハワード・テイラーは6歳だった。
12 Marshall Broomhall, *The Jubilee Story of the China Inland Mission*, Morgan and Scott, 1915, p.10.
13 ギュツラフと福漢会の関係については、倉田明子の以下の著作に詳しい。倉田明子『中国近代開港場とキリスト教　洪仁玕がみた「洋」社会』東京大学出版会、2014年、58-62頁。
14 崇明島滞在中のいきさつについては以下を参照。Broomhall, *Over the Treaty Wall*, pp.298-315.
15 ibid., pp.305-306.
16 Ibid., p.334.
17 Ibid., p.335.
18 Ibid., p.339.
19 パーカーはスコットランド教会所属の宣教医。Ibid., p.207.
20 内地会設立以前のテイラーの中国伝道について詳細に記録した伝記は、彼が妹宛てに書いた手紙の次のような一節を引用している。「僕は今の〔イギリス軍の〕一連の行動のメリットはわからない。・・・だから僕の考えを書くことは控えようと思う。ただ、神様のおかげでバーンズがもう汕頭にはいないことは確かであることだけは伝えたい。・・・今起きていることから汕頭の広東人の今の感情を推測すると、だれだって彼らの思うがままになりたいとは思わないだろう」。この手紙からは、彼が広東人の感情を理解していることはわかるが、軍事攻撃に対する批判を読み取ることはできない。Dr. and Mrs. Howard Taylor, *Hudson Taylor in Early Years, the Growth of a Soul*, Hodder and Stoughton: George H. Doran Co., 1911, pp.412-413.
21 Broomhall, *Hudson Taylor and China's Open Century*, Ⅲ: *If I had a Thousand Lives*, Hodder and Stoughton, 1981, p.196.
22 Hudson Taylor, *China, Its Spiritual Needs and Claims*, London: James Nesbit, 1865. 1868年版からタイトルは *China's Spiritual Needs and Claims* となった。
23 Ibid., pp.31-32.
24 Ibid., pp.37-38.
25 Ibid., pp.41-42.
26 Ibid., p.23.

第 2 章　プロテスタントの内地伝道と中国社会の「反発」

27　Ibid., pp.42-43.
28　内地会宣教師の第一世代として彼らは Lammermuir party と呼ばれた。テイラー夫妻以外の男性6名、女性10名で、教派的背景はバプテスト、メソジスト、聖公会と様々であった。女性のうち1名はスイス出身、男性の職業は石工1名、鍛冶屋2名、大工2名（1名は不明）であった。Austin, ibid., pp.109-110.
29　テイラー自身がこの時までに按手を受けておらず、牧師の正式な資格を持っていなかった。これは彼の中国服着用とともに、一部の宣教師仲間の不評を買う原因ともなっており、1857年の結婚の際にも、彼の妻となったマリアの後見人アルダーシー女史は、テイラーを伝道の伝統から逸脱した変人として結婚に猛反対したという経緯がある。
30　Coates, *China Consuls*, p.182.
31　内地会以外の伝道会に所属していた女性たちは、主に教師や看護婦として香港の学校や病院に勤務していた。Austin, ibid., p.119.
32　Taylor, *China, its Spiritual Need*, p.46.
33　*The China Mission Hand Book*, American Presbyterian Mission Press, 1896, pp.111-112.
34　Broomhall, *Over the Treaty Wall*, p.207, p.353. まだ中国を訪れる前の1850年のことだが、テイラーは妹宛ての手紙で、「メソジストはまだ中国に拠点を持っていない。聖公会は一つか二つある。でも僕は教会人（Churchman）ではない。バプテストと独立宣教師も拠点を持っているけれど、僕の考えは彼らのとは違う」と書いているという。Marshall Broomhall, *The Jubilee Story of the China Inland Mission*, London: Morgan and Scott, 1915, p.10.
35　自立教会に必要な自治（self-governing）、自養（self-supporting）、自伝（self-propagating）の三自原則。この三つの「自」、すなわち「三自」の原則は、中国共産党によって中国の政治的文脈に「土着化」し、本来の意味とは異なる形で利用され今日に至っている。中国人教会の形成および三自原則については、以下の拙稿を参照されたい。「*The Chinese Recorder* 考　19世紀後半における自立教会の形成をめぐる議論」ミラ・ゾンターク編『〈グローバル・ヒストリー〉の中のキリスト教　近代アジアの出版メディアとネットワーク形成』（新教出版社、2019年）所収。
36　The China Inland Mission, *The Occasional Papers, From November 1872 to March 1875*, London, 1875 (Reprinted by Cheng-wen Publishing Company 1973) p.126. 内地会が教会形成に熱心ではなかったという評価に対し、内地会ほど中国人の主体性を重んじ、中国人教会の設立を重視した伝道会はないという反論がある。確かに中国人伝道師が数多く働いていたことは事実だが、彼らは常に宣教

師の指導の下にあった。ボブ・ホワイトは「内地会は他の伝道会以上に中国人教会の設立を阻害した」と指摘している。Whyte, *Unfinished Encounter*, pp.122-123.

37 この原則の徹底ぶりは内地会女性宣教師が語ったという次のことばにもよく示されている。「彼らの衣服を着、彼らの言語を習得し、彼らの習慣を学び、私たちの体の健康が許す限り彼らの食事に親しみましょう。彼らの家に住み、外側の見えるところに不必要な飾りをするのはやめにして、健康への配慮と仕事の効率上、どうしても必要なだけ、家の中を変えるようにしましょう」。Broomhall, *Hudson Taylor and China's Open Century*, Ⅶ: *It is not Death to Die*, Hodder and Stoughton, 1989, p.607.

38 Whyte, *Unfinished Encounter*, p.121. プロテスタント宣教師からも「中国の人々は彼ら（中国服を着る宣教師）をいんちきのにせ中国男と嘲笑っており、中国服着用が中国人の改宗を促すことはない」という批判を受けていた。*Chinese Recorder*, vol.3, 1870, p.255.

39 こうした傾向がプロテスタント伝道初期の宣教師によく見られる特徴であったことをドーソンも指摘している。Raymond Dawson, *The Chinese Chameleon: An Analysis of European Conceptions of Chinese Civilization*, Oxford University Press, 1967, pp.135-136. 本書には以下の邦訳がある。レイモンド・ドーソン著　田中・三石・末永訳『ヨーロッパの中国文明観』大修館、1971年。

40 1877年5月10日〜24日に開かれたプロテスタント宣教会議の記録には、教育や出版（secular literature）に関する活発な議論の模様が見える。その中でテイラーは反対論を先導している。*Records of the General Conference*, pp.196-203, pp.235-241. ただし内地会は、信者に聖書を読ませるためのローマ字教育には熱心に取り組んだ。彼らは聖書をローマ字化した方言に翻訳し（特に寧波語聖書が知られている）、非識字の信者たちに漢字ではなく、ローマ字を教えた。Broomhall, *Survivor's Pact*, Appendix 4, pp.397-399 ; Appendix 6, pp.401-402. Broomhall, *A Thousand Lives*, pp.246-248.

41 Timothy Richard, *Forty-Five Years in China: reminiscences*, Frederick A. Stokes company, 1916, pp.28-29. 本書の邦訳は以下のとおり。蒲豊彦、倉田明子監訳『中国伝道四五年　ティモシー・リチャード回想録』平凡社、2020年。

42 Kevin Xiyi Yao（姚西伊）, *Fundamentalist Movement among Protestant Missionaries in China, 1920-1937*, University Press of America, 2003. 姚によれば、両者の対立の萌芽が明確に現れるのは、1907年の宣教百周年大会においてである。Ibid, p.36. また保守とリベラルの対立は、異なる教派だけでなく、同一教派の中でむしろ深刻なレベルに及んでいたことを、姚は随所で指摘している。

第 2 章　プロテスタントの内地伝道と中国社会の「反発」

43　山東を中心に伝道活動を展開したティモシー・リチャードは、1870 年代に青州（現益都）や山西で大規模な飢饉に遭遇し救済活動を行ったが、この時の経験によって教育の重要性を認識するに至ったといわれている。洋務官僚との交わり、『時報』『万国公報』に発表した政治改革案、変法運動との関り、山西大学の設立等々の活動を通して、リチャードは直接的な福音伝道でない間接的な働きかけによって士大夫層を中心に「伝道」を実践した。テイラーとリチャードの違いについては、Latourette, *A History of Christian Missions*, p.388. Paul Cohen, "Missionary Approaches: Hudson Taylor and Timothy Richard," *Papers on China*, Vol.11 (Harvard University, 1957) を参照。コーエンは、両者の伝道手法、中国社会へのアプローチの仕方を対比的にとらえ、その違いには、神学理解の隔たりが関わっていると指摘し、両者ともに信仰復興運動の影響を受けつつも、テイラーは終末論に強く傾き「世俗」と「魂の救い」とを全く切り離したのに対し、リチャードは人間の魂だけでなく、この世の営みすべてが神の慈愛の下にあるとする自由主義的な神学理解に立っていたと述べている。また王立新は、両者を「基要派（Fundamentalist）」「自由派」とし、コーエンの考察を踏まえながら、さらに複数の宣教師を取り上げて両者の違いを論じている。その議論は精緻にして隙がないが、いささか類型的である。また「基要派は教会と信徒数の拡大に寄与し本色教会の発展の基礎を築き、自由派は中国の社会改革に寄与した」という結論は、コーエンの議論を踏襲するものである。なお、保守派（王立新いうところの基要派）が本色教会の発展の基礎を築いたという認識は、必ずしも妥当とはいえないことを付言しておく。王立新前掲書、26-59 頁。リチャードの神学的立場については、前掲『中国伝道四五年』巻末の倉田明子による解説が参考になる。
44　Paul Richard Bohr, *Famine in China and the Missionary: Timothy Richard as Relief Administrator and Advocate of National Reform*, Harvard University Press, 1972, pp.145-148.
45　Broomhall, *Hudson Taylor and China's Open Century*, V: *Refiner's Fire*, Hodder and Stoughton, 1985, p.147.
46　Ibid., pp.144-145.
47　Clarke and Gregory eds., *Western Reports on Taiping*, pp.231-237, pp.264-280.
48　湯普森（Thompson）著、趙欣、劉斌斌訳『楊格非　晩清五十年』天津人民出版社、2012 年。本書は、R. Wardlaw Thompson, *Griffith John, The Story of Fifty Years in China*（London: Religious Tract Society, 1906）の全訳である。大陸で出されたジョンに関する学術研究としては、宋莉華「街頭布道家楊格非及其漢文小説」『广东技术师范学院学报』（2010 年 3 月）、王磊『信仰与服務──楊格非的文字事工』（華中師範大学歴史文化学院修士論文、2012 年）。これらはいずれもジョ

181

ンの出版活動に焦点を当てたものである。本稿で Thompson の著作以外に参照した 1920 年代以前の伝記は次の通り。William Robson, *Griffith John, Founder of the Hankow Mission*, Fleming H. Revell, 1888. William Robson, *Griffith John of Hankow*, Pickering &Inglis, 1929. Nelson Bitton, *Griffith John, the Apostle of Central China*, London Missionary Society, 1928. なお William Robson の 1929 年の伝記は 1888 年版にほとんど手を加えないまま、初版当時以降のジョンの後半生についての叙述を書き足したものである。本稿では引用の際には、ジョン自身が目を通した 1888 年版を使用した。

49 矢沢利彦「グリフィス・ジョンおぼえがき」『駿台史学』第 18 号、1966 年。拙稿「華中伝道の祖グリフィス・ジョン（1832-1912）試論」『明治学院大学キリスト教研究所紀要』第 46 号、2014 年。

50 ジョンと王韜の関係については、宋莉華前掲論文、2-3 頁。王韜はジョン来華以前、ロンドン伝道会宣教師メドハーストに慫慂されて同会印刷所、墨海書館の編集者となっており、時折宣教師たちの伝道旅行に同行していた。王韜の日記には、咸豊四年（1854 年）に、メドハースト、ミュアヘッドらの松江、華亭、呉江、太湖洞庭山への布教に同行したことや、ジョンの助手として咸豊八年（1858 年）に江南郷鎮で一緒に布教したことが記されている。『王韜日記（増訂本）』中華書局、2015 年（2022 年重印）、110-118 頁、192-202 頁。

51 Richard Rovett, *The History of the London Missionary Society, 1795-1895*, Oxford University Press, 1899, pp.525-526.

52 宋莉華前掲論文、2 頁。

53 漢口租界建設については、李江「漢口租界の都市と建設」（大里浩秋、孫安石編『中国における日本租界―重慶・観光・広州・上海』お茶の水書房、2006 年所収）を参照。

54 Thompson, *Griffith John*, pp.126-137

55 洪仁玕のライフヒストリー、中でもキリスト教との出会いについては、倉田前掲書を参照。

56 Ibid., pp.145-149.

57 Ibid., p.162.

58 Ibid., pp.157-158.

59 ジョンはこの時の家を Kung-tian の家と記している。Griffith John, *A Voice from China*, James Clarke & Co., 1907, pp.193-194. 以下の文献によれば「漢正街金庭公店」だという。湖北省地方誌編纂委員会『湖北省誌　宗教』湖北人民出版社、1996 年、327 頁。武漢地方誌編纂委員会主編『武漢市誌』「人物誌」1999 年、851 頁。

第 2 章　プロテスタントの内地伝道と中国社会の「反発」

60　John, *A Voice*, p.194. Robson, *Founder*, p.63. Thompson, *Griffith John*, p.191.
61　John, *A Voice*, p.195.
62　Robson, *Founder*, pp.76-77.
63　『武漢市誌』「人物誌」851 頁。
64　Robson, *Founder*, p.60.
65　Robson, *Founder*, pp.65-77.
66　『湖北省誌　宗教』252 頁。劉志慶前掲書、255 頁。
67　同治二年十月九日（1863 年 11 月 19 日）「總署收湖廣總督官文函」『教務教案檔』第一輯（三）1122 頁。官文はそれ以前にも漢陽府、武昌府内にあったとカトリック側が主張する旧財産返還を巡ってフランス側と交渉を重ねていた。『教務教案檔』第一輯（二）985-995 頁。
68　Robson, *Founder*, p.67.
69　Thompson, *Griffith John*, p.210.
70　Robson, *Founder*, p.73.
71　Thompson, *Griffith John*, p.211.
72　ジョンがここに建てた教会崇真堂（116 頁写真）は、現在同じ場所で三自愛国教会傘下の教会として運営されている。
73　Thompson, *Griffith John*, p.211.
74　Gibbard, *the Apostle*, p.79.
75　John, *A Voice*, pp.123-124.
76　Alexander Wylie, *Memorials of Protestant Missionaries to the Chinese*, American Presbyterian Mission Press, 1867, p.238.
77　ジョンは『教会新報』289 号（1874 年）に「湖北倫敦会伝教略」という文章を寄せ、中国人の助手たちに触れている。沈については「上海にいる時南京方言で私を手伝ってくれた。漢口に来てから不便になってしまったので、1862 年に沈に来てもらい今年で 13 年、この地にずっと住んでいる。沈は午前中は書房で編集の仕事をし、午後は教会で伝道し、会衆と交流し、真摯に主に仕えている」と述べている。楊格非「湖北倫敦会伝教略」『教会新報』1874 年 289 号、二百六十九頁。『教会新報』は、アメリカ南メソジスト監督教会の宣教師、ヤング・ジョン・アレンが 1868 年 9 月に上海で創刊し編集責任を負っていた雑誌である。6 年後の 1874 年に雑誌名を『万国公報』に改め、中国人知識人向けに一般的な内容を扱うようになった。
78　ジョンの著作は一点を除いてすべて沈の助けを得て書かれた。Thompson, *Griffith John*, pp.213-214.
79　Wylie, *Memorials*, p.238.

80 Ibid., p.238. ワイリーの書誌では1864年に上海で出版された『訓子問答』はジョンの著作とされているが、『辟邪紀実』巻中「批駁邪説」の項（二十八頁b）には「教匪沈子星著」とある。
81 ジョンの著作は、北京国立図書館に数冊所蔵されているほか、現在オーストラリア国立図書館に所蔵されている London Missionary Society Collection の中にあり、こちらはオンラインでデジタルバージョンを閲覧することができる。https://catalogue.nla.gov.au/Search/Home?lookfor=author:%22John,%20Griffith,%201831-1912%22&iknowwhatimean=1&filter[]=author-cluster:%22John%2C%20Griffith%2C%201831-1912%22&sort=sort_title_asc&page=2&sort=sort_date_desc&page=1&sort=sort_date_asc&page=1 （2021年2月22日取得）。ここに収められているのは、全部で41冊、内訳は時間をおいて復刊されたものが7点、新約聖書の浅文理訳、官話訳あわせて10点である。浅文理訳とは、知識人向けの文語訳（深文理）や北京の方言である官話訳は民衆には理解が難しいと考えたジョンが、読みやすい漢語に訳し直したもの。最も早い時期の著作は、児童向けの『耶穌聖教三字経』（漢口聖教書局、1880年）である。なおこのコレクションにはジョンが上海で出したものや漢口伝道初期のものは入っていない。ジョンの1864年以前の著作目録は、前掲のワイリーの書誌 Memorials of Protestant missionaries to the Chinese で確認することができる。漢口伝道初期の1862年に出版された『天路指明』のデジタルバージョンについては、注147を参照のこと。
82 Thompson, *Griffith John*, p.332.
83 *The North China Herald*, 28 Aug. 1868.
84 ロンドン伝道会宣教師メドハーストの息子として1822年、マカオに生まれた。正式に上海領事に任命されたのは1871年だが、1868年から領事職務を遂行していた。
85 Marshall Broomhall, *The Jubilee Story*, pp.54-55.
86 同治七年八月四日（1868年9月19日）「總署收上海通商大臣文　附揚州府等稟英教士函麥領事申陳及批箚等共十七件」『教務教案檔』第二輯（二）593-597頁。揚州教案直後の中国側の遅々たる対応に苛立っていたイギリス側は、この事件によってさらに態度を硬化させた。
87 同上、576頁。
88 Statement of circumstances connected with an outrage committed on the China Inland Mission at Yang-chow, on the 22nd and 23rd of August 1868. *British Parliamentary Papers*, China No.2（1869）, Correspondence Respecting the Attack on British Protestant Missionaries at Yang-chow-foo, August 1868, Inclosure 2 in No.2, p.8.

第 2 章　プロテスタントの内地伝道と中国社会の「反発」

89　Broomhall, *Refiner's Fire*, p.76, p.79.
90　『教務教案檔』第二輯（二）577 頁。
91　同上、581、608-609 頁。Statement of circumstances connected with an outrage committed on the China Inland Mission at Yang-chow Foo, *British Parliamentary Papers*, China No.2（1869）, Correspondence Respecting the Attack on British Protestant Missionaries at Yang-chow-foo, August 1868, Inclosure 2 in No.2, pp. 3-4.
92　『教務教案檔』第二輯（二）576-577 頁。
93　同上、577-578 頁。
94　同上。
95　総理衙門が同治四年正月二十八日（1865 年 2 月 20 日）に両江総督曾国藩と江蘇巡撫李鴻章宛の書簡でベルテミー協定のたたき台となる文案とともに提示したもの。事前通告を義務付けた文言全体は以下のとおり。「至賣業之人，嗣後須令於未賣之先報明該處地方官，請示應否准其賣給，由官酌定准否，方准照辦。不得徑將已業私行賣給。如有私賣者，立加懲處。」「總署致上海通商大臣函　附另函」『教務教案檔』第一輯（一）54 頁。Cohen, *China and Christianity*, p.147.
96　『教務教案檔』第二輯（二）596 頁。
97　*British Parliamentary Papers*, China No.2, p.8.
98　『籌辦夷務始末』同治期、巻五十、同治六年九月乙丑（十五日［1867 年 10 月 12 日］）「奕訢等奏籌修約請飭各將軍督撫大臣各抒所見摺」［2119-2121 頁］、同治六年九月乙丑「延寄　據上摺著曾國藩等十八人妥籌速奏」［2122 頁］。
99　『籌辦夷務始末』同治期、巻五十、同治六年九月乙丑「總理衙門條説六條」［2124-2127 頁］。
100　回答した督撫は、左宗棠（陝甘総督）、瑞麟（両広総督）、都興阿（盛京将軍）、官文（直隷総督）、曾国藩（両江総督）、李鴻章（湖広総督）、英桂（福州将軍）、呉棠（閩浙総督）、李瀚章（江蘇巡撫）、崇厚（三口通商大臣）、郭柏蔭（湖北巡撫）、劉坤一（江西巡撫）、李福泰（福建巡撫）、馬新貽（浙江巡撫）、丁寶楨（山東巡撫）、沈葆楨（江西巡撫）、蔣益澧（広東巡撫）。このうち都興阿と劉坤一は「伝教」についての見解は提出していない。
101　『籌辦夷務始末』同治期、巻五十五、同治六年十二月乙酉（初六日［1867 年 12 月 31 日］）「李福泰條説」［2277-2278 頁］。
102　『籌辦夷務始末』同治期、巻五十五、同治六年十二月乙酉「郭柏蔭條説」［2281 頁］。
103　『籌辦夷務始末』同治期、巻五十三、同治六年十一月庚午（二十一日［1867 年 12 月 16 日］）「沈葆楨條説」［2199-2200 頁］。原文は「耶穌教以清淨為宗，雖是非謬

於聖人、可以僧道之流待之。天主教則納汙蔵垢、無所不為、淵藪捕逃、動與地方官為難、名爲傳教、實則包蔵禍心、正士良民、不勝憤疾之情、致有戕殺之擧。」

[104] 『籌辦夷務始末』同治期、巻五十三、同治六年十一月庚午「附呈廣東候補道葉文瀾條説」［2205頁］：「附呈福建莆田縣學訓導吳仲翔條説」［2208-2209頁］：「附呈福建侯官學生員林全初條説」［2213頁］。

[105] 『籌辦夷務始末』同治期、巻五十五、同治六年十二月壬午「李鴻章條説」［2261-2262頁］。「教士專於引誘無頼窮民、貧者利其資、弱者利其勢、犯法者利其捕逃、往往慫通教主與地方官相抗。因習教而縱奸徒、固為地方之隱患、因傳教而召黨類、尤蔵異日之禍根。」

[106] 同上「督撫大吏慎選牧令、以教養為亟、實行保甲以別淑慝、崇禮明儒以資勸化、多設善堂以賙困乏、此治本之説也。堅守舊約章程、教士不得絲豪干預地方公事、教民與常人爭訟、照例由地方官訊辦、紳民欺陵習教人、地方官秉公從速辦結、内地無教堂舊基、不得擅自私買立堂、此治標之説也。」

[107] 『籌辦夷務始末』同治期、巻五十四、同治六年十一月壬申「曾國藩奏議覆修約事宜摺」［2226-2228頁］。「雖百計開拓、亦終鮮寄信之者。況各省郡縣、多立教堂、業已拓之無可再拓。將来修約之時、該國如於此條瀆請不已、似可許以隨時行文、保護彼教、但不必再添條款、諒不至更肆要求矣。此數端者、其害稍輕、不特不與力爭、並可有求立應。獨至鐵路輪船行鹽開棧等事、害我百姓生計、則當竭力相爭。」

[108] 『籌辦夷務始末』同治期、巻五十二、同治六年十一月戊辰「丁寶楨奏議修約事宜摺」［2187-2188頁］。

[109] 蘇萍『謠言与近代教案』上海遠東出版社、2001年、17頁。

[110] Broomhall, *Refiner's Fire*, p.92.

[111] 揚州知府は曾国藩に、眼や脳が抉られているという事実はなく、噂が噂を呼び、民衆は育嬰堂がフランス人宣教師の建てたものだとも知らずにテイラー宅前に集結したと報告している。『教務教案檔』第二輯（二）578-579頁。

[112] 同上、584頁。呂實強「揚州教案與天津教案」251頁。育嬰堂の管理を任されていた信徒の陸榮仁は、李得義の貧苦に同情し、日給70文で埋葬の仕事を与えたという。テイラーもまた事件の発端は、人を雇って堂内で病死した幼児の遺体12体を埋めさせた陸榮仁の「無分別な」行動にあると述べている。Broomhall, *Refiner's Fire*, p.92.

[113] 『教務教案檔』第一輯（二）833-840頁には、李鴻章が受け取ったフランス領事の要請とそれに対する李鴻章の回答、および調査を命ぜられた揚州知府の調査結果を報告する李鴻章宛の書簡が掲載されている。知府の報告によると、揚州市甘泉県郊外に康熙四十三年の文字が刻まれている外国人の墓があり、摩耗して消えか

第 2 章　プロテスタントの内地伝道と中国社会の「反発」

かった碑文から、順治十六年に大里亜国人（イタリア人）宣教師が来華し江南地方で布教したことが読み取れたという。明らかにカトリック旧財産は存在したが、当局はこの墓地はフランスの所有ではないので、返還の必要なしと判断した。同上、835-837 頁。揚州知府はこの事情を 1866 年 10 月にセキンガーにも直接伝えた。また土地の入手を希望するセキンガーに対し、売り手と買い手を官に報告し、宣教師名義では購入しないよう注意している。同上、895 頁。

114　1867 年の面会の模様は、『教務教案檔』第二輯（二）574-575 頁に見える。
115　同治六年十一月二十九日「揚州府孫恩壽稟」同上、574-575 頁。同治七年七月初十日「揚州府孫恩壽会稟第二次」同上、580-581 頁。
116　同治六年十二月初三日付、曾国藩による決裁文書、同上、575 頁。
117　同上、575 頁、580-581 頁。揚州知府は、曾国藩に質されて初めて賃借の経緯を調べた。
118　同上、582 頁。
119　同治七年九月二十一日（1868 年 11 月 5 日）「総署収両江総督曾国藩文」『教務教案檔』第二輯（二）646 頁。
120　大谷敏夫『清代政治思想史研究』汲古書院、1991 年、274-304 頁。
121　英傑修、晏端書編『続纂揚州府志』巻之三、同治十三年、七頁。「迨道光庚寅辛卯間塩法一変，運司兪德淵力社冒濫，而堂之用毎年仍需二万数千。」
122　清朝期の育嬰堂経営については、夫馬進『中国善会善堂史研究』（同朋舎 1997 年）の第 4 章、第 5 章を参照。同書の序章ではキリスト教宣教師たちが中国の育嬰堂、養済院といった福祉施設をどのように見ていたかが論じられている。
123　矢沢俊彦編訳『イエズス会士中国書簡集 4　社会編』平凡社、1973 年、105-107 頁。宣教師本人は、子どもに洗礼を授けに行こうとはしなかった。この報告を書いたイエズス会宣教師のゴービルは「一宣教師が女たちがいっぱいいる家の中に入るということは礼儀にかなったことではない」上に、彼の経験上、役人たちには宣教師と育嬰堂が関係していることを明かさないことが肝要であると述べている。同上、106 頁。
124　同上、63-69 頁。
125　Cohen, *China and Christianity*, p.365. 蒲豊彦「長江流域教案と"子供殺し"」『長江流域社会の歴史景観』京都大学人文科学研究所付属現代中国研究センター研究報告、2013 年 10 月、294 頁。
126　湖南省は曾国藩の出身地であり、彼が率いた湖南人からなる湘軍は、太平天国の西征軍を迎え撃ち、いったんは奪われた湘潭県を奪還、さらに太平軍が占領していた湖北省の武昌をも奪回した。太平軍との激しい攻防は、湖南の人々の太平天国＝キリスト教に対する憎悪をさらにかきたてることになった。この激戦および

太平天国全般については、菊池秀明『太平天国——皇帝なき中国の挫折』（岩波新書、2020 年）を参照されたい。
127 Cohen, *China and Christianity*, pp.277-281.
128 佐々木正哉「同治年間教案及び重慶教案資料」（上）『東洋学報』第 46 巻第 3 号、1963 年、91 頁。
129 王明倫『反洋教書文掲帖選』斉魯書社、1984 年、10 頁。本書には、湖南省出身の周漢という人物が作成した反キリスト教の文書が多数収録されているが、その中の「謹遵聖諭辟邪」には、「同里崔五子先生輯『辟邪紀実』一書, 隠其名日天下第一傷心人, 避鬼鋒也」とある（176 頁）。この崔五子が崔暕を指すという。董叢林『晩清教案危機与政府応対』中華書局、2018 年、362、376 頁。
130 筆者が調べた限りでは、1861 年と 1862 年の公刊年を指摘しているのはコーエンのみで、呂実強は 1861 年公刊として「批駁邪説」を検討し、蒲豊彦は跋文を根拠に 1862 年としている。
131 呂実強「晩清中国知識分子反教言論的分析之一　反教方法的小倡議（1860-1898）」『近代中国知識分子反基督教問題論文選集』財団法人基督教宇宙光全人関懐機構、2006 年。
132 「上帝子, 何假人生？人既有罪, 何為代贖？耶穌未生前, 宇宙權果操自何人, 既謂肉身升天, 何更有墓而使人拜, 荒謬之極, 數語中便數自矛盾。」『辟邪紀実』巻中「雑引」一頁。
133 「育嬰堂之設, 原恐人之生子多者, 輒行自溺, 故好善者出資建堂為收養計, 誠義舉也。但近日亦不無流弊, 未數歳即聽人領受。致有廣匪領去, 私取其腦髓心肝, 賣與西洋爲三仙丹, 此不可不嚴密查究。」同上、十三頁。
134 「天主邪教諸書, 予所見不下百種, 皆無一事一言不可批駁者, 卽批之亦無暇盡批。今晨偶閲教匪新刻妖書數種, 隨手批駁數十條, 增雜引後。」『辟邪紀実』巻中「批駁邪説」十四頁。
135 ミルンはマラッカに滞在していた 1819 年に『張遠両友相論』という二十頁の書物を出版した。キリスト教徒の張と非キリスト教徒の遠の 12 の対話で構成されている本で、ミルンの死後もオリジナルの再版と改訂版の出版が何度も行われた。『甲乙二友論述』はオリジナルの改訂版で二十二頁、12 の対話が 10 に圧縮され、10 番目はエドキンスが執筆している。1858 年と 1861 年に上海で出版された。Wylie, *Memorials*, pp.16-17.
136 初版は上海で 1846 年に出版された。その後数度の再版、改訂版出版を経て、1858 年にエドキンスによる改訂版が、メドハーストを追悼する文章入りで出版された。1862 年にも追悼文を削除したうえで同じ版が出ている。Ibid, pp.33-34.
137 『訓子問答』は子どものための教理問答で、1864 年版は二十二頁。最後は主の祈

第 2 章　プロテスタントの内地伝道と中国社会の「反発」

り、朝と夕の祈り、食前と食後の感謝の祈り、十戒が掲載されている。Wylie, *Memorials*, p.328. 現在、オックスフォード大学に付属するボドリアン図書館が1864 年版（上海墨海書館印）のデジタル版を公開している。https://iiif.bodleian.ox.ac.uk/iiif/viewer/?iiif-content=https://iiif.bodleian.ox.ac.uk/iiif/manifest/f1b2d94b-32bd-42b3-aa95-4705bfc40fca.json#?c=0&m=0&s=0&cv=2&r=0&xywh=-3275%2C0%2C10453%2C5848（2024 年 10 月 31 日最終確認）

[138] 1897 年に英国教会伝道協会とロンドン伝道会が、それぞれ常徳と岳州に伝道の拠点を設置した。China Continuation Committee, *The Christian Occupation of China*, 1922, p.92.

[139] 「挨家必立五家互結牌，各具保結，如査出一家有従邪教者，五家聯座。五家中或有知情先行聲揚者免坐，並不究前誤結之事。」『辟邪紀実』坿巻「団防法」八頁。

[140] 「凡外来醫者卜星相，及一切形跡可疑人，無論何人遇見，速即捉送團總處，嚴行究詰，如身間搜出有邪教符咒等事，即憑衆治死，即未搜出確據亦嚴遂出境，不許暫留遇見。」同上。

[141] 「凡城闕宜鑿耶穌釘死十字架形，按其形無鬚赤身散髮，兩手橫布，左足加右足上，首右偏，馬頭及各要隘，均鑿此形，至街市郷村地面，及挨家門闕，必鑿十字架形。」同上、七頁。

[142] 呂実強、「晩清中国知識分子反教言論的分析之一」29 頁。

[143] 「噶羅巴馬頭，石鑿十字架於路口，武士露刃夾路立，商其國者，必踐十字路，否則加刃，雖西人亦不敢違，又埋耶穌石像於城闕，以踏踐之。」「案證」二頁。「噶羅巴」は「爪哇国」（ジャワ）を指す。『澳門紀略』は雍正期の終わりから乾隆帝の時期まで広東省中心に地方官を務めた張汝霖と印光の二人が記録した地方志である。

[144] 「河口各船遍刻十字，以防英夷，各船戸不准渡夷過河。」「五門各街口塾大石一塊，上刻十字，令英夷不敢進街。」「英夷進城，各店不准留宿。凡店門口皆書十字。」「英夷進城，五門紳士卽約中人將彼脚心刺成十字，以墨塗之，使彼自叛其教。」光緒二年二月十四日（1876 年 3 月 9 日）「總署収河南巡撫李慶翺函及附件」『教務教案檔』第三輯（一）589 頁。呂実強は、林昌彝が著した「闢邪教議」（『小石渠閣文集』）の十字架に関する記述を引きながら、この資料にも触れている。呂実強、「晩清中国知識分子反教言論的分析之一」91-92 頁。

[145] 「実藤恵秀訳「汪鵬　袖海編」『長崎県史　史料編第三』吉川弘文館、1966 年。松浦章「清代雍正期の童華『長崎紀聞』について」『関西大学東西学術研究所紀要』33、2000 年 3 月。松浦論文の巻末に『長崎紀聞』全文が掲載されている。

[146] 同治元年三月十六日（1862 年 4 月 14 日）「總署収江西巡撫沈葆楨文　附湖南閣省公檄原單二件」『教務教案檔』第一輯（二）919 頁「日本鑄耶蘇之像，置海濱及通

衢間，令過者汚穢而踢擊之。」この部分は、日本でこれだけの屈辱を甘受するキリスト教には何の理もない、という文脈で語られている。

147 https://iiif.bodleian.ox.ac.uk/iiif/viewer/?iiif-content=https://iiif.bodleian.ox.ac.uk/iiif/manifest/ea66d86f-fcea-4a9e-8a22-f9d6a8d85e12.json#?c=0&m=0&s=0&cv=3&r=0&xywh=-4588%2C0%2C12830%2C6208 （2024 年 9 月 18 日最終確認）

148 https://nla.gov.au/nla.obj-47623217/view?partId=nla.obj-47623529#page/n3/mode/1up （2024 年 9 月 18 日最終確認）

149 「大英楊格非牧師，以上帝眞路，勸吾輩率循，口講指畫、雖暑雨祁寒，未之或輟，又慮聴者，不明聖経大旨，過耳易忘，不若提繫綱領，解析精詳，得二十篇名所著之書曰天路指明。」沈子星「敘」『天路指明』一頁。

150 「天主邪教集説」『辟邪紀實』卷上、五頁。

151 「上帝既無形象，果誰實見其造有形象之天地耶。若工師實共見其造屋宇，無不見其形象者也。」「批駁邪説」十四－十五頁。

152 「謂上帝三位一體，為父子聖神，父萬物之本，子代人贖罪，救人靈魂，聖神之功用，即感化人心。・・・試問父子聖神，既謂爲三，復謂爲一，齗牙妄辯自爲顛倒。且子指耶穌爲上帝屈已降世，已極荒謬。」同上、十六頁。

153 「人之理，有夫婦始有父子，上帝降生，不用此法，由夫婦之道，從慾而生也，所生之子，有慾念惡根在，即是罪人，以罪人而救罪人，能乎，不能也。故我等之救主耶穌，非由夫婦之道，即無所不能之上帝，大顯其妙化之功，感童女馬利亞有娠而生焉。」『天路指明』七頁。「批駁邪説」十六頁。

154 「降生之故條内，謂天下人不分中外，自君相以至士庶，皆爲犯法至人。試問中國歷來不少聖君賢相，正士端人，亦皆在犯法之列耶。」「批駁邪説」、十七頁。

155 「・・・謂耶穌來救罪人，代死而流寶血，以滌除人罪，及舍此寶軀，以贖世罪。且謂罪惡滔天罪比邱山，皆可藉耶穌天高地厚海深之功而抵免，使離暗府而升明宮。試問罪非猶物，血何以滌，世罪亦眾，一身何能盡贖。」同上、十七頁。

156 「試問耶穌既能苦心救世代人贖罪，釘死復活。何不長在人世救人，而必遣人代之耶。且所遣之聖神，誰實見之耶。」同上、十八頁。

157 「謂有事相助，有善相勸，有喜相慶，有憂相憐，有不足相資給，此自然之理，不得爲功。試問咉咈諸夷，固皆天主教之流，亦會能此自然之理耶。所謂有事相助者，殆資粤賊以軍械糧米也。有善相勸者，殆勒人從彼邪教而大肆姦淫也。有喜相慶者，殆在戮拂彼之正人以盡絶之爲快也。有憂相憐者，殆助從彼邪教之當道免禍而得福也。有不足相資給者，殆夥粤閩浙諸匪徒巧取中國之財，惟恐網羅不盡而自富其國也。」同上、十七頁。

158 「上帝感化人心條内，謂昔者孔子抱道不行，有莫知之歎。且謂必上帝之神感化人心，此心始可得而正，無論何国大聖大賢，以格物等法正人心，有名無實。試問彼

第2章　プロテスタントの内地伝道と中国社会の「反発」

教何事不得罪孔子，而反援孔子以自證耶。人心待上帝感化而始正，何若盡生正人，不待感化之猶愈耶。大聖大賢之正人心有名無實，果何所見。而彼之教絶無人心者，反爲有名有實耶。」同上、十九～二十頁。

159 「謂有日諸邪教滅亡，各惡事淨盡，寰海變成新世界，無人不恭敬上帝，且愛人如己，此必成功之事也。試問，諸邪教滅亡者，孔孟之教耶，佛老之教耶。孔孟之教，固昭如日星。即佛老之不軌于正，豈若彼教之邪窮凶惡極乎。」同上、二十一頁。

160 「謂近有耶穌教士來爾中土，宣聖道頒聖書，已歷五十餘年之久。舉國人民，俱應悔改信主，究之信者少，不信者多，此亦顯爲人心邪壞之憑。故爾華人按上帝律法，實皆有罪。試問人心邪壞之憑，華人之罪，在有綱常名教耶。幸信者少，不信者多，向使驅中國而盡妖族之，則予亦無挿身之地矣。」同上、二十一～二十二頁。

161 この点は、呂実強も指摘するところである。呂は、『辟邪紀実』をも含むいくつかの破邪論を論じ、良知良能を備える人間はだれでも堯舜になり得ると考え、君臣、父子、長幼、男女の正しい秩序を重んじる儒家の伝統からは、原罪と神の救い、神の前の平等を説くキリスト教は許しがたいものであったと述べている。呂実強『中國官紳反教的原因』12-60 頁。

162 同治元年三月十六日（1862 年 4 月 14 日）「總署収江西巡撫沈葆楨文　附湖南閤省公檄原單二件」『教務教案檔』第一輯（二）915-920 頁。佐々木前掲論文、79 頁。倉田明子による南昌教案の解題と「湖南閤省公檄」の全訳もあわせて参照。『新編 原典中國近代思想史 1. 開国と社会変容』岩波書店、2010 年、321-328 頁。

163 「楚南長沙湘潭一帶，傳教之奸民，相與誇耀其事，以爲吐氣揚眉，復見天日，楚之紳士聞而惡之，乃撰為公檄，議黜天主教。」夏燮『中西紀事』二十一卷、二～四頁。

164 『教務教案檔』第一輯（二）916-920 頁。

165 育嬰堂への言及はないが、「邪教十害条」は子どもの被害に触れ、男子児童が額に水をたらされたり膏薬を貼られたりして、精が抜き取られるという害を挙げる。

166 同治元年七月八日（1862 年 8 月 10 日）「總署収湖南巡撫毛鴻賓咨」『教務教案檔』第一輯（二）1066-1097 頁。王明倫は、この文書と夏燮『中西紀事』二十一巻の記事を根拠に「湖南閤省公檄」は咸豊十一年に公刊されたとしている。その可能性は高いであろうが、これらの資料で言及されている檄文が「湖南閤省公檄」と同一であることを示す資料はない。王明倫前掲書、6 頁。

167 佐々木正哉は「湖南公檄」は『辟邪紀実』に「似ていることから」前者は後者に基づいて作成されたのではないかと推測しているが、どちらがどちらに影響を与えたのかを明確に判定することは難しい。さらに両者を比較してみると明らかな引用は見当たらないので、その点からも「湖南公檄」が『辟邪紀実』に基づいて作成されたとは断定できない。佐々木前掲論文、91 頁。

168 同上、86-87 頁。「江西閤省士民公檄」「贛州閤郡士民公檄」の二書は、「湖南閤省公檄」「邪教十害条」とあわせて、アノーが九江のイギリス領事に提出し、そこからオールコックに転送された。掲帖の流布を問題視したオールコックは総理衙門に対し、これらの文書を添付して禁止を求める申し入れを行った。同治六年三月十六日（1867 年 4 月 20 日）「總署收英國阿禮國函　附湖南閤省公檄江西閤省士民公檄贛州閤郡士民公檄」『教務教案檔』第二輯（二）861-868 頁。

169 佐々木前掲論文、92 頁。董叢林前掲書、362 頁。

170 The Gentry and People, *Death Blow to Corrupt Doctrines, A Plain Statement of Facts,* Shanghai, 1870, p.iii.

171 同治二年五月二十五日（1863 年 7 月 9 日）「總署收湖南巡撫毛鴻賓咨」『教務教案檔』第一輯（二）1118 頁。蒲豊彦も同様の指摘をしている。蒲前掲論文、282 頁。佐々木正哉は前掲論文で、大英博物館に所蔵されている同治九年六月（1870 年 7 月）付けの「辟邪実録序」を紹介しているが、オリジナルからの英訳に「序」に当たる文章は入っていない。「序」は重刊の際に加筆されたものと考えるのが妥当であろう。

172 Acting Consul Mayers to Mr. Wade, September 7, 1870. *British Parliamentary Papers,* China No.1 (1871), Papers Relating to the Massacre of Europeans at Tien-Tsin on the 21st June, 1870, Inclosure 1 in No.105, p.166.

173 *Death Blow to Corrupt Doctrines,* pp.v-vi.

174 「有人造言、以該洋人在此収養幼嬰、意図蒸取脳髄、無悪不作、必須驅逐等語、粉々傳貼匿名掲帖」「拠揚州府稟、英法教士在揚開教租屋現在情形一件」「百姓妄造謡言、誣弟開堂育嬰、暗將嬰兒烹食。」『教務教案檔』第二輯（二）577 頁。「拠揚州府第二次稟。已將戴教士送至瓜洲出江。錄送教士原函一件」同上、581 頁。

175 「現有教鬼傳教、到我淮城擾鬧。天父天母、總是言乱道。喫他丸薬糊塗、祖宗牌位不要。節婦養幼両堂、拿錢哄人入教。婦女聽他奸淫、昏糊不顧恥笑。小孩受害更狠、眼睛被他挖掉。」同上、655 頁。

176 同上、633 頁。

177 同上、633-634 頁。

178 Statement of circumstances connected with an outrage committed on the China Inland Mission at Yang-chow Foo, *British Parliamentary Papers,* China No.2, Inclosure 1 in No.2, p.4.

179 Ibid., pp.3-4.

180 教案後の補償交渉の過程で、イギリス側は教案発生以前のテイラーの善処要請に対し、知府が誠実であれば事件は未然に防げたはずだと揚州府の「要請無視」を非難した。Ibid., p.2.

第 2 章　プロテスタントの内地伝道と中国社会の「反発」

181 Austin, *China's Millions*, p.129.
182 Broomhall, *The Jubilee Story*, p.58.
183 Ibid., p.105.
184 Ibid., pp.101-104.
185 Consul Medhurst to Sir R. Alcock, Nanking, September 15, 1868. *British Parliamentary Papers*, China No.2, Inclosure 1 in No.3, p.13.
186 Consul Medhurst to Sun, Prefect of Yang-show-foo, Chin-kiang, September 2, 1868. Ibid., Inclosure 5 in No.3, pp.17-19.『教務教案檔』第二輯（二）616-618 頁。
187 私信全文は *British Parliamentary Papers*, China No.2, p.9. 私信によると晏端書は前両江総督で曾国藩の同学の友、廣伯宇は曾国藩の門下生である。また、『続纂揚州府志』は呉文錫が曾国藩の恩師の弟であると伝えている。『続纂揚州府志』巻之九（同治十三年刊）四十六～四十七頁。晏端書は同府志の編纂者でもある。なおメドハーストは私信の入手経路を明らかにしていない。
188『教務教案檔』同上、622-623 頁。
189 Consul Medhurst to Sir R. Alcock, Chin-kiang, September 17, 1868. *British Parliamentary Papers*, China No.2, Inclosure 8 in No.3, pp.20-22.『教務教案檔』同上、619-623 頁。
190『教務教案檔』第二輯（二）622、635、639 頁。事件後揚州府が教案の容疑者として四人の中国人を逮捕したことも、知識人の処罰を拒否する根拠となっていた。同上、583、622 頁。
191 Sir R. Alcock to Lord Stanley, Peking, October 12, 1868. *British Parliamentary Papers*., China No.2, No.8, p.31.
192 同上、628-629 頁。
193 同上 598 頁のオールコック書簡、および *British Parliamentary Papers*, China No.2, p.4 のテイラーの証言。
194『教務教案檔』同上、638-641 頁のメドハーストの曾国藩宛て書簡とそれに対する曾国藩の見解。メドハーストは曾国藩の紳士処罰拒否を厳しく批判し、再度逮捕を要求するが、同時に初めて葛某に触れ、その処分を求めている。曾国藩はメドハーストがそれまでの書簡で触れたことのない葛某の逮捕を求めてきたことを詰りながらも、迅速な対応を約束した。
195 同上、681 頁。
196 Consul Medhurst to Sir Alcock, Chin-kiang, November 6, 1868, *British Parliamentary Papers*., China No.2, Inclosure 2 in No.12, p.43.
197 この時の交渉では、揚州教案と並んで、鎮江でテイラーの居住が妨害された教案と淮安でイギリスの貿易活動が妨害を受けた事件も重要な案件であった。『教務

教案檔』第二輯（二）686-688 頁。
[198] 揚州での最終交渉の際、メドハーストは、テイラー等を中国側が捕らえた3人の容疑者に会わせる手配をしたが、確認できたのはそのうち1名だけだった。テイラーはメドハーストに、事件から2か月経っており、紳士の犯行を裏付ける各種のビラも事件の際燃えてしまって、何の証拠も記憶も残っていないので、紳士の名前を特定することは遺憾ながら困難であると述べた。Consul Medhurst to Sir Alcock, Yang-chow, November 20, 1868, *British Parliamentary Papers*, China No.2, Inclosure 1 in No.17, pp.59-61.
[199] 合意内容は、Ibid., p.72 および同治七年十月二十六日（1868年12月9日）「總署收上海通商大臣會国藩馬新貽文　附麥領事申陳及箚復等共五件」『教務教案檔』第二輯（二）684-689 頁。689 頁には、石柱に彫られた告示文の内容が掲載されている。
[200] 同上、727 頁。
[201] 同上、723-726 頁。
[202] 同上、737 頁。
[203] 同上、593-594 頁。
[204] 同上、594-595 頁。
[205] 曾国藩は総理衙門への報告で「揚州と鎮江は隣接していて、鎮江の人々は好ましくないとわかっていることを次々真似ていて、外国人とは全く共存できなくなっている」と述べている。同上、676 頁。
[206] 同上、597 頁。
[207] 同治七年十二月十四日（1869年1月26日）「總署收湖北巡撫何璟文　附契約紹會揭帖共六件」『教務教案檔』第二輯（二）1008-1014 頁。契約書全文は 1010-1012 頁に見える。
[208] 同上、1008 頁。
[209] Consul Caine to Captain Heneage, Hankow, October 29, 1868. *British Parliamentary Papers*, China No.8 (1869), Inclosure 2 in No.1, p.2.
[210] Sir R. Alcock to Consul Caine, Peking, January 12, 1869. *British Parliamentary Papers*, China No.8, Inclosure 4 in No.1, p.3.
[211] 『教務教案檔』第二輯（二）1008-1010 頁。
[212] 同上、1014-1015 頁。
[213] 伝道地先で被害に遭った宣教師を、イギリス政府もアメリカ政府もあくまで一国民として保護したことは、外交史家顧維鈞も指摘するところである。例えばアメリカ公使デンビーは、1886年米国国務長官ベイヤード宛書簡で、「宣教師は単に一市民（もしくは臣民）であり、その権利を考慮する際には彼の目的の神聖さが

第 2 章　プロテスタントの内地伝道と中国社会の「反発」

問題にされることはない」と述べた。Koo, The States, pp.309-310.
[214] 坂野正高『近代中国政治外交史』289-293 頁。
[215] The Earl of Clarendon to Sir. R. Alcock, Foreign Office, January 14, 1869. British Parliamentary Papers, China, No.2, No.18, pp.63-64.
[216] オールコックに対する批判は揚州教案の対応のみならず、同時に他の場面で立て続けに取られた武力行使をも根拠としていた。1868 年 4 月に台湾の鳳山でイングランド長老教会の関係者が殺害された際には、第 1 章で述べたとおり、イギリス海軍が出動し、安平砲台を攻撃し、多数の死者を出した。ただこの事件は、樟脳貿易の専売をめぐる清朝との対立がからんでいたため、揚州教案ほど宣教師攻撃の材料にはならなかったといえる。さらに、1868 年 12 月、潮州の開港を宣言した後オールコックの一任を受けたイギリス海軍は、開港に根強く反対する人々の妨害を防ぐため、翌 1 月、二つの村を攻撃し焼き払ったが、これは現地当局および海軍の独断として、厳しく批判された。佐々木正哉「清末排外運動の研究」『近代中国』第 12 巻、厳南堂書店、1982 年。72-111 頁。こうした現地当局の姿勢は、新政権の方針に抵触するものであり、オールコックはその責任を問われることになった。オールコックとクラレンドンのやり取りに関しては、Cohen, China and Christianity, 1963, pp.188-194。
[217] Sir R. Alcock to Lord Stanley, Peking, September 11, 1868, British Parliamentary Papers, China. No.2, No.5, p.26.
[218] Koo, The Status, p.316.
[219] タイムス紙が最初に揚州教案の記事を掲載したのは 1868 年 12 月 1 日である（上海特派員による 10 月 13 日付の記事）The Times, December 1, 1868, p.5. この 2 日後にはタイムス紙記者が揚州教案を取り上げ「マルコ・ポーロが最初にヨーロッパに紹介した都市（揚州）で、リナルド（砲艦）の武器の庇護のもと福音が説かれたことは間違いない」と記し、軍事力による宣教師保護を批判した。The Times, December 3, 1868, p.9.
[220] The Secretary to the London Missionary Society to the Earl of Clarendon, Mission House, February 5, 1869. British Parliamentary Papers, China. No.2, No.25, p.77.
[221] Mr. Hammond to the Secretary of the London Missionary Society, Ibid., No.26, pp.77-78.
[222] バプテスト伝道会の問い合わせは、以下の事件がきっかけとなっている。1862 年に芝罘の栖霞県に住む張家の一人が洗礼を受け、同伝道会の宣教師ロートン（Laughton）に張家の廟を教会堂として使用できるよう寄付したいと申し出たので、親族のだれも反対していないことを確認したうえで、証書を取り交わした。

ロートンは登録するため証書を領事に提出したものの、間もなく、外国人の居住に強く反対する栖霞県知県によって、張家の家長以下3名が逮捕され、酷い刑罰を受けた。ロートンはこの事件を領事に報告したが、それ以前に領事は証書を芝罘の道台に提出しており、外国人が中国内地に不動産を取得する権利はないと証書の承認を拒否されていた。The Rev. F. Trestrail to Lord Stanley, London, December 8, 1868. *British Parliamentary Papers*, China No.9（1870）, No.1, pp.1-2.

[223] Sir R. Alcock to the Earl of Clarendon, Peking, March 12, 1869. *British Parliamentary Papers*, China No.9（1870）, No.2, pp.2-4.

[224] The Earl of Clarendon to Sir. R. Alcock, Foreign Office, May 19, 1869. *British Parliamentary Papers*, China No.9, No.3, p.4.

[225] Charles Wentworth Dilke, "The Chinese Difficulty," *The Times*, December 26, 1868, p.8.

[226] Broomhall, *Refiner's Fire*, pp.166-167.

[227] "The English Missions in China, House of Lords, Tuesday, March 9." *The Times*, March 10, 1869.

[228] Memorandum by the Directors of the London Missionary Society, respecting Missions in China, *British Parliamentary Papers*, China. No.10（1869）, Further Correspondence Respecting the Attack on British Protestant Missionaries, at Yang-chow-foo, August 1868. No.8, pp.10-11.

[229] "Missionaries and Gunboat in Formosa, House of Lords, Monday, April 5." *The Times*, April 6, 1869.

[230] 議会の模様は、翌日3月10日の The Times が詳細に報じ、さらに記者自身が解説している。*The Times*, March 10, 1869.; Thompson, *Griffith John*, pp.245-249.

[231] *The Times*, March 10, 1869, p.8.

[232] Thompson, *Griffith John*, pp.249-251.

[233] Ibid., pp.253-256.

[234] Ibid., pp.256-257.

[235] Ibid., pp.258-259.

[236] Ibid., pp.259-260.

[237] Ibid., pp.260-265.

[238] Ibid., pp.265-266.

[239] The Rev. J. Edkins and others to Sir. R. Alcock, Peking, July 14, 1869. *British Parliamentary Papers*, China No.9, Inclosure 1 in No.4, p.10.

[240] 報告の写しを送付してもらったことは、この抗議文にも名前を連ねているバード

第2章　プロテスタントの内地伝道と中国社会の「反発」

ンが、抗議文を送付した9日後に *The North China Herald* に送った投書に書かれている。オールコックは投書に反論を付したものを抗議文とともにクラレンドン送付した。Mr. Burdon's Letter to the "North China Herald," Peking, July 23, 1869. *British Parliamentary Papers*, China No.9, Inclosure 2 in No.7, pp.31-39.

241 バードン前掲資料によれば「12月8日付の報告」とあるが、報告そのものは未確認である。オールコックは広東領事時代の1857年に政府に送った書簡で、かつてのカトリック迫害の原因はキリスト教が扇動と革命の道具とみなされたことであると述べていた。Memorandum drawn up by Mr. Alcock, on suggested Heads of a New Treaty, December 31, 1857. *British Parliamentary Papers*, Correspondence Relative to the Earl of Elgin's special missions to China and Japan, 1857-1859, Inclosure in No.49, p.57.

242 *British Parliamentary Papers*, China No.9, Inclosure 1 in No.7, p.16, p.19.

243 Ibid., pp.28-30.

244 "The House of Lords on Missionaries," *Chinese Recorder*, vol.2, 1869, pp.24-27. Miles Justice Knowlton, "the Yang Chow Riot," ibid., pp.69-73. Knowlton, "American and Chinese Reciprocity," ibid., pp.106-110. Knowlton（ノールトン）は1854年、アメリカ・バプテスト宣教連合から寧波に派遣された。

245 例えば杭州在住の宣教師の投稿は、「他の宣教師のやり方が間違っているとは思わないが、私はそれには従わないと思う」と述べている。Correspondence singed 'H. G.,' ibid., pp.230-232.

246 Knowlton, "the Yang Chow Riot," ibid., p.73.

247 John Chalmers, "The Missionary Question," *Chinese Recorder*, vol.4, 1871, p.156.

248 The Rev. J. Edkins and others to Sir. R. Alcock, Peking, July 14, 1869. *British Parliamentary Papers*, China No.9, p.10.

249 アメリカ人宣教師による武力行使正当化を論じたものとして、以下の論考を参照。Stuart Creighton Miller, "Ends and Means: Missionary Justification of Force in Nineteenth Century China," in J. K. Fairbank, ed., *The Missionary Enterprise in China and America*, Harvard University Press, 1974.

250 *Chinese Recorder*, vol.2, 1869, pp.106-110. ノールトンらの申し入れに対し、アメリカ公使ロスは極めて前向きに、次のように答えたという。「私は就任当初、政府への報告書で宣教師に触れることはなかったのだが、次第に彼らを知り、彼らの無私無欲な情熱を目の当たりにして彼らの主張を全面的に支持するようになった。当初私は、現地の偏見に接して、宣教師はあまり強く前面に出ないほうがいいのではないか、或いは過度に精力的に内地に入り込む危険を冒さないほうがよいのではないかと考えていた。しかし私はすぐにそうした考えを棄てた」Ibid.,

p.109.
[251] J. S. Burdon, "Causes," p.267.
[252] Timothy Richard, "The Political Status of Missionaries and Native Christians in China," *Chinese Recorder*, vol.16, 1885, p.105.
[253] Broomhall, *Refiner's Fire*, p.185. Cohen, *China and Christianity*, p.196.
[254] テイラーは事件後しばらくしてから再び揚州に戻ったが、公使に就任したウェードから同地を引き揚げるよう求められた。だが、上海領事や鎮江副領事の尽力でそのまま留まり、揚州を伝道拠点として確保することができた。Broomhall, *Refiner's Fire*, p.246, pp.301-305.

第3章　文明化の使命から仕える使命へ
キリスト教伝道事業の自己省察

はじめに

　ここまで不平等条約における「寛容条項」の成立過程、宣教師たちの特権理解、さらに、宣教師の特権享受によってキリスト教と中国社会との間に生じた軋轢について論じてきた。本章では、これまでの議論のまとめとしてまず、宣教師が武力で獲得した特権を神の恵みととらえた19世紀の伝道観を確認する。その後、天津・北京条約後から20世紀初頭にかけての「寛容条項」の「進化」[1]と宣教師の条約観の変遷を概観し、最後に宣教事業の自己省察を象徴する人物として、ノーベル文学賞作家パール・バックを取り上げる。宣教師の娘でもあった彼女は、19世紀以降のプロテスタントの伝道方法を批判的に顧みた末に中国伝道の現場から立ち去り、わが道を歩んだ女性である。

　序章でも述べたように、人民共和国成立間もない時期から1980年代まで、中国大陸には「中国キリスト教史」という研究領域自体が存在せず、キリスト教宣教師は押しなべて「帝国主義の手先」とされ、宣教師や教会の活動に対して中国民衆が示した反発や抵抗は、特筆すべき愛国的反帝運動として高く評価された。

　この時期に中国史研究の領域で中国キリスト教史研究を担っていたのは、台湾、香港、欧米、中でもフェアバンク（J. K. Fairbank, 1907-1991）が教鞭をとったハーバード大学を中心とするアメリカの研究機関で、各教会の海外伝道局に保管されている膨大なアーカイブを用いた研究が多数生み出された。

　一方中国大陸でも、改革開放政策に伴って1980年代の終わりから90年代以降、宣教師という存在の歴史的意味に、より客観的で学問的な関心が注が

れるようになった。この流れを最初に作ったのは、もともと欧米ミッションが設立し、人民共和国成立以後に国立大学に再編されたキリスト教大学（教会大学）についての歴史研究である。中華人民共和国成立時、全国に13校あったキリスト教大学の一つ、金陵大学（現南京大学）を卒業した歴史学者の章開沅が中心となって、香港の研究者と共同の教会大学史研究が始まり、その後定評ある宣教師の伝記、宣教師の著作の翻訳、ミッション・アーカイブを使った研究などが精力的に行われるようになった[2]。また、中国人キリスト教指導者、神学者、キリスト教教育者等の著作、キリスト教大学や中国人教会の資料の掘り起こしと公開も進み、宣教師中心のキリスト教史からの脱却が重視されるようになった（習近平政権成立以後、キリスト教を含む宗教活動の統制と相まってキリスト教史研究に対する締め付けも厳しくなり、現在では論文数は大きく減少し、キリスト教史をテーマとした国際会議の開催も困難になっている）。

中国史研究の領域におけるこれらキリスト教史研究の重要な特徴は、宣教事業の中でも中国の近代化に何らかの形で関わった活動に注目していることである。西洋式のキリスト教教育の導入、西洋近代知を翻訳、紹介する出版事業、清末の政治改革への宣教師の関わりなど、取り上げられた宣教事業は多岐にわたる。「帝国主義の手先」として一色に染められていた宣教師像が大きく修正され、左から右に振り子が振れるように、近代化に「貢献した」宣教師という肯定的なイメージが前面に押し出された[3]。宣教師の活動が以前よりははるかに客観的に論じられるようになったのは確かだが、これらの研究の明らかな傾向として「宣教師が中国にいかに貢献したか」を重視し、東西文化交流の姿を強調する一方で、「近代化」に必然的に伴う「信教の自由」「政教分離」「民主主義」に関する考察が低調であることが認められる。つまり「近代化」の諸要素を恣意的に選択しているということである。

他方で、欧米の神学者、中でもプロテスタントの宣教学者たちの中から、伝道活動が様々な領域における近代化を促しつつ進展したことについて、果たして両者の関係は望ましかったのかという疑問が呈されるようになった[4]。

第 3 章　文明化の使命から仕える使命へ

「近代化」への貢献のあり方を批判的にとらえる見方が、宣教学の中から生まれてきたのである。こうした問いかけは、ポストモダンの世界観が広まり、西洋諸国のキリスト教の低迷がますます深刻化し、キリスト教伝道そのものの意味が根本的に問われ始めたことを背景としている。

　以下の考察では、冒頭で近代化とキリスト教の関係を批判的にとらえなおそうとするキリスト教内部からの問題提起を、宣教学者のデイヴィッド・ボッシュの考察を参考に整理し、19世紀から20世紀にかけて中国に派遣された宣教師が、どのような時代思潮の影響を受けていたのかを確認する。その後、「寛容条項」に挿入された伝道権が強化されてゆく過程と宣教師の条約観についての考察をはさみ、本章の後半では、近代中国における伝道事業の問題点に着目し、伝道の再考を促した作家、パール・バックの中国伝道論を取り上げ、宣教師サークルの内側から生まれた自己省察がどこに伝道の使命を見い出したのかについて考えてみる。

1．啓蒙主義、文明化の使命、近代化とキリスト教

　使徒パウロ以降のキリスト教宣教の歴史をその方法論とともに振り返り、ポストモダン時代の宣教論を考察したボッシュは、「近代における宣教運動全体は、実際のところは啓蒙主義の落とし子であった」と明言した[5]。ボッシュは啓蒙主義の特徴として、理性主義、主体と客体の対立構造、科学の無目的化、楽観的な進歩信仰、宗教のプライヴェート化を挙げ、未知の領域を極小化しようとする理性万能主義が、大陸の発見と征服、植民地化につながり、進歩への信仰は、植民地化した土地に西洋的技術発展モデル、つまり近代化を適応させたとする。進歩主義は西洋文明の優越性を前提とするがゆえに、近代化は文明化とほぼ同義であり、ここから、西洋が征服した土地に西洋文明の恩恵に与らせること、すなわち文明化させることが自分たちの使命であるという認識（文明化の使命）が生み出された。

　一方で、私（わたくし）化されたキリスト教は、信仰を理性から分離さ

せ、人間の感情や霊的経験を重視するようになる。さらにカルヴァン以降保持されてきた「生活のすべての領域はイエス・キリストが支配し、人間は神の栄光を表す器である」という確信が大きく後退し、神の栄光よりもキリストの愛が強調されるようになった。キリストを範とする愛の実践、自己犠牲的な献身の重視は、伝道地における医療、福祉、災害救援等に表れているが、同時に進歩主義と結びつくことによって、字義どおりの宣教活動が、近代科学技術や近代社会の諸制度の紹介、西洋型教育の導入といった広範な領域をカバーする宣教事業に広がることになった。

　宣教師によるキリストの愛の実践は、すべての人間は愛の対象であり、救われるべき存在であり、したがってその点で平等であり、「兄弟姉妹」であるという前提に立っている。だが、実際のところ宣教師たちは、伝道の対象者を自分たちと平等だと見なしていたわけではない。彼らはむしろ憐れむべき異教徒たちの庇護者であった。こうした認識は、主体と客体の分離という啓蒙主義の特徴と無関係ではない。

　ボッシュは、主体と客体の分離を、人間もその一部だった自然環境を観察の対象とすること、あるいは神のことばであったはずの聖書を歴史的産物として分析し相対化すること、と説明しており[6]、植民地主義との直接的な関連については言及していない。しかしこの対立構造を、西洋が非西洋を客体化し表象する植民地主義を支えたオリエンタリズムの二元論に敷衍させることは十分可能であろう。非西洋（オリエント）は、西洋にとって、研究、発見、実践の対象であり、オリエンタリストたちは非西洋を分析し、後進、盲目、迷信、無知、非文明等々のことばで表象した。それは西洋による非西洋の植民地化や、西洋のモデルによって非文明の地に光を与える文明化の使命を正当化した。その一方で、主体としての西洋は、自らの主体性を絶えず確認するために、他者を客体化することを必要としていた。宣教師もまた、こうした主客の対立構造から免れていたとはいいがたい[7]。

　ボッシュの議論の中でも特に重要だと思われるのは、キリスト教こそが健全な文明の唯一の基盤であるという仮説が、神学上の保守主義者にも自由主

第3章　文明化の使命から仕える使命へ

義者にも共有されていたという指摘である。さらにボッシュは、双方がしばしば投げかけた次の質問に、啓蒙主義の影響が色濃く反映されているという。「伝道の効果が上がる前に教育を行い、宣教地の人々を文明化するべきか。それとも文明化は結果であり、何よりも伝道に集中すべきか」[8]。

　これは啓蒙主義、そしてその当然の帰結である文明化・近代化の使命が、宣教師たちの神学的立場（それが大げさであれば伝道姿勢）とどう関わるのかを考える大きなヒントとなる。

　いうまでもなく保守主義者は後者を、自由主義者は反対に前者を選ぶ傾向が強かったわけだが、こうした伝道手法や目的の違いに着目し、「エヴァンジェリカルな宣教師は、熱烈な信仰をもち、感情に訴え、個人の救いを重視し、西洋文化や西洋文明に依拠した啓蒙主義的な手法に懐疑的である」とする見方は妥当であるように思える。中国を例にとれば、第2章でも論じたように、西洋の文化や諸制度の紹介、導入を伝道に優先させることは決して認めなかったハドソン・テイラーと、政治改革なくして中国のキリスト教化は不可能であると考えたティモシー・リチャードを、保守主義と自由主義の対立の具体例とし、19世紀中国のキリスト教伝道の方法を二つに類型化してとらえてきたことが挙げられる。だが実際には、保守主義のキリスト教もまた、啓蒙主義の落とし子だった。

　啓蒙主義以前の時代は、伝道が最優先の使命であることは自明であり、教育や文明化を伝道と天秤にかける発想はどこにもなかった。キリスト教を理性から分離し、神を理性的、科学的分析の対象とし、宗教を私（わたくし）化し、世俗社会を擁護した啓蒙主義は、キリスト教と文化の地位を逆転させ、キリスト教はそれを支配する文化の一形態、表現の一つとなった。したがって、文明化が先か、伝道が先かという問いを立てること自体が、神学上の立場のいかんにかかわらず、テイラーのような宣教師を含むすべての宣教師が啓蒙主義の影響下にあったことを示しているといえる。長年キリスト教と帝国主義の関わりを研究しているブライアン・スタンレーも述べているように、海外伝道の起源や形は、思想的にも文化的にも啓蒙主義に多くを負っ

ているのである[9]。

　もちろん、ボッシュやスタンレーは、個々の宣教師や複数の宣教団体の伝道観の違いはとるに足らないとか、過小評価してもかまわないなどと主張しているわけではない。だが、海外伝道が啓蒙主義と切っても切り離せないのであれば、文明化の使命の具体的な実践である高等教育や政治改革に背を向けて福音伝道に献身していた宣教師もまた、啓蒙主義の延長上にあるヨーロッパ中心主義、さらには植民地主義にキリスト教が負っている責任と無関係だとはいえないだろう。

　またボッシュは、啓蒙主義やその思想的帰結としての文明化の使命はキリスト教に由来し、その責任は一義的にキリスト教にあると述べているわけでもない。この点をさらに掘り下げるには、東田雅博の一連の研究が参考になる。19世紀ヴィクトリア朝期に発行された総合雑誌を詳細に分析した東田は、「文明化の使命」という概念はヴィクトリア朝期に登場したものであり、「文明化の使命」のとらえ方は、英中それぞれの内政事情、中英外交関係、さらには帝国主義列強間の国際関係に応じて変化したと述べる[10]。したがって、この概念とプロテスタント精神を排他的に結びつけることはできないという。

　とはいえ、キリスト教が「文明化の使命」の推進役となったことは紛れもない事実である。しかも、キリスト教の伝道とともに非ヨーロッパ地域に持ち込まれたヨーロッパ中心主義は、当地の教会やクリスチャンに、同胞や周辺の非キリスト教地域に対する優越意識を抱かせることにもなった。例えば日本で1873年に黙許されたキリスト教、とくにプロテスタントは、キリスト教排斥の風潮に苦しみながらも文明の担い手を自認し、次第にナショナリズムと結び付いて、台湾、朝鮮の植民地化を後押しし、抵抗する植民地のキリスト者たちに神社参拝を押し付け、侵略戦争に協力した。その背景として、これまでもしばしば指摘されてきたのは、キリスト教を受容した日本人知識人がそもそも権威服従的であり、天皇制絶対主義を当然視したがゆえにキリスト教が変質した点である[11]。しかしそれだけでなく、日本に入ってきたキリスト教が抱えていたヨーロッパ中心主義がねじれた形で日本中心主義

第3章　文明化の使命から仕える使命へ

に転化したという、キリスト教自身の問題も考えるべきではないだろうか。「なぜ日本のキリスト教は時局に迎合し、侵略戦争に加担したのか」という繰り返し問われてきたこの問いを、日本人問題としてとらえるだけではなく、日本人が受け入れたキリスト教に潜んでいた問題という視点から再考する必要があるようにも思われる。

2．在華宣教師の言説

　以上見てきたように、19世紀中葉以降中国を目指した宣教師たちは、啓蒙主義、近代化、文明化を最高善とする思考の枠組みの中で福音伝道の業に従事していた。この思考の枠組みは、宣教師の行動（伝道事業）だけでなく、彼らの言説の中に具体的に確認することができる。それらのうちいくつかの例を、断片的にではあるが挙げてみよう。

　アメリカン・ボードから中国に派遣され、1830年から広州を拠点に活動していた宣教師ブリッジマンが、同じ宣教団体所属のウィリアムズと協力して1832年に創刊した宣教総合誌 *The Chinese Repository* は、アヘン戦争前夜、対中強硬政策支持の論陣を張っていた。戦争終結後の1842年12月号では、主筆のブリッジマンが戦争の勝利を「悪の中から善をもたらす神のみ旨の働き[12]」としてその過程を詳細に振り返り、最後にこう述べている。

> 〔勝利に至るまでの〕偉大な働きは、人間、そして直接的な神の御力によって可能となった。あらゆる国々をすべ治められるお方は、中国を懲らしめ、打ち砕くためにイギリスをお用いになった。神は、キリスト教文明のもたらす恵み、そしてこの文明に浴する無数の人々の自由な交流がもたらす恵みの数々を〔中国に〕お教えになるだろう[13]。

　キリスト教の戦争肯定論は、今なお議論され続けているテーマだが、手段としての武力行使を積極的に支持すること自体を問題視する以前に、その目

的に着目することが重要である。中国を何が何でも文明の恵みに与らせなくてはならず、それが自分たちの使命であるという確信を前提としていたからこそ、力による目的の達成が慫慂されたからだ。

　このような文明理解、戦争理解はブリッジマンだけに限らない。戦争後、香港を拠点に伝道したジョージ・スミス（第1章参照）も、所属する英国教会伝道協会向けに1845年1月7日付で書いた報告書に、以下のように記す。

　　中国は、その〔国際的〕孤立の立場をすでに部分的に放棄した。中国が無根拠に誇っていた魔よけのようなカギが、こじ開けられたのだ。外国との交流という楔が打ちこまれ、裂け目は大きく広がった。文明の、そして人間のあたりまえの権利が、何の非難も受けることなく侵されることがこれ以上許されなくなった時に、危機が訪れたのである。進歩に対する部分的な抵抗の時期が何十年か続いた。進歩を遅らせるためにだらだら続いた努力は、進歩の敵の頭に跳ね返った。・・・人間の豊かさのための神のご計画は、ますますさやかに示されるであろう。そしてキリストの使者は、もはやこの異教の帝国による規制に対しおずおずと進むのではなく、内陸地域に向かって大胆に歩を進め、感謝の思いを込めた祈りのことばとともに、堕落した世界に向けられた神の憐みのことばを宣言するのである[14]。

　第1章で述べたとおり、アメリカ外交団の通訳官として、アロー戦争を終結させた天津条約の交渉に臨んだウィリアムズは、それ以前の1848年に、大著 *The Middle Kingdom* を著している。その中で彼は「彼らがこの堕落退廃の中に浸りたがっている限り、彼らに進歩はありえない。そしてあらゆる経験からその堕落の源を清浄し純化することができるのはキリスト教の福音の他にはない[15]」「この国の支配者と臣民を助けるために福音が到達し、国全体の道徳心が高まらなければ、〔法と教育〕が機能しないことは、彼らの欠点を見ればわかることだ[16]」という。また、アヘン戦争は清朝の不寛容

第3章　文明化の使命から仕える使命へ

を打ち砕く唯一の方法だったとし、イギリス議会は「福音の光とキリスト教文明の恵み」が中国人にもたらされることを喜んだと述べている[17]。

　もう一例、アーサー・スミス（Arthur Henderson Smith, 1845-1932）の有名な著作 Chinese Characteristics（1894年）も挙げておこう。彼もまたアメリカン・ボードに所属していた人物である。外国人に対する軽蔑心、公共心の欠如、保守主義、恭順、相互不信、誠実さの欠如等々中国人の性格を長短含めて論じた本書の中でスミスは、「あらゆる人々の魂、家族、社会は新しく生まれ変わる必要」があるが、「それはキリスト教文明のみによって、永久に、完全に満たされるだろう」と記す[18]。

　最後にイギリス人宣教師の発言を取り上げてみる。すでに見たように、1868年に長江流域の揚州で内地会宣教師が襲撃される教案が発生すると、駐華公使オールコックが、問題の原因はキリスト教の内陸進出であると述べてキリスト教伝道を批判し、イギリス国内にキリスト教宣教師引き揚げ論が巻き起こった。在華イギリス人宣教師は、これらの批判に反論する書面を送付し、次のように述べた。「中国が変革を必要としていることは各方面から認められています。その無知、迷信、誇り、排外主義、これらは皆改革されるべきものです。（中略）キリスト教信仰はこうした改革がもたらされるための唯一の方法であり、西欧の諸国でそうだった様にやがて中国にも変革をもたらすでありましょう」[19]。

　ウィリアムズとアーサー・スミスの著作の間には40年以上の隔たりがあり、イギリス人宣教師の書状は、ちょうどその中間地点で書かれたものである。それぞれの言説の歴史的背景には違いがある。しかし三者とも、中国は変わらなくてはならず、それができるのはキリスト教のみであり、キリスト教文明が中国社会をより高次のレベルに引き上げるという確信を見事に共有している。

　そしてこの宣教師のまなざしや思考の枠組みは、不平等条約における保護享有権や内地伝道権などの特権は、中国を変えるために神が与えた恵みであるととらえる見方と結びついていた。内地伝道の拡大に伴って中国社会のキ

リスト教に対する反発が強まっても、彼らはその原因を知識人の誤ったキリスト教理解に帰し、自身のまなざしを相対化しようとする意識は希薄で、不平等特権はむしろ強化されていった[20]。

　しかし、中華民国成立後、特に1920年代以降の不平等条約撤廃運動の中で、宣教師は自らが享受していた特権の放棄を検討し始める。この動きと並行して、一部の宣教師の中から、それまでの伝道のあり方を批判、再考し、中国人に対する優越意識を乗り越える動きが徐々に生まれた。では条約上の特権放棄と伝道の再考は、果たしてどのように展開されていったのだろうか。次節ではまず、特権の放棄の主張が現れるに至るまでの過程を追ってみたい。

3．「寛容条項」の「進化」と宣教師の不平等条約観

（1）1870年から19世紀末まで

　揚州教案の波紋が未だ完全には消え去っていない1870年に、天津で大規模なカトリック教会襲撃事件が起きた（天津教案）。この教案は、揚州教案同様、多数の子どもたちを収容していたカトリック修道院に対する疑惑に端を発していた。同年6月に流行していた感染症で愛徳姉妹会（Daughters of Charity）修道院の子どもたちが3、40人死亡し、会堂裏の墓地に遺体が埋葬された。その様子を見に多数の人々が墓地を訪れ、そこから巷間に流布していた「修道女は誘拐した子どもを殺害し、目をくりぬいて薬を作っている」という流言が拡大した。加えて、それ以前から頻発していた子どもの誘拐事件に教会の信徒の関与が疑われており、教会に対する反発は膨らむばかりだった。6月20日、天津三口通商大臣の崇厚とフランス領事フォンターニュが事態打開のため会談し、翌日知県らを教会の実地調査に送ることで話がまとまったが、調査当日の6月21日、多数の群衆が修道院前に集結し、窓を打ち壊すなど大変な騒ぎとなった。教会からの知らせで現場に赴いた領事が、その場にいた知県と口論の末発砲、銃弾が知県の従者に命中すると、

第3章　文明化の使命から仕える使命へ

群衆が領事と秘書に襲い掛かり惨殺した。興奮した群衆は、さらに教会の修道女、神父、中国人信徒を殺害し、会堂に火を放った後、無関係のプロテスタント教会を含む複数の教会堂を無差別に襲撃した。1860年以来各地で起きた教案の中で、最も大きな被害を生んだこの事件の収拾に当たったのは、揚州教案後、両江総督から直隷総督に異動していた曾国藩である。事件後、フランスを中心とする列強の軍事的圧力に直面した清朝政府は、首謀者の処刑、地方官の流刑、50万両近い賠償金の支払いを約束し、謝罪使のフランス派遣も受け入れ、ようやくこの事件は解決した[21]。

　天津教案の事後処理においてフランスの言い分を受け入れるだけだった総理衙門は、教案を生み出す背景には宣教師と教会側の問題もあるとして、今後同じ轍を踏まないために、伝道活動のルールを8項目にわたって示した「伝教章程」を作成し、1871年2月9日に各国公使に送付した。8項目の概要は以下のとおりである[22]。

1. 教会の孤児院は人々の疑惑を招くので、以後開設を禁止する。どうしても無理なら、教会員が育てられない子どもだけを預かり、いつ何人預かったか、いつ迎えに来るのかを官に報告すること。他のだれかが子どもを後継ぎとして育てることになったら、それを明らかにすること。
2. 教会堂に中国人女性は入ってはならない。修道女は中国で伝道してはならない。
3. 中国国内に居住する宣教師は、中国の法や官の命令を守るべきである。教民は演戯、賽会の負担を免除される以外は、一般の中国人と同じように差徭、地方の公事、税負担の義務を果たさなくてはならない。教民であることを隠れ蓑に義務を逃れるようなことは許されない。一般中国人との間に問題が起きても、宣教師は裁判に介入してはならない。
4. 中国人も外国人も等しく法に服さなくてはならない。キリスト教徒

が殺人を犯したら、一般中国人と同様に処罰を受けなくてはならない。宣教師は、教民が事件を起こしたら、直ちに地方官に報告すること。犯罪者をかくまってはならない。
5．フランス人宣教師が伝道旅行に行く時は、通行証に必ず行き先を明記すること。明記されていない場所に行ってはならない。また通行証を本来の目的以外のために使ったり中国人に譲渡したりするなどしてはならず、それが発覚したら、中国人は厳しく処罰され、宣教師は国外退去処分となる。
6．教会は入信を希望する者をよく調べて、犯罪歴のある者を受け入れてはならない。教会に受け入れた者は、保甲制度に倣って一人ひとり別々に、入信日、職業、犯罪歴などについて地方官に報告すること。キリスト教徒が死亡したら当局に報告する。何らかの罪を犯した者は、直ちに教会から追放する。
7．宣教師の位は知識人と同等で、決して官僚と同等ではない。宣教師は、地方官と連絡を取る際は礼節をもって接し、決して尊大にふるまってはならない。
8．教会の財産について。旧教会不動産の返還を勝手に求めてはならない。教会が土地を購入し会堂を建築したり、場所を借りたりする時は、地主と一緒に地方官に申請し、風水の妨げになっていないかどうかを詳しく審査してもらうこと。また住民の同意も得なくてはならない。同治四年の協定に基づき、中国人信徒たちの共有財産である旨を契約書に明記し、それによって売買が成立する。

　第1、第2項目はそれまでのカトリックの柱である布教方法を否定するものであり、第3から第7項目は、信徒と宣教師それぞれに望ましい振る舞いを要求し、第8項は、地方官の厳格な審査と周辺住民の同意を、土地家屋買収、借入、旧不動産返還の条件としている。第2章で見たとおり、「地方官の厳格な審査」は、李鴻章ら官僚が当初から主張し清朝内で共有されていた

第 3 章　文明化の使命から仕える使命へ

キリスト教の拡大を防止する方策であった。だが宣教師からすれば、これらの条件は、天津・北京条約およびベルテミー協定が保証した権利を、事実上骨抜きにし、伝道活動を制限するものに他ならなかった[23]。

そのためフランス政府は、ベルテミー協定の外に伝道を阻害する規制を設けないよう、清朝政府に繰り返し働きかけた。その結果、「伝教章程」は効力を失い、さらに 24 年後の 1895 年 4 月 9 日（光緒二十一年三月十五日）、総理衙門は、当時のフランス公使ジェラール（Auguste Gérard）に、ベルテミー協定に追記する形で、土地家屋の取得にあたっては地方官への事前申告を不要とする旨の通知を送付し[24]、ジェラールも 5 月 21 日付総理衙門宛の書簡でこれを受け入れた[25]。さらにジェラールは、5 月末から 6 月にかけてプロテスタント教会とカトリック教会の会堂や診療所、学校が襲撃された成都教案を英米に先んじて首尾よく処理した後[26]、総理衙門に再三要求した末、1895 年 9 月、キリスト教を邪教視する内容を出版物から削除させることに成功した[27]。

「伝教章程」は「耶穌教」の文字は含まず、もっぱら「天主教」について書かれた文書ではあったが、カトリックだけでなくプロテスタント宣教師もその内容を深刻に受け止めていた[28]。「伝教章程」は実際には適応されなかったものの、彼らの懸念は完全には払拭されなかった。こうしたプロテスタント宣教師の懸念に応えて、アメリカ公使デンビーは、総理衙門のジェラールへの通知を入手して各地の領事に送り（1896 年 2 月 6 日付）、各領事が管轄する地区で伝道する宣教師に伝えるよう指示した[29]。

個人差はあるにせよ、歴代のアメリカ公使がイギリス公使と比較して宣教師の活動に協力的であったことは前章で見たとおりだが、デンビーもまた、自己犠牲的精神をもって中国のために仕え、中国の「文明化」を担った人々として宣教師を高く評価していた[30]。デンビーのこの姿勢は、1895 年 5 月の成都教案と 8 月の古田教案の事後処理にもよく表れている。

成都教案は、5 月末、メソジスト監督教会や内地会診療所、カトリック教会が次々襲撃された事件である。30 人を超える宣教師と家族は避難し無事

だったが、教会財産は全て失われた。デンビーは、総理衙門に圧力をかけ、関係者の処罰と賠償支払いを勝ち取った。他方、後者の教案は、福建省古田の避暑地で英国教会伝道協会と同教会ゼナナ伝道協会の宣教師とその家族が計11名も殺害されるという、プロテスタント中国伝道史上最悪の事件だった。イギリスはアメリカと合同で調査を行い、砲艦を配備し、その結果数十名に上る犯人が処刑、禁固刑に処せられた。佐藤公彦は、これら帝国主義的介入によって決着した二つの教案は、アメリカ人宣教師が帝国主義による軍事介入を伝道拡大のチャンスととらえる転機となったと述べている[31]。中国伝道におけるアメリカ人宣教師のプレゼンスがイギリス人宣教師を凌駕するようになるのは、まさにこの頃からである。

　1897年にはデンビーは、教案を防止するための提案として、アメリカ人宣教師には中国内陸部に居住する権利があり、教会もしくは宣教団体名による土地家屋の取得権も有していることを、中国皇帝が勅令によって言明することを要請し、同年2月19日、総理衙門から「内地における宣教師の居住権および土地家屋の取得権はともに異議をはさまない」との回答を引き出した[32]。この総理衙門の回答は、宣教師の権利の擁護や欧米宣教団体名義での不動産取得をはっきりと認めたものではなく、実際の運用を地方に丸投げしたともいえるが、居住と土地取得の二つの権利を事実上容認したも同然であり、宣教師から見れば大きな前進だった。

　一方、揚州教案以降一時的な停滞は見られたものの、内地会宣教師をはじめイギリス人宣教師による条約港以外での伝道活動は継続していたが、内地居住に否定的なイギリス政府の姿勢に変化はなかった。1891年に長江流域で大規模な教案が次々に起こり、イギリス人宣教師が大きな被害に遭った時も、イギリス政府は、居住権を明確に定めるべきであるという宣教師の強い要求にも、領事権の強化を求める領事自身、そしてそれを受けた公使の声にも、そこまで積極的に応えようとはしなかった[33]。

　この姿勢は、前述の古田教案後のアメリカの対応に促されるように変化してゆく。イギリス人宣教師が惨殺されたことを受けて、公使オコーナーは砲

第 3 章　文明化の使命から仕える使命へ

艦外交を用いて総理衙門に強硬な姿勢で臨んだ。しかし、三国干渉や露仏借款のゆえに清朝との外交対立を避けたかったイギリス政府は、最終的には強硬派の公使をすげ替えて穏便な方策を取った[34]。だがアメリカの働きかけによって、総理衙門が内地居住、土地家屋の取得を容認する姿勢を示すと、後任のイギリス公使マクドナルドは、1898 年 3 月 17 日、アメリカに追随する形で、フランスと清朝側との交渉の結果（ベルテミー協定とその改正版、そして 1895 年の追記の内容）を根拠に、中国国内におけるイギリス人宣教師の土地、家屋の取得権を認めるべきであるとの考えを本国への報告に書き記し、それまでの方針が修正されることになった[35]。

（2）義和団戦争後の状況

　こうして 19 世紀末に至って、プロテスタント宣教師の内地居住と、プロテスタント宣教団体による土地家屋の取得につきまとっていた曖昧さが、外交交渉を通じて取り除かれたわけである。そしてこれら二つの権利は、義和団戦争（1900 年）後の辛丑条約（北京議定書）に基づき改訂された清米条約（通商行船続訂条約、1903 年 10 月 8 日、光緒二十九年八月十八日、上海で締結）において、明確に規定された[36]。

　同条約は第 14 条において、伝道権や信仰の権利を次のように定めた。

　　プロテスタント教会、カトリック教会が告白するキリスト教の原則は、善行を勧め、己にしてほしいと思うことを他者にもせよと教えるものである。これらの教えを静かに告白し実践する者たちは、信仰のゆえに嫌がらせを受けたり迫害されたりしてはならない。したがって、合衆国市民であれ中国人キリスト者であれ、これらの教義に従ってキリスト教の原則を平和裏に教え実践する者はだれであっても、決して干渉されたり危害を加えられたりしてはならない。中国人（原文華民）が自らキリスト教を奉じたいと願うなら、それを制限してはならない。信者も非信者も、中国人であれば中国の法に従い、権力を持つ者たちに敬意を払

い、平和と友誼を重んじて共存しなくてはならない。また信者であることによって、信者になる以前に犯した、あるいは信者になってから犯すかもしれない罪が免責されたり、中国人として納めるべき税が免除されたりすることはない。ただし、信仰に反する宗教的習慣や実践を支えるための寄付や税は徴収の対象から除外される[37]。

カトリック、プロテスタントを問わず中国人キリスト者の信仰の自由と保護享受の権利を清米天津条約よりもはるかに詳細に定めたほか、宣教師が地方官の統治に干渉を加えないという宣教師側の義務規定も定められている。さらに不動産取得権については、以下のように規定した。

> アメリカ合衆国の宣教団体は、伝道の目的のためには、地方政府が不動産権利証書に正しく適切に押印してから、帝国のあらゆるところで教会の財産（教会公産）として建物や土地を賃借することが出来る。またその善き業を行うために必要な建物を建設することもできる[38]。

ベルテミー協定では、土地家屋の名義は「天主堂公産」とされていたが、アメリカの宣教団体の名義での賃借権（所有権ではない）が条約の中にはっきりと記された。イギリスが清国と結んだ条約には、宣教師の権利については何も定められていなかったものの[39]、清米条約第14条の規定は、最恵国条項によってすべての条約締結国に均霑されたため、イギリス人宣教師もアメリカ人宣教師と同じ権利を有することになった。これらの権利の要点は、以下のようにまとめることができるだろう。
 1．中国人のキリスト教信仰の自由。
 2．中国人キリスト者は、自身の信仰に抵触する宗教的慣習についてはその費用負担を強制されない。
 3．宣教師が平和裏にキリスト教伝道をする自由。
 4．宣教師が中国国内に居住する自由。

第3章 文明化の使命から仕える使命へ

5．宣教団体が、教会財産として土地を借り建物を建てる自由。

　宣教師の側から見れば、キリスト教伝道の条件は、天津・北京条約締結後約40年後に、長年の苦難を経てほぼ完成形に至ったことになる。ただし伝道権が完成したとはいえ、後述するようにこの条約や前年に結ばれた清英条約（マッケイ条約）には、中国の主権国家としての確立を英米が支援し、法治が制度的に確立した暁には治外法権を放棄するという条項が含まれていた。法治の完成度は列強の判定に任せてはいたが、中国の主権に言及する文言が挿入されたのである。

　伝道権を保障する理想的な環境が整い、キリスト教伝道は年々拡大し続けることになった。一方で、カトリック宣教師の訴訟への関与や、賃借料の不払いが引き起こす教案はその後も発生し続け、各地の地方官からは「永息教案（教案根絶）」のための善後策が提言された。それらの提言は、教案防止の対策として条約の順守を強調する。例えば山西巡撫岑春煊による全12項目の「山西教案善後章程」は、「教案を今後なくすためには、条約を順守する以外になく、民教の訴訟に宣教師は関与すべきではない、事の正邪は地方官の公平な判断に任せるべきである」と述べ、各国との条約では保護の対象

清末から民国初期までのキリスト教人口の推移

年	信徒数	教会数	宣教師数（含宣教師妻）	中国人牧師（按手を受けた者）
1842	6			
1865	2000			
1877	13035	312	473	73
1890	37287	522	1296	211
1906	178251	5102（652）	3833	345
1911	177942	4288（693）	4628	502

1877年、1890年、1907年の宣教師会議記録巻末統計資料および *China Mission Year Book*, 1912の統計を基に作成。1906年、1911年の教会数のカッコ内は宣教師が常駐している教会の数を意味する。

は「安分伝教習教之人」「循規踏矩者」に限られることを指摘し、不法な教民は厳罰に処すという[40]。

　間もなく「条約の順守」の段階を経て、教民対立の根本的解決法は、伝道権を保障する条項の削除であるという主張も公にされるようになった。ドイツやオランダで公使を務めた呂海寰は、1906年にカトリック教会に対し、「各国の例を見てみたが、通商条約の中に伝道を保護する条項を入れるべきではない。条項として入れると、各国政府はキリスト教関連の事柄に介入することになる」として、条約改正に伴う保護享有権条項の廃棄を提起した[41]。

　また翌年プロテスタント伝道100周年を記念して4月25日から5月8日かけて上海で開催された宣教師会議では、来賓として出席した唐元湛（上海電政局監督）が、以下のように歯に衣着せぬ宣教師批判を展開した[42]。

　　　過去の宣教師の努力との関わりでとりわけ際立っている事実は、彼らが主の御手に信頼を置くよりも、肉なる武力に大きく依存してきたということであります。「私はあなた方を遣わす。それは狼の群れに羊を送り込むようなものだ。だから蛇のように賢く、鳩のように素直になりなさい」と聖書にあります（「新約聖書」『マタイによる福音書』10章16節）。だれが狼でだれが羊なのかなどはどうでもよい。私ははっきりと申し上げます。クリスチャンにふさわしいのは、条約上の権利を求めるよりもひたすら不正義に苦しむことであり、金銭的領土的補償を求めることよりも侮辱に苦しむことであり、処罰を要求することよりも攻撃者を許すことであります[43]。

　唐元湛を講演者として招聘した宣教師会議は、連日中国伝道が抱えている様々な課題を議論するセッションを開催し、セッションの終わりには毎回、課題解決の意思と方法を示した決議文を採択した。最終日前日の5月7日には、宣教師と不平等条約の関わりを議論するセッション「the Missionary

第3章　文明化の使命から仕える使命へ

and Public Questions」が開かれ、宣教師たちは、丸一日かけてキリスト教伝道と公的権力との関係や条約上の特権の是非について話し合い、最後に5項目にわたる決議を採択した。唐のスピーチは、このセッションの合間に設定されたものであった。スピーチは保護享有権の削除を明確に求めてはいないが[44]、キリスト者が武力によって勝ち取られた特権を享受していること自体の聖書的不当性が公の場で指摘されたのである。だがセッションの記録を見る限りでは、宣教師批判が彼らの議論や考え方に影響を与えたとまではいえない。

「the Missionary and Public Questions」のセッションの記録（テーマに関する発題と決議文案をめぐる議論）には、1903年に通商条約が締結されてから4年経った当時の宣教師の不平等条約認識が示されている。彼らの見解は一枚岩ではなく、保護享有権の保障は伝道の妨げにしかならず全廃すべきとの考えも見られるものの、議長を務めたマティア（Calvin Mateer, 1836-1908、アメリカ北長老教会、山東省濰県）が述べるように、保護がなければ伝道は不可能であり[45]、さらに条約で保障されている中国人信徒の保護享有権は、宣教師なしに行使できないという見方は広く共有されていた。マティアが決議文原案を提示し、喧々諤々の議論と修正を経てセッションの最後に採択された決議文に、そうした宣教師の最大公約数的な見解が表れている。その一部を紹介しよう。

第2項：条約上の保護享有権がすべて削除される日はまだ来ていないが、私たちは問題への宣教師の介入が全く不要になる日が早急に到来し、中国の地方当局によってキリスト者、非キリスト者が平等に守られるようになると信じている。私たちは、すべての宣教師に、キリストの故の迫害の中で忍耐すべきことを中国人信徒に呼び掛け、事柄を個別に解決するようあらゆる努力をなすよう要請する。当局に直接訴えるのは、問題の真の姿を完全かつ十分に調査したうえでの最終手段である。それは中国人信徒に与えられた条約上の保護享有権が乱用されたり、教会の純潔

217

が汚されてその良き名前が誤解されたりしないためである。

第3項：現在の国家的覚醒の中、教会が革命目的に利用されたり、信徒たちがその無知や思想の混乱、誤った熱意などのゆえに、反政府的な行為に導かれたりしないよう、すべての宣教師は十分用心されたい。

第5項：清朝政府には公的文書において「教民」の使用を避けるよう望む。中国人信徒が「民」ではないという印象を与えるからだ。仏教、道教、イスラム教の信徒もみな「教民」である。このことからも中国人信徒のみを「教民」と呼ぶことは避けるべきである。

　プロテスタントの私たちに向けられている多くの非難や中傷は不当である。宣教師も信徒もいかなる政治的目的を持っていないからである。我々宣教師は、信徒たちに政治的権威への忠誠の義務を教えており、中国人信徒ほど帝国に忠実な民はいない[46]。

決議文を要約すれば、保護享有権が削除されるべきであることは認め、またその日が来ることは覚悟しつつ、保護享有権を適切に慎重に行使すること、さらに支持を広げつつあった革命運動から信徒を守り、彼らを中華帝国に忠実な信仰者とすること、となる。これは最大公約数的な見解であり、この文案に全参加者が賛成したわけではもちろんない。議論の際に提起しながらセコンドが得られず採用されなかった修正案もあった。そのうち、中国人信徒のために宣教師が保護享有権を行使すべきではないとしたボルウィッグ（Bolwig、デンマーク・ルーテル教会、遼寧省大狐山で伝道）の主張を確認しておこう[47]。

ボルウィッグは、条約によって宣教師が現在の地位を得ていることは間違いないが、条約の保護規定を中国人信徒のために用いるべきではないと述べ、その理由として、「宗教迫害」と見なされながら実際はそうではないケースがあること（したがって明らかな迫害とそうでないものを区別すべき

第3章　文明化の使命から仕える使命へ

であること)、宣教師が政治要員と見なされ、その「政治力」への依存体質が助長されること、地方官との関係を悪化させることを挙げる。信徒のために地方官に訴えることは地方官自身が嫌悪するが、それ以上に、信徒の被害を領事に訴えることは自制すべきであると彼はいう。「それは中国の主人が中国人ではないと彼らに思わせるようなもの」だからである[48]。ボルウィッグはこう述べて「迫害の際に領事に保護を申し入れる権利を行使しないよう宣教師に求める」という修正動議を提出したが、セコンドはつかず取り上げられなかった[49]。この頃イギリス政府は宣教師に対し、必ず領事を介して問題を解決するよう指示していたので、この修正動議が否決されたのも無理はない。しかし少数意見とはいえ、領事の介入がもたらす弊害を懸念する声が上がったことは軽視できない。さらに上海会議が閉幕してから間もなく、中国伝道サークルの外のキリスト教界からこの問題が指摘された。

　1907年3月にアメリカン・ボード諮問委員会(Prudential Committee of the American Board)からエドワード・ムーア(Edward C. Moore)とジェームズ・バートン(James L. Barton)の2名の牧師が中国伝道の視察に派遣され、3月末から中国を縦断し、各伝道地をくまなく回って7月4日に香港で調査を終えた。ムーアは宗教改革とそれ以後の教会史および宗教思想が専門で、海外伝道の経験はなかったが、バートンは、トルコでキリスト教教育を通じた伝道の経験を持つ宣教師だった[50]。少なくともバートンは、中国伝道が置かれた政治状況をトルコのそれと比較対照して考察できる立場にあったといえる。彼らは帰国後まもなく、中国伝道の問題点をまとめた報告書を作成し、宣教師が浴している特権を以下のように批判した。

　　中国と西側諸国との条約は、中国人キリスト教改宗者に外国の庇護を与えている。このことは、伝道が行われている他の国々とは異なる状況を生み出した。今では、〔キリスト教保護の〕条項は全く不見識であり、結果として中国におけるキリスト教の進展にとって最も有害であるという認識が一般的である。この条項は、宣教師や中国の人々にとって大き

な誘惑となっている。中国人の中には、個人的な利益を求めるために改宗を偽装する者もおり、宣教師の中には、彼自身の宗教の教師としての務めと外国の政治勢力の代表とを混同させてしまう者もいる。こうして中国人による欺きと、中国政府とその臣民との関係への宣教師の介入が繰り返されることになったのである[51]。

　報告者はさらに、列強はこの状況に付け込んで領土的野心を増大させ、そのために中国政府と中国人の宣教師に対する嫌悪感が強まってしまい、純粋な伝道の業が政治目的と同一視されるようになっており、これが中国人の反発の最大の原因である、と結論付けている。これらの指摘、中でも宣教師の政治力を当てにして改宗を偽装するという指摘は、ボルウィッグの問題意識と重なり合っている。

　上述のプロテスタント伝道100年記念宣教師会議が開催されたのは、ちょうどムーアとバートンが中国に滞在している頃で、両名ともビジターとして同会議に参加していた[52]。彼らは会議が終わってからも調査を続行し、アメリカに帰国してからくだんの報告書を書き、宣教師の姿勢を批判したのである。宣教師会議の記録には、ムーアたちが5月7日の「the Missionary and Public Questions」セッションに参加したかどうかまでは記されておらず、唐のスピーチを聞いたのか否かも不明だが、報告書における批判は、セッションが採択した決議文の第5項と真っ向から対立する内容である。

　その後、ムーアたちの批判は、在華宣教師の目に触れるところとなり、1908年12月号の*Chinese Recorder*誌上には、3名の宣教師が反論を寄稿した。これらの反論は、宣教師会議が採択した決議文の方向性から大きく外れるものではないが、ボルウィッグとは全く対照的な宣教師個々人の主張が見て取れる。

　まず視察員と同じアメリカン・ボードに所属し、河北省通州を拠点にキリスト教教育に携わっていた宣教師シェフィールド（D. Z. Sheffield, 1841-1913）は、報告書の当該箇所を引用しつつ、基本的人権としての信教の自由

第3章　文明化の使命から仕える使命へ

の擁護という視点から条約の必要性を強調する。彼によれば、この権利が憲法で保障されている西側諸国と異なって、教会と国家が一つに結びつき国際法が機能しないところでは、信教の自由を守るための工夫が必要であり、条約があったからこそ中国にプロテスタント教会が建てられ、人々に信仰の覚醒が起きているのだという[53]。また宣教師が条約を政治的に利用しているのはカトリックであり、プロテスタント伝道にこの批判はほとんど当たらないと述べて報告書の認識を批判し、万が一外国政府の干渉があるとしても、それは中国政府の無知と腐敗によって人権が危ぶまれている場合であり、条約の要求が憲法に反映されることが望ましく、外国の干渉がその動機付けになればよいと述べている。

　二人目の論者は、ハドソン・テイラーの後継者でもあった中国内地会のホストである。彼は「宣教師が条約の規程に基づいて中国に滞在していることは神の意思であり、この事実が誤りであるという認識は完全に退ける」と述べ、カトリック宣教師が裁判に介入する問題があることは認めながらも、中国人信徒が真の信仰の戦いに挑んでいるのであれば、そのために自分の影響力を行使することはありうると主張する[54]。

　両者の反応は、これまで様々な「苦難」を嘗めてきた宣教師や信徒たちが、条約によって信仰を実践する自由を手に入れたと主張している点で共通しているが、彼らとは異なる視点から特権の必要性を主張したのが、3人目の論者、元アメリカ北長老教会宣教師のギルバート・リード（Gilbert Reid, 1857-1927）である[55]。

　1882年に中国伝道を志し上海に到着したリードは、直ちに山東に向かい、1892年まで煙台、済南を中心に福音伝道に従事した。1886年から翌年にかけて華北一帯に大規模な干ばつが発生した際には、ティモシー・リチャードらとともに災害救援委員会を設立し、被災者支援に奔走した。同時に彼は水害を減らすための治水対策を提唱したが、清朝政府にほとんど顧みられなかったことから、社会・政治改革の必要を痛感し、アプローチの対象を知識人に限定した伝道方法を提唱した。ところがアメリカ北長老教会伝道局が従

来の伝道方法からの逸脱を認めなかったため、1894年、リードは伝道会を辞し、知識人伝道に特化したMission among the Higher Classes in Chinaを設立して独立宣教師として活動する道を選択した。同年彼は、中国人知識人と西洋人知識人がともに「済世救人之法」を学ぶ「尚賢堂」を北京に設立した。「尚賢堂」は1897年、多くの官僚、知識人、さらにアメリカ公使の賛同も得て、総理衙門公認の組織となった。

　この論考でリードはまず、治外法権撤廃までの道筋を明記した清英条約（1902年）第12条を取り上げ、中国の主権承認の必要性を主張する。だがリードが観察する限り、治外法権撤廃の条件である司法制度の近代化や法治主義の確立までには道ははるかに遠い。なるほど宣教師の中には、治外法権に守られなくても恐れを感じず、中国人の権利を擁護すべきと考える者もいるかもしれない。しかし、リードはいう、もしそうした姿勢を貫くのであれば、「宣教師は中国の法に服し、中国の役人の言うことを聞き、中国の法廷で裁判を受け、あるいは正義を求め、中国の慣習に従い、中国の外からの干渉や脅迫、抗議に期待しないことである。・・・それが無理だと思うなら、今の特権をもう少し継続したほうがいい」。アメリカン・ボード宣教師の中国の司法の現状に触れない視察報告に対する批判が言外に含まれているような見解である。そして論考はこう締めくくられる。「我々は治外法権が撤廃されて一刻も早く中国が主権を獲得することを望む一方で、それと同じだけの熱心さで、中国に司法と行政の改革を求めよう。それによって真の改革と、神の霊による新生に基づく完全な主権と本当の繁栄が得られるのである」。

　中国の司法、行政の状況に照らせば当面は現状維持が必要だという宣教師の見方は、1910年にエジンバラで開催された第1回世界宣教会議の記録でも確認することができる。この会議は、史上初のエキュメニカルな国際会議で、事前に世界の各伝道地に派遣された宣教師に伝道上の複数の課題について書面での報告を求め、開催本部に届いた報告の概要と当日の会議の記録が大部な資料としてまとめられた。課題の中には「伝道団体と政府（Missions

第3章　文明化の使命から仕える使命へ

and Governments)」も含まれていた。

　この資料によると、一部の在華宣教師の報告は、武力によって成立した条約に守られるキリスト教伝道は、外国の侵略の一部と見なされるので信頼を得られないとしているが、大多数の宣教師は、条約の特権は、すべての外国人の安全のために必要と考えているという[56]。とはいえ宣教師は、中国人のキリスト教に対する反感が、列強が砲艦と銃剣によって中国を開国させたことに起因していることを知っており、問題の解決方法として奨励された領事の介入が、地域の感情や地方官との関係をさらに悪化させるという悪循環を生んだことも認めていると記す[57]。上述のボルウィッグの主張と類似した現状認識であるだけではなく、それまで見られなかった武力行使とキリスト教伝道を結びつけるより踏み込んだ叙述も目を引く。

　しかし報告の結論は、1907年の上海会議の決議をそのまま踏襲するものだった[58]。その後中華民国の成立、1912年3月11日『中華民国臨時約法』の公布[59]を経てしばらくは、1907年の決議に即した認識が保持された。

（3）五・三〇事件と宣教師

　中華民国成立後、国民党が一貫して求め続けた不平等条約の撤廃は[60]、1921年から翌年にかけて開かれたワシントン会議で検討された。中でも海軍軍縮会議第4本会議で1921年12月10日に採択された中国における治外法権に関する決議は[61]、中国の法制度や行政の整備を条件とすれば治外法権撤廃の用意はある、とした。さらに1922年に締結された9ヵ国条約は、中国の主権、独立、政治的統合を掲げた。

　中国が置かれた主権喪失という状態の解消が目指されるべきことを国際社会が確認した頃、中国では社会主義の影響を受けた学生、知識人を主体とする反キリスト教運動が、都市部を中心に起きていた。この運動は、ミッション・スクール（教会学校）の教育権を外国の宣教会から中国自身の手に取り戻すことを主張した教育権回収運動を挟んで、1927年まで続いてゆく。その過程で1923年1月1日に発表された「中国国民党宣言」は、党として公

に不平等条約の改正を主張した。それに続いて国共合作の出発点となった中国国民党第一次全国代表大会の「宣言」第三節「国民党政綱」において示された対外政策は、第1項目で、外国人租界、領事裁判権、外国人による関税の管理を直ちに停止し、平等な相互の主権を尊重する条約の締結を主張した。

　ナショナリズムの高揚の中で、羅運炎（1889-1966）や王治心（1881-1968）などのキリスト教指導者たちは、キリスト教学校の教育権はどこに帰属するのかという問いを国家主権の問題としてとらえ、主権回復のための不平等条約撤廃を主張し始めた。1925年になると、まず上海で開催された華東基督教教育連合会で「不平等条約の廃止を要求する案」が承認された[62]。さらに5月30日には、当時金陵神学院で教鞭をとっていた王治心を含む87名のキリスト者が、「中華基督徒廃除不平等条約促成会」を南京で結成した[63]。

　宣教師らが条約の不平等性の解消と自分たちに与えられていた特権の放棄に具体的に取り組み始めるのは、王治心らが南京で「促成会」を設立した同じ日に上海で起きた五・三〇事件後である。

　五・三〇事件の概要は以下のとおりである。1925年5月、上海内外紡績工場での争議中に、日本人監督が中国人労働者を射殺する事件が発生した。これに抗議して租界当局に逮捕された学生たちの裁判が、5月30日に行われた。裁判当日、逮捕学生の即時釈放と租界の返還を求め南京路に繰り出した2000人のデモ隊に対し、イギリス警察隊が発砲、死者13、負傷者数十名の大惨事となった。翌日には共産党が上海総工会を組織しゼネスト（罷市、罷工）を決行、学生のストライキ（罷課）とあわせていわゆる「三罷闘争」が25日間にわたって続けられ、運動は上海から広州、香港、漢口など各地に広がった。6月7日には、上海工商学連合会が結成され、事件の全容解明、治外法権と関税の不平等に象徴される不平等条約の撤廃を含む17項目の要求が採択された。さらに6月24日、北京政府はイギリスをはじめとする列強9か国に14項目の要求を提示し、不平等条約の改正を求めた。

　中国のキリスト者たちもこれらの動きに呼応し、6月2日には上海のキリ

第3章　文明化の使命から仕える使命へ

スト者が「上海中華基督徒同盟」を結成し、工部局、警察を批判し、宣教師に正義の実現を求めるなどの10項目の声明を発表した。北京のキリスト者たちも6月22日に「北京中国信徒大会」の名前で、不平等条約を撤廃し中国と列強との対等な関係を打ち立て、対立の原因を取り除くよう訴えた。また当時上海で発行されていたキリスト教雑誌『生命』は「滬案特号」として事件の特集を組み、40に上るキリスト者有志、キリスト教団体、ミッション・スクール関係者の声明を掲載した[64]。

　『生命』誌上の声明はみなイギリス警察の横暴さを厳しく批判しているが、すべてがイギリス人を敵対視し、不平等条約をその元凶と見なして撤廃を求めているわけではない。宣教師と絶縁し中国人のみの教会設立を宣言する「開封内地会全体教友因滬案与英人完全絶交新組織『開封中華基督教会』之宣言」や[65]、イギリス人宣教師を激しいことばで批判する「山西汾州基督徒滬案後援会特告英伝教士的忠言」がある一方で、宣教師に対する嫌悪を戒め、冷静な議論を呼びかける「基督教大学同学会連合会宣言」、非暴力と和解、友愛を訴える「唯愛社上海支部同人宣言」、あるいは「奉天中西基督信徒宣言書」や「北京青年会中西幹事対滬案宣言」など、中国人信徒が宣教師とともに発表したものも含まれている。後述するように、東北部の教会は、宣教師が中国人信徒の自立を尊重し両者が良好な協力関係を築いており、少なくとも奉天の宣言にはそれが反映されていたと考えられる。宣言の発表の方法やその内容は、その地域における両者の関係の良しあしにも一定程度左右されたともいえるだろう。

　五・三〇事件後の抗議行動には、ミッション・スクールの学生たちも多数参加し、これまで宣教師たちが経験したことのなかった"クリスチャン学生とノンクリスチャン学生との共闘"が生まれた。ある宣教師はこの頃の状況についてこう述べている。「ノンクリスチャンの学生たちは、中国において注目されている近々の問題が、全クリスチャン学生とノンクリスチャン学生とを団結させているという事実に感銘を受けている。・・・他の時期であれば、中国が関わる国際的な問題について、中国人クリスチャン知識人どう

しでも大きな見解の相違があったものである。しかし今日はそうではない」[66]。

ではこうした信仰の有無をも超えたナショナリズムの高まり、不平等条約撤廃運動広がりという状況に、宣教師たちはどのように応じたのだろうか。

『生命』の「滬案特号」に寄稿した劉廷芳（1891-1947、神学者で燕京大学教授）は、一般外国人と同じように「排外運動」を「共産主義」と結び付けたり、イギリス政府の外交政策に全幅の信頼を置いたりする宣教師が少なくないと指摘しながら、いち早く母国を批判する声明を発表した30名の在北京宣教師や、事件以前から不平等条約体制を疑問視していたアメリカ人宣教師の例を挙げ、少数の良心の声を紹介している[67]。劉が言及している在北京宣教師の声明の具体的な情報は不明だが、宣教師の最も早い段階での態度表明として6月6日の『申報』に掲載されている「西教士之宣言」を指しているのかもしれない[68]。宣言文は、事件の根本原因は150年に及ぶ西側諸国の侵略行為にあると言明している。

劉が紹介している声明以外にも、上海宣教師連合、天津宣教師連合、在奉天宣教師有志、在長沙宣教師有志が、それぞれ事件後早い段階で声明を発表した[69]。ほとんどは悲劇に対するお見舞いという意味合いの強い内容だが、在奉天宣教師の声明は、「我々外国人は、個人的な犠牲を払うことがあったとしても、私たちが住んでいる国の人々に対する攻撃のもととなっている特権を放棄する備えをすべきだ」と述べている。これは、満洲におけるキリスト教伝道のあり方と無関係ではないだろう。さらに6月3日、北京のミッション・スクール教職員がアメリカのミッションが設立した燕京大学で集会を開き、同大学長スチュアート（Leighton Stuart, 1876-1962）をはじめ各校校長がスピーチをした後、不平等条約解消の文言を含む声明文を採択した[70]。

その後、中国で伝道している宣教師だけではなく、宣教師を派遣する英米の宣教団体が相次いで治外法権、「寛容条項」についての公式見解を表明した。この派遣側団体の見解発表は、当時海外に宣教師を派遣している英米の教会と宣教団体の連合組織が働きかけたものであった。また中国においても、

第3章　文明化の使命から仕える使命へ

中華全国基督教協進会の呼びかけに応じて、各地の教会、伝道会が同様の文書を発表した。中華全国基督教協進会とは、1910年のエジンバラ会議後の超教派運動の成果として1922年に設立された諸教会の連合組織で、エキュメニズムを重視すると同時に、中国教会の自立運動を推し進めていた。各団体の公式文書が取りまとめられるまでの過程は、宣教師の報告書や書簡等のミッション・アーカイブで確認することができるため、以下、これらの宣教師資料を手掛かりに五・三〇事件以降の宣教師サークルの動きを追ってみる。

　五・三〇事件後間もない6月、イギリス中部の町スワンウィックで、伝道会の代表者120名による会議が開催された。この会議体は1912年に40余りの宣教団体が緩やかに連携して設立されたイギリス・アイルランド伝道会会議（the Conference of Missionary Societies in Great Britain and Ireland）で、1925年時は、ロンドン伝道会海外担当幹事（Foreign Secretary）のホーキンス（F. H. Hawkins, 1863-1936）が議長を務めていた。スワンウィックの会議には、中国から一時帰国したばかりの齊魯大学（山東省済南のキリスト教大学）学長のバーム（Harold Balme, 1978-1953）と中華全国基督教協進会幹事ホジキン（H. T. Hodgkin）も参加した。会議の席で彼らは、中国の状況に関心を寄せていた参加者の求めに応じて、五・三〇事件で激化した中国人のキリスト教批判について発言した。

　会議の概要を伝える資料によると[71]、ホジキンは、反発の原因を、外国人嫌い、中国人の劣等意識、ラッセルやデューイの思想的影響、ロシア革命の影響等に帰している。そのうち中国人の劣等意識についてホジキンは、中国で覇権を確立してきた列強のこれまでの行為がもたらしたもので、それは今広く問題視されていると述べるが、キリスト教伝道がその恩恵に与ってきたことには触れず、もちろん不平等条約や「寛容条項」の撤廃にも言及せず、むしろキリスト教側、特に中国人キリスト者が受ける被害が強調されている。中国の現状についてのホジキンの説明は、宣教団体が有する条約上の特権を重大な問題としてとらえてはいない。

　しかしこの4か月後に、同会議は特権の放棄に言及する声明を発表するに

227

至った。彼らに認識の変化が生じた直接のきっかけは、9月半ばにイギリス外務省がワシントン条約を履行する用意があると発表し、さらに10月に入ってからイギリス首相が、ワシントン会議で設置された治外法権委員会の会議の北京開催に言及したことだった[72]。

　北京で開催が予定されている国際会議において、宣教師が享受している特権が必ず議論の俎上に載るだろうと判断したイギリス・アイルランド伝道会会議は、それまでに何らかの意思表明をすべきであると考え、1925年10月9日に代表者会議を招集、全伝道会に向けて不平等条約に関する4項目の声明をとりまとめた[73]。以下、この中で不平等条約に直接触れている第2項目、第3項目の要旨を記す。

　　　われわれイギリスの伝道会一同は、中国における宣教活動と宣教師の法的権利が、現在英国と中国との間で結ばれている条約、とりわけ伝道活動について定められているいわゆる寛容条項に、今後将来にわたるまで基づくことは望まない。さらに将来的な法的権利や自由は、主権国家としての中国によって与えられ、かつ中国とイギリスとの対等な協議によって相互に同意すべきものであることを望む。

　　　伝道活動と宣教師の利益に関する限り、治外法権に関わる現行の条項の撤廃を歓迎する。同時に中国とイギリスとの対等な協議に相互に基づく、司法行政とイギリス国民の生命と財産の保護のための代案をも歓迎する。

　条約上の権利の喪失は、伝道活動に多大な影響を与えることは容易に想定できたはずだが、将来的にという条件付きであれ、特権の放棄に明確に言及したのは、上記のとおり、治外法権撤廃を目指すべき目標として掲げたワシントン会議と9ヵ国条約が念頭にあったからである。加えて、1923年10月10日に公布された「中華民国憲法」の規定に「法の下の平等」と「信教の

第3章　文明化の使命から仕える使命へ

自由」が盛り込まれていたことや[74]、中国人キリスト者自身が、不平等条約ではなく憲法によって保障された「信教の自由」を権利として行使すべきであると主張していたこともその背景として見ておく必要があるだろう。代表者会議はこの点にも言及している[75]。

　代表者会議は、意見表明の文書を公表すると同時に、中国に宣教師を派遣しているイギリスの伝道会に対し、文書に対する意見や現状に関する見解を求めた[76]。まもなく14の各伝道会本部が、10月末から11月末にかけて各々の見解を公表した[77]。

　イギリス当局が中国との条約改正交渉に入ろうとしていることに対しては、14団体すべてが支持を表明したが、「寛容条項」に依拠した伝道の権利を将来的に放棄すべきであるとした会議の見解をそのまま認めたのは、バプテスト教会、英国教会伝道協会、スコットランド教会、英国教会ゼナナ伝道協会、ロンドン伝道会、イングランド長老教会、スコットランド合同自由教会[78]、キリスト教女子青年会（YWCA）、そしてフレンド宣教会の9団体であった。

　代表者会議の声明に対する各伝道会の反応を踏まえつつ、同会議はイギリスの全伝道会の共通認識を、①イギリス政府がワシントン会議の原則に則って条約の見直しを行うことを支持し、②今後の伝道活動が、双方の対等な議論に基づき、主権国家である中国が与える規定に基づくべきであると考え、③同様の対等な議論に基づき、治外法権に代わる権利を希望する、の3点にまとめ、12月7日、議長のホーキンスと秘書のマクレナンの名前でイギリス外務省に送付し、その3日後に伝道会内外に発表した[79]。最初の会議を開いてからわずか2か月というかなり拙速な対応となったのは、北京会議が12月中に開催されることとなり、その前にどうしても外務大臣に送る必要があると考えられたからである。またホーキンスとマクレナンは、これに先立つ11月23日に、イギリス・アイルランド伝道会会議としての立場を簡潔に説明する書簡を駐英中国大使にも送付し、条約改正交渉が開始されることを歓迎した[80]。

229

一方、アメリカの宣教団体の対応はイギリスよりも迅速だった。だがそれも、アメリカ政府がワシントン会議で採択された条約改正案の執行に向けて各国と話し合う準備に入ったという7月2日付の報道を受けてからである[81]。まず北米外国伝道会議（Foreign Missions Conference of North America、北米の外国伝道局の教派間協力組織）の Committee of Reference and Counsel が、7月7日付で中国の状況に関する声明を発表した。中国の最も困難な問題はかの国自身の中にあり、その解決方法は安定した政府の樹立、国家の統一、近代法の確立だが、中国にとっての正義は条約の改正であるから、条約が是正されるまでは欧米の姿勢に対する中国側の誤解は避けられない。私たちは中国と他国との関係における正義の実現のために努力したい、という内容である[82]。

　続いて9月22日に、北米外国伝道会議のランチョンセミナーで、燕京大学学長スチュアートが、五・三〇事件以降の状況と宣教団体が取るべき行動に関する講演を行った。現場を知る宣教師の現状認識がよく表れているので、若干長くなるがその概要を掲げておこう。

　　中国のナショナリズムを認めることは、政治的社会的な問題ではなく、倫理問題であり、誠実さと公平さが試されている。もし宣教師がキリストの福音を勧めるならこの試みを受け止めるべきである。・・・中国人は中国を主権国家として認め外国人を優遇する特権をすべて排した新しい条約の締結を求めている。彼らはいつか遠い将来ではなく、今すぐ求めているのだ。
　　中国伝道に関わる北米の海外伝道局は、新しい条約には、宣教師の特権の基礎となっていた「寛容条項」や、キリスト教伝道に有利な条項は一切入れないこと、さらにアメリカの教会による伝道活動が正義と公平、相互承認を重んじるためのスキームを作成するために中国政府の協力を求めることを表明すべきである。
　　市民、とりわけ学生たちの抗議の声が広範に沸き起こっている。学生

第 3 章　文明化の使命から仕える使命へ

グループの考えは確かに未熟で荒削りで、その行動にも様々な誤りが含まれてはいるが、彼らの声は間違いなく民衆を代表している。今日の中国は、知識人も苦力も会社員も学生も、みな心を一つにしている。民の声は宣教師の姿勢に対し懐疑的である。広範な力強い民衆の意見を前に、この疑いは一刻も早く晴らされるべきである。彼らの声は確実に政府を動かしている。

　10月2日、3日にアメリカとカナダの伝道会および伝道局がニューヨークで開いた会議（unofficial meeting of officers and members of Mission Boards and Societies of the United States and Canada）は、以下の内容を含む声明を採択、内外に発表した[83]。すなわち、ワシントン軍縮会議で締結された9カ国条約第1条の「中国の主権と独立の尊重、門戸開放」という原則に従って現行条約の早期改正を求めること、治外法権の廃止を支持すること、宣教師保護などの条約上の特権については、改正後の条約への挿入を望まないこと、その一方で宣教師が不動産を所有し活動を継続するための権利を中国政府が法的に規定すること、そして中国と他の国々とが将来にわたって「信教の自由」の原則を相互に認め合うよう要望することで、声明の骨子はイギリス・アイルランド伝道会会議と大きくは変わらない。
　上記の会議における議論をリードし、声明採択に最も大きく貢献したのは、1900年からアメリカ改革派教会宣教師として厦門で伝道し、自立教会（中華基督教会）の設立にも深く関わっていたウォーンスハウス（A. L. Warnshuis, 1877-1963）で[84]、彼はこの時、ニューヨークに本部を置く世界宣教協議会（International Missionary Council）の幹事を務めていた。ウォーンスハウスは、列強の外国人すべてがその恩恵に浴する治外法権と、宣教師のみの特権である「寛容条項」を厳密に区別し、宣教師も伝道局も後者の問題をより真剣かつ主体的に考察すべきであると主張していた。彼によれば、「寛容条項」の故に中国人信徒が同胞から排除されただけでなく、不純な動機で教会の庇護を求めるケースを生み、結果として中国社会を分断させてしまったと

いう。さらに「寛容条項」によって「宣教師はより強大な軍事力によって中国政府に強制した協定に依存しながら、攻撃的な西欧の一部として中国にやってきたのだ。彼の説く福音はそれゆえ、妥協して語られざるを得ず、主なる神が誤解されることになった」とその負の側面を辛辣に批判している[85]。

この後アメリカの伝道団体、伝道局の連合組織が次々に、10月2日、3日の会議の声明への賛同を表明した[86]。なお12月予定されていた北京における治外法権委員会会議は翌月にずれ込んだが、アメリカの伝道組織と次に述べる在中国の伝道団体の声明文は、同会議終了後の1926年2月まで採択、送付されている。

イギリス・アイルランド伝道会会議、アメリカ・カナダ伝道局会議の動きを受けて、中華全国基督教協進会は、全国の宣教師にこれら二つの会議の声明を送るとともに、「寛容条項」と治外法権についての各自の見解を披歴するよう呼びかけた[87]。この呼びかけに対し、各地の宣教会や宣教会議あわせて33団体が組織としての見解を表明したほか、個々の宣教師からも様々な意見が寄せられた。

現地で伝道する宣教師自身の見方は本国の伝道会のそれよりもはるかに複雑で、英米の伝道会会議や伝道局の方針に懐疑的なものも少なくない。それは特に宣教師個人が送った手紙を読むとよくわかる。そこに示されているのは、伝道の現場では特権を行使していないという自身の体験や中国の近代化が未発達であるという認識、中国社会に対する根本的な不信、そして問われているのは中国の排外主義であるという主張などである。以下、いくつかの反論あるいは態度保留の例を挙げておこう[88]。

「不平等条約というが、実際には不平等ではない。中国人と同じように我々を扱うよう中国に求めているだけである」（山東のアメリカ北長老教会宣教師）

「この提言に強く反対する。宣教団体が列強と中国との（政治）交渉に介入しようとするのは誠に残念。提言の中身は、中国に住むすべての外国人の

第 3 章　文明化の使命から仕える使命へ

利害と安全を毀損するもの。中国自身にとっても有害」（武漢のイギリス・メソジスト伝道協会宣教師）

「治外法権は維持してほしい。統一政権がない状況ではなおさらそうである。現行の条約を廃止するには中国が近代国家の基準を獲得しなくてはならない。思慮深い中国人たちは、不平等条約の廃棄は時期尚早だと言っている。我々のミッションは中国政府の保護や人々の善意に頼っていない。ありがたい手助けはもらっているが、依存しているわけではない。政府にどうやって依存しようというのか」（福建のアメリカ改革派教会宣教師）

「排外的で反キリスト教的なアジテーションに屈する必要はない、われわれの病院や学校、孤児院がその証左であるように、善き伝道の業をなす我々を中国人は理解し感謝する。中国人自身の教会が成長し外国色が薄まれば、この問題は解決するだろう」（内地会宣教師。場所は不明）。

さらにアメリカン・ボードのある宣教師は、中国人信徒の本音を次のように記す。「私たちの教会では、条約改正に全面的に賛成する決議を採択した。教会の中国人リーダーたちは、中国を他の国と対等に扱ってほしいという強い願いを持っている。だが実際には彼らは、改正の詳細が明らかになった時、過去40年間の敵〔非キリスト教徒〕の恨みが暴発するのではないかという恐れを抱いている。彼らは実際には条約〔の特権〕が自分たちに影響を与えていたとは感じていないし、保護してもらっていたとも感じていない。彼らには教案の記憶が長くとどまっているのだ」[89]。

後述するように、中国人信徒、中でも中国人キリスト教指導者の大多数がキリスト教は早急に国際条約上の特権を放棄すべきであると考えていた。だがこの宣教師が記すように、また後掲の資料にもあるように、中国人信徒のとらえ方も様々であり、特権廃棄の一点において完全に一致していたわけではなかった。

声明を発表した計33の現地の伝道組織のうち、特権に依存して伝道する時代は過ぎ去っているとして、24団体が「寛容条項」と治外法権の撤廃に賛成した。残る9団体は、教会組織が外交問題に公に関わるべきではないと

するもの、「寛容条項」の廃止には賛成しながらも、領事裁判権は政治が解決すべきとするもの、逆に「寛容条項」の廃止に懸念を示すものと様々だが、総じて反対はしないが賛成もできないという姿勢を示している[90]。

条約上の特権の放棄に賛成をした団体の声明も、必ずしも全会一致ではなかったことに加えて[91]、多くの団体が「信教の自由」の原則の相互承認を求めたり、特権を放棄した後に、中国政府が宣教師の伝道の権利と身の安全を保障すること、ミッションの財産を適切に保護することを要求した。中には反帝国主義運動を排外的プロパガンダと断じて自制を求めたりする団体もあった[92]。実際、宣教師の伝道活動とミッションの財産の行方は、「寛容条項」の廃棄に積極的だったウォーンスハウスも懸念事項として挙げている[93]。

そうした中で、北京の宣教師連合（Peking Missionary Association）の声明は、従来の伝道のあり方を批判的に振り返り、中国に最大限の理解を示しているという点で他に類を見ないものである[94]。ジョン・テイラー（J. B. Tayler、ロンドン伝道会宣教師、燕京大学教授）を議長とする同連合は、1925年11月17日の会議で、10月2日、3日のアメリカ・カナダ伝道局会議と10月9日のイギリス・アイルランド伝道会会議代表者会議の決議を踏まえた以下のような声明を、90対13の賛成多数で採択し発表した。

1. わたしたちがここ中国にいるのは、外国宗教としてのキリスト教を押し付けるためではなく、中国の人々とキリスト教信仰の霊的な価値を共有し、互いの宗教的生活を豊かにしていくためである。さらに彼らと協力しながら、人々の幸福のために教育や福祉の活動を行うためでもある。
2. わたしたちは、政治においても、産業、教育においても、真の民主主義をうち立て、また中国に根差した中国人自身の教会を建てようとする人々の努力に心から共感を覚えるものである。またわたしたちは、すべての障壁を取り除き、正しくかつ安定的な政府を立て、

第3章　文明化の使命から仕える使命へ

　　　経済状況を好転させ、中国の人々が自由な主権国家の権利を享受するための協力を惜しまない。
3．わたしたちは伝道上の法的権利がいわゆる「寛容条項」に基づくことは望まない。わたしたちの権利と自由は、主権国家としての中国によって与えられるべきである。
4．わたしたち自身のために、中国においてキリストの教えを体現する宣教師として、列強の軍事力と結びついていると人々に思われてしまうような治外法権は、撤廃するよう希望する。わたしたちはワシントン条約のために指名された委員会が政府に実際的な計画を提示し、治外法権の早期の全廃が実現されることを心より望む。

　他の声明文には見られないこの文書の大きな特徴は、不平等条約が「軍事力」との結びつきを連想させうるものであることに対し警告を発していることである。欧米列強の軍事力行使がもたらした特権の恩恵を受けてきたことに対する自己批判を読み取ることができる。またイギリス・アイルランドの代表者会議の声明はごく遠まわしに、アメリカ・カナダ伝道局会議の声明は直截に、特権放棄の条件として中国政府による「信教の自由」の保障を挙げているが、北京宣教師連合の文書にはこの条件が含まれていないことも興味深い。中国社会はすでにこの概念を受け入れているという前提に立ち、中華民国の主権を尊重するのであれば、特権放棄との取引条件とするかのような記載は不適切と判断したとも考えられるだろう[95]。
　声明を発表した33の団体の中には、中国人キリスト教指導者と共同開催した会議も含まれていた。それは、世界宣教会議議長のモット（John Raleigh Mott, 1865-1955）の訪中にあわせて、1926年1月5日から7日にかけて"The Church in China Today"をテーマに上海の中華全国基督教協進会事務所で開催された会議で、協進会代表の余日章を筆頭に、中国人、宣教師計64名が参加し、教会と不平等条約に関するセッションの終わりに、領事裁判権と「寛容条項」の即刻廃棄を求める声明文を採択した[96]。

235

声明文が採択されるまでの議論を克明に記録した資料には、寛容条項の廃棄に反対する宣教師が、廃棄に賛成する宣教師や中国人キリスト教指導者の鋭い反論を前に、最終的には自説を撤回する過程が記されている。ある中国人参加者は、「〔これまで何度も危ない目にあってきた先輩クリスチャンは〕中国が根本的に変わらないのに、彼らを危機から救ってくれた特権を、今すぐ廃止するなど愚かなことだと考えるかもしれない。しかし同胞たちが帝国主義者の友を受け入れてくれるはずがない。福音が西側の資本主義と帝国主義とは対極にあることを証明するために、私たちは中国人キリスト者の行動に共感するだけでなく、そこに加わるべきである。キリストご自身は武力による保護を決して望まれない」と発言し[97]、また他の中国人参加者からは「保護享有権があるからこそ宣教師が狙われる[98]」「中国人キリスト者はいかなる保護も受けずに、自分の足で立つほうがはるかに望ましい[99]」等の発言もあった。これらの主張は、会議に参加していた中国人キリスト者に限れば、彼らの総意とみなすことができる。一方で、最初に引用した発言からは、教案を同時代の出来事として記憶する世代と、1920年代以降に思想形成をした世代との間に、条約の特権に対する認識のギャップがあったことがうかがえる。ごく少数のクリスチャンとして教案を体験したり見聞きしたりした世代の声を直接資料に見出すことは困難だが、先にも述べたように、中国人キリスト者の受け止め方は決して一様ではなかったことに留意すべきだろう。

　さて、会議に出席した宣教師はどうであったか。会議には先に引用した内地会のホストも出席していたが、彼は最初のうちは、1907年に *Chinese Recorder* 誌上で述べた主張以上に保護享有権の必要性を強調した。ほかにも声明の発表自体に反対する宣教師や、あいまいな態度に終始する宣教師がいたが、それらと対照的な見解を示した宣教師も少なくなかった。例えばこの時 *Chinese Recorder* の編集長を務めていたローリンソン（Frank Rawlinson, 1871-1937年、アメリカン・ボード所属）は「信教の自由が保障されていないことよりも、不平等条約による外国人保護がむしろ危険の源となってい

第 3 章　文明化の使命から仕える使命へ

る」と断言している。「宣教師を含む在中国外国人はすべて、招かれもせず入国し、中国に譲歩を強いることによって現在の法的地位を獲得した」。これもローリンソンが会議の 2 か月前に、*Chinese Recorder* の 1925 年 11 月号で述べたことばである[100]。

　もう一人、中国人教会の声に傾聴し、彼らと徹底的に議論を重ねる重要性を説くアイルランド長老教会宣教師のワイヤーの発言も見ておこう。アイルランド長老教会はスコットランド教会とともに東北部伝道の中核を担っていたが、中国教会の自立を重んじており、「極めて理想的な形である」とモットが評価したほど、中国人信徒と宣教師が良好な関係を築いていた[101]。ワイヤーによれば、中国人教会が形成する関東大会[102]は、1925 年 7 月に不平等条約に関する声明文を採択した後、仲間の宣教師にも特権廃棄への賛成を要請しただけでなく、スコットランド教会とアイルランド長老教会に属するイギリス（北アイルランドを含む）の諸教会にも直接書簡を送り、特権条項の廃棄をイギリス政府に求めるよう働きかけたという。ワイヤーは、何よりも中国人教会の意思を重んじるべきこと、そして、中国人信徒と宣教師が協力し、迅速に行動すべきであることを強調している[103]。

　参加者の中には、ドイツのミッションに所属する宣教師もいた。第一次大戦に敗れたドイツはすでに中国と対等な新条約を結んでおり、宣教師は特権に与っていなかったが、この宣教師は、五・三〇事件以降も危険な目に遭遇したことはないという体験に基づきつつ、旧条約が廃棄されたことは正しかったと述べている[104]。

　特権の廃棄を求める中国人参加者の一致した声と、彼らとともに歩もうとする宣教師の主張に加えて、唯一のゲストとして招かれていたモットも不平等条約の早期撤廃を訴えた[105]。冒頭反対を唱えていた宣教師も最後には彼らの圧倒的な主張に理解を示し、強硬に反対していたホストも自説を撤回して、会議としての声明文が採択された。

　中国に宣教師を派遣している宣教団体と在中国の各地の教会や伝道組織が不平等条約に関する声明を発表したのは、1925 年 8 月から 1926 年 6 月まで

で——最も遅い段階の 1926 年 6 月に発表したのは、中華基督教会広東区会（Kwangtung Divisional Council of the Church of Christ in China）である[106]——その後同じような形で各組織がそれぞれの姿勢を公にすることはなかった。1926 年 7 月に始まる北伐戦争の混乱の中、1927 年の南京事件で複数の外国人が殺害されると、宣教師を含む外国人保護の問題が再びクローズアップされたが、それまでに発表された声明の撤回などの動きにはつながっていない。

1927 年以降の状況についても簡単に触れておこう。不平等条約はその後も維持され、中国政府も不平等条約の規定を前提に宣教師の伝道事業を保護する法令を発布し、地方政府にも宣教師の保護を求めた。その一方で、ミッション・スクールがその大半を占める私立学校を認可登録し、ミッション・スクールの校長を中国人に限り、宗教科目の必修化を禁止し、学校行事としての宗教儀式を禁じる法令が発布され、国家によるキリスト教教育の管理が強められた[107]。また政府は、治外法権撤廃を見据えた法令の整備を目指し、1931 年には「管轄在華外国人実施条例」を制定、さらに帝国主義の文化侵略を防ぐという目的で伝道活動の規制につながる「指導外人伝教団体辦法」が制定された[108]。不平等条約体制下においても、国内法によって、中国人の宗教活動だけでなく外国人の伝道事業をも管理する体制が強化されていった[109]。なお、治外法権・租界の撤廃が達成されるのは、太平洋戦争中の 1942 年 10 月である。

ここまでの考察をまとめると、中国に宣教師を派遣している伝道局側は、中国国内の反キリスト教運動、とりわけ五・三〇事件を機に沸騰する不平等条約撤廃運動に直接促されて、自ら「寛容条項」等の特権を放棄する宣言をしたというよりも、自国政府が条約改正に一歩踏み出した後に、それまでの姿勢を転換させていったということができる。他方、伝道の現場にいる宣教師たちの見方は様々であった。少なくない個々の宣教師が伝道局の方針に反対した一方で、北京宣教師連合や同連合の声明を採用した満洲宣教師会議のように、それまでの伝道のあり方を検証し、中国の人々の声に真摯に聞こう

第3章　文明化の使命から仕える使命へ

とする者たちもいた。

　不平等条約撤廃に対する姿勢を伝道会の教派や神学的背景によって明確に線引きすることはなかなか難しい。イギリスの中国内地会本部は撤廃を求めた代表者会議の決断に賛成したが、伝道地にある中国内地会は態度そのものを明らかにしていない。英国国教会系の宣教会についても同様のことがいえる。一方、在中国の宣教師、伝道会を見てみると、バプテストと長老、改革派系教会（スコットランド教会を含む）、組合教会、メソジスト教会、そしてロンドン伝道会が撤廃に賛成し、英国国教会系、ルター派教会が慎重姿勢を取る傾向にあった。撤廃に賛成した教会は、不平等条約撤廃運動に深くコミットした中華基督教会に加盟していた（同教会の正式な設立年は1927年なので、より正確に、加盟を予定していたというべきか）ことを考えあわせると、当然のことながら、不平等条約の撤廃には、外国の伝道会から自立した中国人教会の形成に積極的に関わったリベラルな宣教師たちがより前向きであったといえる。さらに彼らの中には、北京宣教師連合や満洲宣教師会議、あるいはウォーンスハウスのように、それまでの伝道のあり方そのものを批判的にとらえなおし、中国人信徒との対等な関係を重んじようとした者たちもいた。彼らの姿勢は、従来の中国伝道の枠組みからの脱却を意味し、さらに本章の冒頭で触れたヨーロッパ中心主義の克服の第一歩と見なしうるものであった。次節では、この問題をさらに掘り下げるために、中国伝道のありようを公に批判した人物、パール・バックを取り上げる。

4．パール・バックの中国伝道批判

　1938年にノーベル文学賞を受賞したパール・バック（Pearl Buck, 1892-1973）の作品で最も有名な『大地』（*The Good Earth*, 1931-1935）が日本で最初に翻訳されたのは、1935年である（新居格訳）[110]。以後この作品は、小野寺健による1997年の新訳[111]まで複数の翻訳者が邦訳を手掛け、多くの読者を獲得してきた。2001年にはバック伝記の決定版が翻訳され[112]、さらに

パール・バック（1932年ごろ）
著作者：Arnold Genthe, パブリック・ドメイン
https://commons.wikimedia.org/wiki/File:Pearl_Buck.jpg による

1927年に南京事件に遭遇したバックが中国から一時的に避難していた長崎雲仙での生活を描いた小説『ツナミ』の翻訳が、2005年に復刊された[113]。また2013年、2014年、2019年とバックの未邦訳作品の翻訳も次々行われ[114]、パール・バックへの関心は一時期ほどではないにせよ、忘れられた作家となっているわけではない。しかしながら、彼女自身が宣教師の娘であることは知られているとしても、バックが1932年11月にニューヨークのアスター・ホテルで中国伝道を厳しく批判する講演を行い、それが直接の引き金となってキリスト教伝道の世界から完全に身を引いたことが、中国キリスト教史研究の文脈の中で考察されることは、あまりなかったように思われる。

　一方、バックが育った当の中国では、彼女の存命中は著作自体が全くといっていいほど評価されなかった。国民党の腐敗を手厳しく非難していたが故にバックは同党から疎んじられ、また『大地』の中で描かれている農民が、現実の苦悩に耐え忍ぶばかりで革命的ではないという理由で、共産党の評価も非常に低かった[115]。しかし90年代以降、次第にバックへの関心が高まっていった。そのころから、人民共和国成立以降半ば放置されていた中国各地のキリスト教関連施設の修復も進められ、彼女が1914年から3年あまり両親とともに暮らした江蘇省鎮江市の登雲山にある宣教師館や、夫が農業経済学の教授として金陵大学（現南京大学）に招かれてからともに過ごした大学構内の住居が、改修工事を経て「賽珍珠故居」（賽珍珠はバックの中国名）として保存されている[116]。

　さらに、1933年に中国語訳された『大地』が1988年に訳しなおされたの

第3章　文明化の使命から仕える使命へ

を機に[117]、それまで中国に紹介されてこなかった作品が次々に翻訳され、2010年代前半まで、文学の専門家を中心に学術研究も精力的に行われた[118]。しかしこれらの研究の関心は、中国とアメリカの狭間で生きた才能豊かな女性が、二つの文化の対話と相互理解に如何に貢献したかという文化交流にあり、バックが中国文化を高く評価してアメリカに紹介していたことに重きを置く傾向が強く、キリスト教史的関心は希薄である。

　ここではバックを東西文化交流の担い手としてではなく、伝道団体に所属し、広い意味で中国伝道を仕事とした女性としてとらえなおし、中国伝道のあり方に異議を唱えた彼女の批判的言説に注目する。

　小説『大地』や、彼女の母カロラインを描いた『母の肖像』、伝道一筋の父アブサロムが主役の『戦う天使』等のいずれの作品にも、中国でのキリスト教伝道活動に対する彼女の冷静で時に批判的な評価を見出すことができるが、以下の行論では、バックの批判的見解がまとまった形で示されている1932年のニューヨーク講演を中心に分析し、彼女の中国伝道観をより客観的に伝道史研究の中に位置づけ、バックの眼を通して中国伝道のあり方を考えていく。バックの中国伝道批判については、宣教師を派遣したアメリカの海外伝道論に関する研究においてすでにいくつかの論考が発表されているが、これらの先行研究に、中国の文脈からの視点を加えてバックの議論を改めて検討し、中国伝道の何が批判の対象となったのか、伝道の現場に身を置いていた当事者の自己省察を考えてみたい。

（1）海外伝道の衰退と『伝道再考』

　パール・バックは、アメリカ南長老教会の宣教師である父アブサロム・サイデンストリッカー（Absalom Sydenstricker, 1852-1931）と母カロライン（Caroline, 1857-1921）の長女として、1892年、アメリカ、ウエストヴァージニアで生まれた。ちょうどサイデンストリッカーが中国での伝道10年目の節目に長期休暇で帰国していた年である。同年、生後3か月で両親に連れられて中国に渡ったバックは、1917年の結婚まで、父親の2度目の長期休

暇や進学のためにアメリカに帰国した数年（帰国直前の上海での学校生活を含む）と、義和団事変のために上海に避難した時期を除いて、ほぼ江蘇省鎮江で家族とともに暮らした。初等教育は、アメリカ南長老教会が1884年に設立した長江流域最初の女子学校、崇実女塾で中国人の少女たちと一緒に受けた。家では英文学を手当たり次第に読み漁る大の読書好きな少女だったという[119]。

　1910年、父親の2度目の長期休暇で家族とともに帰国し、ヴァージニア州のキリスト教女子大学に進学する。1914年6月の卒業時には、彼女は心理学部の助手に就くよう指導教授から勧められており、中国に戻らず宣教師にもならず、そのまま米国にい続けるつもりだった[120]。しかし父親の強い願いに応えて、南長老教会伝道局に応募し、ミッション・スクール教師の資格を得て1914年末に中国に戻り、アメリカ南長老教会が鎮江府丹徒県に設立した潤州中学（男子学校）[121]と自分の母校で教鞭をとった[122]。

　1917年にロッシング・バック（John Lossing Buck, 1890-1975）と結婚した後は、夫がアメリカ北長老教会所属の農業宣教師（agriculture missionary）であったことから、同会に籍を移し[123]、以後3年間、夫の赴任地である安徽省宿県に暮らした。小説『大地』は、ここでバックが見聞きした中国農民の生活がモチーフとなった。

　1920年、夫の金陵大学（アメリカ北長老教会を含む3つの教派によって設立されたキリスト教連合大学）赴任に伴い南京に移住、同年娘を出産、その翌年には病気がちだった母親を喪う。その傍らバックは、金陵大学と公立の東南大学で英文学の講義を担当した[124]。

　バックが宣教師批判を公にし始めるのは1923年頃で、以後1933年まで10年にわたって中国伝道のありようを批判し再考を促す論考を発表したり、講演で語ったりした。1920年代は、ちょうどキリスト教界における自由主義と保守主義の対立が鮮明になった時期に相当する。

　ハドソン・テイラーとティモシー・リチャードを保守主義か自由主義かで類型的にとらえる見方があるものの、19世紀後半の中国伝道は敬虔主義的

第 3 章　文明化の使命から仕える使命へ

トーンによって支配されており、保守主義と自由主義の対立は顕在化していなかったこと、これは中国だけでなく、19世紀の海外伝道全般がそうであったことはすでに述べた。中国では19世紀後半から20世紀初頭にかけて、1877年、1890年、1907年の3回の宣教師会議が開催されているが、どの会議にもほとんどすべての伝道会から宣教師が代議員として出席し、時には激しい議論を交わしながら伝道の課題を共有した。この議論にすでに保守と自由主義との対立の芽が見られるとはいえ、同じ土俵で議論ができたこと自体が、両者の亀裂がそこまで深刻ではなかったことを示している。この対立が修復困難なレベルにまで至ったのが1920年代である。

　神学上の対立やそこから導かれる伝道方法をめぐる確執は、教派間の協力に対する見方ともかかわってくる。中国に宣教師を派遣した伝道団体は、バックが所属していたように教派教会付属の海外伝道局が管轄するものと、単一の教会には属さない超教派のロンドン伝道会や内地会のような団体があった。中国伝道の初期の宣教師たちは、敬虔主義的信仰を共有し、しかも圧倒的少数であったので、教派や所属団体の違いは伝道の重要性よりもはるかに優先順位が低く、開港場では教派を超えた協力が当然必要とされた。内地伝道が解禁される1860年以前はもちろんのこと、1860年以後も新たな土地で開拓伝道を行う場合は同様であった。

　開港場に租界や外国人居住地が確立し、キリスト教伝道の環境が整い、それに伴って宣教師を派遣する教会が増加すると、当初は目立たなかった教派色が少しずつ前面に押し出されてくる。それまで教派の別なく共同で行われていた伝道事業は、各伝道会や教会の方針に従って個別に行われるようになり、それぞれの団体は開港場に拠点を設置し、教会や初等教育機関、病院施設等々を設立、そこからさらに内陸に進出した。

　それでも協力関係は維持された。複数の伝道団体が同一地域に宣教師を派遣する際には、教派間で伝道担当地区を調整する合意が交わされた。1850年代以降の聖書漢訳共同事業は教派協力の典型的な事業であり、また教育の分野では、1877年の宣教師会議で全国のミッション・スクールの統一教科

書を教派共同で作成することが提起され、各教派の代表者が作成に当たることを通して、教派間の協力が著しく進んだ[125]。金陵大学をはじめとする高等教育機関もまた、複数教派が合同で設立する場合が多かった[126]。

ただしこうした動きは、自由主義的な宣教師と保守的な宣教師との分裂を助長したともいえる。自由主義的な立場に立つ宣教師、あるいはそれに近い宣教師と異なり、保守主義者は世俗的な分野の教育に消極的であり、そうした方向性を支持する教派との協力にもあまり関心を示さなかったからである。先の教科書共同事業については、中国内地会のハドソン・テイラー等は、宣教師の務めは「福音を広めること」だとして、直接的な伝道以外の事業に関わることを批判した[127]。

伝道事業を効果的に遂行するための教派間の協力は、1890年代に始まった学生ボランティア運動（Student Volunteer Movement, SVM, 1888年開始）や国際YMCA運動の影響を受けて、世界的な超教派運動（エキュメニカル運動）に合流していく。1886年から1919年までの間に、2,500人を超える学生ボランティアがアメリカから中国に渡った[128]。SVMとYMCAの中心的存在として、学生たちの海外伝道を指導した人物が、前節でも触れたモット、さらにモットを資金面で支えたのが実業家ロックフェラーである。彼らは海外伝道そのものの意義をいささかも疑っていなかったが、それぞれの解釈によってキリスト者どうしを分断させかねない教義や教会組織を広めることよりも、キリスト教のメッセージに基づく社会改革、精神改革を重視した[129]。特にモットは、1907年以降たびたび中国を訪問し、公立の大学にYMCA組織の設立を働きかけ、各地で精力的に講演活動を行い、集まった多くの聴衆に中国社会全体のキリスト教的改革を訴えた。彼が議長を務めたエジンバラ世界宣教会議（1910年）の開催は、中国のキリスト教界における超教派の流れを加速させることになった[130]。

しかし、莫大な資金を投入し、大衆動員方式を用いて行われる伝道活動は、世俗的に流れる傾向があり、モットらの講演に耳を傾けた多くの中国人聴衆も、その内容をキリスト教的メッセージとしてではなく、世俗的な社会

第3章　文明化の使命から仕える使命へ

改革の訴えとして受け止めた。つまり、自由主義的な主張は、それ自体の内にキリスト教のアイデンティティを曖昧にする要素を抱えていたのである。加えて、1914年に始まった世界大戦は、人間の理性に対する深い懐疑と自信の喪失を生み、それによって、理性に信頼を置く自由主義神学の足元も切り崩され始めた。

　上述の学生ボランティアの数がピークを迎えるのは、1920年から1921年にかけてで、それ以降海外伝道に赴く学生の数は減少の一途を辿る。これは海外伝道に対する熱意そのものの斜陽化と軌を一にしている。バックが中国伝道の意味を盛んに問い直し始めた背景には、このような状況があった。

　伝道熱の全般的衰退は、その帰結として、海外伝道の大幅な見直しや大胆な改革、従来の手法の徹底的な洗い直しを求める動きを生み出した。その最たるものが、ロックフェラーの資金提供によって、1930年からインド、ビルマ、日本、中国の4地域を調査地として大々的に実施された「信徒による海外伝道調査 Laymen's Foreign Missions Inquiry」である。1932年には、その報告書に基づく研究を纏めた書物『伝道再考 Re-thinking Missions』が出版され大きな話題となった[131]。

　調査委員会は、バプテスト（北部）、会衆派、メソジスト監督教会（北部）、アメリカ聖公会、アメリカ北長老教会、アメリカ改革派教会、合同長老教会の7つの主要教派からの代表者各5名、計35名によって構成され、その上位に調査委員会を指導する15名のコミッションが置かれた。委員会やコミッションのメンバーは哲学教授や実業家などで、コミッションの議長はハーバード大学哲学教授のアーネスト・ホッキング（William Ernest Hocking, 1873-1966）が務めた。ホッキングを筆頭にこの事業にかかわったメンバーは、教派から公的に派遣されたわけではなく、海外伝道局からは完全に独立した一般信徒たちで、これによって調査の客観性が担保された。

　調査は1930年末から始まり、インド・ビルマ、中国、日本の4地域にそれぞれ調査員が派遣され、伝道活動に関するデータ収集が行われた。1931年9月に調査報告書が提出されると、15名のコミッションが報告書を精査

したうえでニューヨークを出発、翌年7月の帰国までの間に、報告書に基づき各地で宣教師、現地人指導者らと面会し、インタビューや話し合いを行い、最終報告書『伝道再考』をまとめた。

『伝道再考』はこう問いかける。かつて宣教師の努力に委ねられていた様々な領域、例えば科学および科学的思考の導入と紹介、教育の充実などは、いまや非宗教的あるいは一般的な事業者や、他の宗教によって担われている。確かに道徳的価値は宗教的要素によって支えられてはいるものの、それは確固たる輪郭を持った特定の宗教ではなく、より普遍的で非論争的なものだ。人間の世界観が大きく変化し、宗教が象徴するもの、宗教から想像されること、科学的真理に対し宗教はいかなる態度をとるべきかなども変わらざるを得ない。裁きや罪、闇からの救いを強調した時代から恵みが強調される時代となり、科学との対立、葛藤の時代から自由な解釈が認められる時代に変わろうとしている[132]。

こうした変化の中で、「何故宣教師がメッセージを届けるため故国を離れる必要があるのか」という疑問が新たに起こっているのは当然のことである、と『伝道再考』は述べる[133]。そして伝道局と現地教会のとの関係、初等から高等までの教育活動、医療、農業、女性、行政等、多岐にわたる項目を掲げて、個々の問題を考察している。全編を通してしばしば指摘されているのは、教育や医療に携わる宣教師の多くが、それをこなすだけの能力と専門的知識に欠けていることである。例えば大学教育については、ミッション・スクールの多くが、知的訓練よりも「宗教的目的、甚だしくは教派的目的に重きを置くため、教える能力のない人間が各学部に配置されている」という厳しい評価が下されている[134]。

にもかかわらず、海外伝道には意味がある、と『伝道再考』は結論づけた。その意味とは、「諸宗教との自由な交流を通して、ともに真理を探究できること」であり[135]、また「イエス・キリストから学んだことを言動で示し、この世界に彼の精神を生かしていくよう努力すること」である[136]。

とはいえ、伝道事業を聖なる座から引きずりおろし、キリスト教の真理を

第3章　文明化の使命から仕える使命へ

相対化させ、宣教師の活動を批判的に検証したこの調査報告は、海外伝道関係者の間に大激論を巻き起こし、保守主義と自由主義との亀裂を印象付けることになった。

　バックはこの調査そのものには直接関与していなかったが、1932年の秋口に『伝道再考』が出版されて間もなく、*Christian Century* という雑誌の依頼に応えて同書の書評を執筆した。『伝道再考』の主張と結論にほぼ全面的に同意したバックの書評が載った同誌は、ニューヨークでの講演会の直前に出版された[137]。講演会が開催された時点で、聴衆がバックの書評を事前に読んでいたかどうかは定かではない。しかし同書を評価するバックの書評は、講演の内容を勢い際立たせることになった。ではバックは一体なぜ中国伝道のあり方を批判するようになったのだろうか。彼女の懐疑が批判へと嵩じていく過程を次に追ってみたい。

（２）パール・バックの海外伝道観　思春期〜1920年代

　アメリカ人宣教師の伝道熱がいつごろから、何故減退してしまったのかという問いを立て、バックの宣教活動からの撤退をその最もふさわしい事例として論じている宗教史家、ワッカーによれば、バックは1910年代までは、父親譲りのファンダメンタルな信仰を維持していたという[138]。さらに同じように中国人観も、ファンダメンタルな信仰を持つ人々にありがちだったのと同様、差別意識と偏見に満ちていた。

　バックが公に文章を書き始めるのは、1920年代に入ってからであるから、ワッカーがその根拠とするのは、バックがアメリカにいる親類や友人に書き送った私信の中身である。そこには、「宣教師の仕事は、異教徒の堕落と邪悪さとに辛抱強く付き合うこと」で、宣教師の生活は物質的には非常に貧しいが、「〔中国人の〕ありとあらゆる罪と向き合うことに比べればなんでもない」という決意が述べられている一方で、一度中国人を知ってしまうと、「中国を半文明国だと見なすことにさえも激しい怒りを感じる。・・・中国は悪魔に捧げられた国だ」という、後年のバックからは想像できないよう

な、中国に対するあからさまな蔑視がつづられている。

　生まれてすぐに宣教師の両親に連れられて中国に渡ったバックが、再び母国の土を踏んだのは、それから十数年後、父親の長期休暇に合わせてランドルフ・メイコン大学に入学した時であった。後年バックは、1914 年同大学を卒業した当時のことを振り返って、「宗教を変えるように説教したり説得したりすることはできないから、宣教師になりたいとは思ってはいなかった」し、「自分の宗教が他のどの宗教よりも優れていると公言できるような霊的姿勢を身につけていなかった」と述べている[139]。キリスト教を相対的にとらえる多元主義的な見方が芽生えていたといえるが、しかしこの時点ではまだバックの胸の奥にしまわれ、前述のようにバックは父親の要望どおり、伝道局所属の教育宣教師として中国に戻った。

　バックは、1921 年の母の死後、実母の生涯を自分の子どもに伝えようとして本を書き始めた。この原稿は数年後に "The Exile"(『母の肖像』)として出版されることになるが、当初バックに出版の意図は全くなかった。しかし母の物語を書きあげたバックは、物書きとして立っていくことを決断する[140]。そして翌 1922 年、初めて自らしたためた文章を公にすべく、エッセイ 2 本を別々の雑誌に投稿した[141]。どちらのエッセイも、中国の人々の暮らしを愛おしむようにつづり、中国の隠れた美しさに目を留めるべきことを訴えており、1910 年代に書かれた私信とは相反する内容となっている。キリスト教や宣教師は全く登場しないが、その後のバックが、宣教師一般を、中国の優れた面や表にはなかなか出てこない美しさを見ようともせず、哀れんだり慨嘆したりする対象としてしか中国を描けないと批判したことに照らせば、その批判の原点をこれらのエッセイに見ることができるだろう。

　その翌年、バックは、Chinese Recorder 上で、宣教師の権威主義を初めて批判的に論じた[142]。"The Conflict of Viewpoints" というタイトルは、古色蒼然たる手法と偏狭な教派主義に固執する年配の宣教師と若い宣教師との、伝道をめぐる見解の対立を意味している。年配宣教師は、若い宣教師を子ども扱いしていて、非常に了見が狭く、新しい動きをなかなか理解しよう

第3章 文明化の使命から仕える使命へ

としないし、何よりも傲慢である、とバックの筆は遠慮がない。彼にとって中国人は、支配する対象でしかなく、対等な協働者として認めることはない。加えて、バプテストか、長老主義かという教派の違いは、中国人にとってほとんど意味をなさないにもかかわらず、狭い教派主義にとらわれている。自分の価値基準にそぐわない中国人の思考様式や慣習を軽蔑し非難するが、反対に中国人が我々の奇異な慣習に寛容であることには思い及ばない。彼ら中国人と完全に対等に協力して伝道活動を行うことは、中国人を「子どもとしてしか見ようとしない」年配宣教師には不可能だから、若い我々が率先してその範を示すしかない。バックはそう述べて、差別意識を乗り越えた若い宣教師による伝道の可能性に希望を託した。この時点ではまだ宣教師の存在意義を根本から疑うまでには至っておらず、その結論も比較的楽観的である。

　それから4年後の1927年2月、バックの二度目の宣教師批判が、"Is There a Place for the Foreign Missionary?" のタイトルで *Chinese Recorder* に掲載された[143]。このタイトルが、バックが長老教会を去る原因となった1932年の講演題 "Is There a Case for Foreign Missions?"（外国伝道に意義はあるのか？）とよく似ていることは一目瞭然である。二つの内容を照らし合わせてみても、1932年の講演で示されたバックのキリスト教伝道批判の基本的骨子は、この時相当程度具体化していたということができる。1922年のエッセイの中ですでに示唆され、翌年に年配の宣教師の傲慢さに向けられた批判には、さらに鋭さと辛辣さが加えられていた。批判の対象は年配宣教師という限定された範囲を超え、宣教師全般に対する容赦ない攻撃が加えられたのだった。

　バックの舌鋒がさらに厳しさを増した社会背景に、この間に広まった反キリスト教運動があり、彼女自身もこの論説の中でキリスト教に対する学生たちの批判に触れている。1922年4月に清華大学で世界基督者学生同盟世界大会が開催されることを事前に知った上海の学生たちが、3月9日に大会開催に反対する「非基督教学生同盟」を結成すると、これをきっかけに北京、

南京、広州等沿岸諸都市に反キリスト教団体が結成され、デモや出版活動による反キリスト教運動が広がった[144]。その後いったん沈静化した運動は、1924年、ミッション・スクールの運営を中国人の手に取り戻そうとする教育権回収運動として再び盛り上がり、1925年の五・三〇事件後の大規模な反帝国主義運動に流れ込んでいく。ミッション・スクールの学生も反帝デモに大挙参加し、教育の外国人支配に反対する中、私立学校の認可登録に関する法令が公布された。バックが教鞭をとっていた金陵大學は、この法令に基づき[145]、ミッション系の大学の中で最も早い段階で政府の認可を受ける決定を下した。

　1927年の論説の中でバックは、外国人宣教師が八方塞がりの状況に置かれているという。「私たちはかつてこれほど批判されたことはなかった。彼ら〔中国人〕は、私たちがよからぬ動機を隠し持っていると批判する。帝国主義政府のお先棒かつぎだという。自分の国に居場所がないから中国に来たのだろうという」。こうして中国で批判を浴びるばかりか、宣教師は母国の教会にも見放されているとバックは述べる。財政が逼迫していた伝道局は、外国伝道のコストを削減し、宣教師たちの自助努力を要求しつつあったからだ。加えて、自由神学と保守神学との対立が事態をより深刻化させていた。保守神学の無謬性に対する懐疑、合理主義的聖書解釈の登場によって、それまで自分が純粋に信じ、中国人に伝えてきたことが根底から覆され、多くの宣教師たちが途方にくれていた。伝えるべきことを失いつつある宣教師に、もはや居場所はどこにもないように見えてもおかしくはなかった。

　しかしバックは「居場所はあるのだ」と言いきる。ただしそれは、今中国にいる宣教師に無条件に与えられるのではない。中国での居場所は、特別な条件を満たした宣教師だけのものだからだ。彼女の観察してきた宣教師たちは、自分が見たいものだけを見ようとしている、とバックは批判する。例えばそれは「あばら家であり、裸の子どもたちであり、纏足」である。彼らは、あばら家の中にさす日の光や、土ぼこりの中を転げまわって楽しげに笑う子どもたちや、纏足の母親の誇りに満ちた顔には関心を払おうとしない。

第3章　文明化の使命から仕える使命へ

そうして彼らは、「清潔や衛生という観念、8時間労働、その他西洋文明を構成し、同時にキリスト教もその一部だと彼らが思っているもろもろのいかめしい考え方を、海の向こうから持ち込んだ」のだと。よきものはすべてキリスト教国にあると思い込んでいる彼らは、中国の優れた文化や哲学にはおよそ無知である。

パール・バックが過ごした鎮江の宣教師館。現在は賽珍珠故居として一般に開放されている。2013年、筆者撮影。

バックによれば、「無知」な宣教師にもとより居場所はないのである。中国が真の意味で必要としているのは、次のような人物である。人種の壁を越えることができ、文明国としての優越感を捨て去り、教派主義、伝道局へのご機嫌伺いから自由な精神を持ち、あくまでも実際的である、つまり庶民から知識人にいたる中国人のそれぞれの訴えに具体的に応えられる知性を備えていること。これらの条件を満たす宣教師だけが、中国で居場所を見つけることが出来るのだと、バックは力説する。「外国人宣教師は最高の資質の持ち主であるべきだ。最も高い知性、最も鋭い憐れみの心、最も繊細な理解力、最も深い倫理性、そして宗教的確信を持つ人物でなければならない」のである。1932年に出版された『伝道再考』が宣教師の資質を厳しく問うていることはすでに述べたが、バックはその5年前に『伝道再考』の内容を先取りするかのような指摘をしていたといえるだろう。

　この論説が掲載された翌月の1927年3月に、バックの生活を激変させる大きな事件が起こった。南京事件である。後述する1932年の講演の冒頭でバックは、「外国人による中国伝道」について「ここ十年の変化の激しい生活の中で」考え続けてきたと述べている[146]。1922年からの10年間、反キリ

251

スト教運動、五・三〇事件、教育権回収運動、北伐、満洲事変と、中国社会は矢継ぎ早に大きな出来事を経験した。だがバック個人の平穏な生活を崩壊させ、最も激しい変化をもたらしたのは、この南京事件だった。すでに宣教師のあり方に対し批判を強めていたバックは、この時の経験を通して、中国に宣教師が存在する意味について更に思索を深めることになった。

　1927年3月24日、南京入城を果たした北伐軍は、大きな戦闘を経ずして南京を占領した。しかし小規模ながら生じた混乱の最中、北伐軍の一部兵士が外国領事館、外国人の住居、教会、ミッション・スクールを次々に襲撃し、遂には金陵大学の副学長を務めていたジョン・ウィリアムズ（John Williams）はじめ、数名の外国人が殺害されるにいたった。襲撃には計画性はなかったものの、教育権回収運動を経た反キリスト教運動が、キリスト教に反発する感情を醸成していたことは否定できない。

　27日の朝、バック家族が朝食をとっていた時、なじみの仕立屋が血相を変えて駆け込んできた。北伐軍が外国人を殺し始めているから、直ちに逃げるようにと言われた彼らは、暖炉が燃え、テーブルには食べかけの朝食が置かれたままの大学構内の家から、あてもないまま大急ぎで脱出した。バック一家は、大学の裏門近くに住んでいた知り合いの中国人女性の計らいで、この女性が住む土壁の家にかくまわれ、最悪の事態から身を守ることができた。翌日の夕刻、バックは隠れ家の中で、7マイル先の長江に浮かぶ外国の軍艦から南京城内に大砲が何発も打ち込まれる音を聞き、一つ間違えば、自国軍の攻撃で、バックもバックの家族も命を落とすところだったことを知る。間もなく、アメリカ海軍と北伐軍が、交渉の末攻撃を中断すると、バック一家は他の外国人とともにこの軍艦に避難し、アメリカ海軍の保護下におかれた[147]。

　バックは、教案が発生した際に、首謀者の処罰と賠償を求めるために用いられた武力威嚇の常套手段も、さらに外国人に与えられていた不平等特権も、ひどく嫌っていた。だが実際に外国人が生命の危機に曝された時、どんなに不本意であろうとも、結局は自国の軍隊の保護を受けることになるとい

第3章　文明化の使命から仕える使命へ

う現実を、バックは身をもって体験した。南京事件の背景にあった問題を、バックは次のように述べている。

> いまわたしたちは、全く知らない人たち、侵略者、帝国主義者、戦争で略奪を行い、領土を奪い取ったヨーロッパ、そしてイギリスの白人、不平等条約を結んだ人たち、治外法権を主張する人たち、帝国の建設者、このような人たちのせいで苦しんでいるのだ。ああ、わたしはいつも彼ら白人のことを恐れていた。なぜなら彼らのせいでわたしたちもアジアの嫌われ者になっているから。歴史の重みがわたしたちにずっしりのしかかってくる。出会った中国人の全員に誠意を尽くしたわたしの年老いた父に、そしてこの国以外を知らずに、そこで死の危機に立たされているわたしたちの小さな子どもたちにも[148]。

だが、この特権から彼女自身が「逃れられない」境遇におかれていることも、バックはもちろんよく知っていた。

> わたしは常にこの条約を嫌悪してきたし、条約による保護を自分に適応させて欲しいと思ったこともなかった。しかし実際問題、条約に背を向けると心細いのだ。それらが悪しきものであっても、そして何世代にもわたって中国人の中に積み重ねられてきた憎悪という苦い実を生んだとしても、わたし自身は不本意ながら条約によって守られてきたのだ[149]。

さらに軍艦に保護されたことについては、次のように回想している。

> わたしはこれまで、川べりに軍艦が浮かぶのをずっと見てきたが、いつも軍艦がそこになければいいのにと思っていた。外国の軍艦は、中国の内陸河川にいるべきではない、そう思っていたのだ。しかし今、その

253

軍艦がわたしとわたしの家族を救い、避難させてくれている。確かに死ななくてよかった。けれども、自分がいまだに間違いだと思っていることを、自分の意思に反して正当化する必要がなければどんなによかったことか。だが、いまさら言い訳をしても無駄だった。わたしは自国の民に戻っていたのだから[150]。

　バックは、死と隣り合わせだったこの経験を通して、キリスト者であり、中国とアメリカふたつの文化を同時に生きるという、いわば３つの重層的なアイデンティティを持ちながらも、アメリカ国民であることから逃れられない現実を否応なく受け入れた。自身に纏わりつく条件のゆえに、中国人とともに生きることができないという引き裂かれた状況は、中国にとって宣教師によるキリスト教伝道が意味を持つとすればそれは一体何なのかという問いを、それまで以上に重く深くバックに突きつけた。そしてこの問いをめぐる自問自答は、1932年11月、ニューヨーク、アスター・ホテルでの講演に投影されることになる。

（３）「外国伝道に意義はあるのか？」

　ベストセラーとなった『大地』が1932年にピューリツァー賞を受賞してから間もなく、バックは夫とともにアメリカに渡った。すでに時の人となった作家に次々舞い込んできた講演依頼のほとんどをバックは断っていたが、長老教会婦人委員会（the Woman's Committee of the Presbyterian Board of Foreign Missions）からの伝道活動についての講演依頼は、「教会指導者を100人呼ぶ」という条件付で引き受けたという[151]。

　これまでの伝道批判が本国から派遣されてきた宣教師たちに向けられていたのと異なり、この講演 "Is There a Case for Foreign Missions?" は、送り出した側、とりわけ伝道局の問題を完膚なきまでに抉り出し、その責任を問う内容となっている。同時に、彼女が正統的な神学理解から遠く離れ、中国人知識人の合理主義的なキリスト教批判に強い親近感を覚えていることも

第3章　文明化の使命から仕える使命へ

見て取れる。

　彼女が接してきた正統的宣教師は、「救いを必要としている人々に対する憐れみを欠き、自分の文明以外はすべて軽蔑し、同業者には実に辛らつで、繊細で文化的な中国人の中で実に下品で無神経に振舞っていて[152]」見ていて恥ずかしい思いでいっぱいになるほどだった。にもかかわらずアメリカの教会は、一流の人間は本国に留まるべきだと考え、二流以下の人間を派遣し続けてきた、とバックは断言する。「皆さんは、人を飽き飽きさせる説教者を、嬉々として外国の地に送り出してきました。全く無知で、しかも自分が無知であることすら知らない大学出たての男女を、皆さんよりもずっと年上の人たちのもとに送ったのです」[153]。以前のように宣教師自身を攻撃することはもうしないのだ、とバックは繰り返す。もし彼らがアメリカに留まっていたとすれば、むしろ平均以上の人間と見なされて、軽蔑されるようなことはなかったはずだから。しかし彼らは国外に出ると、中国語もできず、他の文明に意味を見出すことができないから、空虚で狭量になり、忍耐力を失い、結局決まりきったやり方に従うようになる。「私たちがこうした人間を送り出してきたことを、私は慈愛溢れるキリストの名によって、中国の人々にどんなに謝っても謝りきれない」[154]。

　加えて、伝道局は常に目に見える成果を求める。教会に来る人間の数によって伝道の成否を図ろうとする。飢餓と貧困にあえぐ小さな町に、中国人にとっては途方もない巨額の資金を投入して大きな教会堂を建てたという例もある。町の大抵の人々は土の家に住み、金持ちでさえもつましい暮らしをしているというのに。今この教会堂は、「愚かしさの象徴」として建っている[155]、と容赦のない批判が続く。

　講演の中で保守的な指導者に挑戦するかのように、「原罪は信じていない」と明言するバックは、康有為や梁啓超の著作に原書で親しみ[156]、彼らの中に中国知識人の典型的な姿を見出していた。彼女は後年、そうした知識人は「無知な人間の指導の下に置かれる心配はなかった」とも述べている[157]。バックは、中国人に永遠の救いを得させることを自分の使命だとする宣教師の確

信は、中国人にとっては「迷信的」でしかなく、宣教師が偽善的な伝道局から送り続けられている限り、伝道は何の成果も生み出さず、合理的で、高い知性を持つ中国人にとっては、全く無意味だとした。

　もしバックのいうとおり、福音を伝えること自体が無意味であるとすれば、外国伝道の根拠は失われたも同然ではないのか？ところがここでもバックは、外国伝道に意味はあるのだという立場は崩さない。なぜならキリストが「他人への完全な共感、偽善者に対する怒り、弱者の重荷を担うこと、敵を愛すること」という理想を体現しているからだ[158]。どんなにおぼろげにではあってもイエス・キリストが知られている国では、「病者は看護を受け、弱者や障害を持つ者は施設で手厚く介抱され、女性は尊敬を受け、人々は多少なりとも善を行おうと努力」している。もちろん多くの失敗や欠陥はある。だがそれでも「キリストというお方がまったく知られていないところよりは、まだまし」なのである[159]。

　バックは「苦心惨憺祈りのことばや聖句を覚えて、教会に受け入れられ」ながら、現実の生活は依然困難の連続である人々を何人も見てきた。病者の病気を治療せずに説教をして、どうしようというのか。病気の原因が汚水にあると知りながら、きれいな水を供給せずに聖書を語ったところで何の意味があるのか[160]。必要なのは、適切な医療であり、汚れのない水の供給、つまり現実の生活から浮遊した宗教説法ではなく、実際的で具体的な奉仕なのだ、とバックは述べる。これは、自由神学とも深いかかわりを持つ社会的福音の考え方に近似している主張にも思えるが、バックのこの見解は、「中国人は、宗教に関しても非常に実際的である」[161]という彼女自身の経験的中国人論にも立脚していた点を見逃してはならないだろう。

　講演会の直前に出版された『伝道再考』の衝撃とあいまって、バックの講演は賛否両論の嵐を呼び起こした。翌月には月刊誌 *Harper's Monthly Magazine* に全文が掲載され、さらに『大地』の出版社 John Day が講演内容を冊子化した。講演に対する反発も大きく、バックの除名を声高に叫ぶ神学者もいた。かつて鎮江で家族ぐるみで交流し、バックの父親の引退後も鎮

第 3 章　文明化の使命から仕える使命へ

江で伝道していた宣教師も、講演によって「彼女が、両親が聖く保ってきたすべてのことから遠ざかってしまうのを目の当たりにするのは辛い」と述べたという[162]。

翌 1933 年 3 月、母校女子大の同窓会に招かれ講演したバックは「孔子は自分にとってイエスと同様の存在だ」と発言し、これが長老教会を去る直接的なきっかけとなった。すでに保守派からの圧力を受けていた長老教会伝道局理事会は、イエスの神性を否定するに等しいこの発言の撤回をバックに求めたが、彼女はニューヨークでの講演も、同窓会での講演も、これまでずっと考えてきたことだとして撤回を拒否し、5 月、自ら辞任を申し出て 20 年近くに及ぶ宣教師生活に終止符を打ったのである[163]。

1933 年、バックは、障がいをもって生まれ、1929 年からアメリカの施設で過ごしている長女キャロルを残し、夫と養女のジャニスとヨーロッパ経由で中国に戻った。この時すでに夫婦の関係は破綻し、バックと『大地』の出版を手掛けた編集者との間に新たな関係が生まれていた。旅の途中で離婚を切り出した彼女は、夫と別々に中国に戻り、翌年の 5 月、南京に来た恋人とともに長期滞在の予定でアメリカに帰国した。この時は、その後二度と中国に戻らなくなろうとは、彼女自身も思っていなかったという[164]。

多くの批判を浴び宣教師の世界から去ったとはいえ、バック自身は、孤児の基金を設立し、反差別、反戦・反核活動に積極的に関わるなど、最後まで小さき者とともに歩む姿勢を貫いた。彼女は理想の宣教師の務めを間違いなく「非宗教的」に実践したのである。

おわりに

バックが中国のキリスト教あるいは伝道について触れる際、その叙述にはある特徴が見られる。彼女が好意的に言及している中国人は、庶民のキリスト者か、キリスト教に批判的だった知識人のいずれかで、指導的立場にある中国人キリスト者はあまり評価していないことである。英米の大学や、ミッ

ション・スクール、或いは中国の近代的な教育機関で学んだ青年たち一般を、バックは、根無し草で中国の哲学を失っていながら、時に自国の老人たちの無知をさげすんでいる、と批判する[165]。キリスト教側に位置する人間がそうでない同国人を文明化の対象とするかのようなこの中国人の姿は、中国の文化を知らずに中国を低く見て、中国人を文明化する使命に燃える宣教師の姿と重なり合う。キリスト教の優越意識と上下関係を前提とする方法のゆえにキリスト教伝道が失敗に帰したこと、にもかかわらずキリスト教指導者たちは、この問題性を理解しようとしないこと、これがバックの伝道批判の中心点であり、それは謙って中国人の必要に応じることによってのみ解決するとバックは主張したのだった[166]。

「わたしは常にこの条約を嫌悪してきたし、条約による保護を自分に適応させて欲しいと思ったこともなかった」というバックの条約観もまた、優越意識に対する嫌悪に裏付けられたものであろう。だからこそ、いざ自分が条約によって守られる立場に置かれた時に、自らの客観的優越性に不本意ながら気づかされ苦悶したのである。

そしてこのバックの姿勢は、「寛容条項のために福音が妥協して語られ、神が誤解される」と主張したアメリカ改革派教会のウォーンスハウス、「宣教師を含む在中国外国人はすべて、招かれもせず入国し、中国に譲歩を強いることによって現在の法的地位を獲得した」と述べたアメリカン・ボードのローリンソン、あるいはスコットランド教会のワイヤー、さらにどの団体よりも自省的な声明を発表した北京宣教師連合の姿勢と共鳴するものである。彼らはみな宣教団体からの中国教会の自立を重んじたが、中国の政治的主権回復が教会の自立と決して無関係ではないことを、強く意識していた。

1930年代以降の中国における伝道活動は、キリスト教伝道が持つ唯一の可能性としてバックが示した実際的な奉仕という道筋を、そのまま辿ったといっても言い過ぎではない。無論、バックが去った後の宣教師たちが、彼女の持論に共鳴したり、影響を受けたりしたというよりも、結果としてそうなったというべきだが、とりわけ日中全面戦争以後の宣教師たちの救援活動

第 3 章　文明化の使命から仕える使命へ

がそのよい例であろう。笠原十九司の研究で広く知られるようになった南京難民区の設置を始め、中国各地の伝道拠点で、宣教師と教会は多くの危険にさらされながら避難民の救済活動に奔走した[167]。彼らは、信者の数を増やしたり教会を拡大させたりするために避難民を救済したのではない。苦難の中にある中国のすべての人々に仕えること、それ自体が目的だった。キリスト教はそうした働きを通して、一時的だったかもしれないが、中国社会に「居場所」を獲得していったのである。この限りにおいて、バックの見通しは的を射ていたということができるだろう。

注

[1] 「進化」という表現は次の論考のタイトルから借用した。Frank Rawlinson, "The Evolution of Christian Treaty "Rights in China," *Chinese Recorder*, vol.56, 1925, pp.719-728.
[2] この間出版された書物はかなりの数になるが、基本資料として、香港中文大学崇基学院宗教研究叢書として出版された全6巻の『中国教会大学文献目録』（呉梓明、梁元生主編、1998年）、中国大陸で出版された「基督教教育与中国社会叢書」全7巻のシリーズ（福建教育出版社、1998年～2003年）を挙げておく。
[3] Dawson, *The Chinese Chameleon*, pp.132-154.
[4] Brian Stanley, "Christian Missions and the Enlightenment: A Reevaluation," Stanley ed., *Christian Missions and the Enlightenment*, Eerdmans and Curzon, 2001.
[5] デイヴィッド・ボッシュ著、東京ミッション研究所訳『宣教のパラダイム転換　下　啓蒙主義から21世紀に向けて』新教出版社、2001年、48頁。
[6] ボッシュ前掲書、32、42頁。
[7] キリスト教伝道とオリエンタリズムの関わりについては以下のジャーナルの特集 "Orientalism, Occidentalism, and Christian Mission" を参照。*International Bulletin of Missionary Research* 28, No.3, 2004.
[8] ボッシュ前掲書、82頁。
[9] Stanley, ibid, pp.2-3.
[10] 東田雅博『大英帝国のアジアイメージ』ミネルヴァ書房、1996年、129-196頁。東田によれば、中国に関していえば、1850年代までのイギリスにおける議論は、中国はヨーロッパの文明を受け入れることによって救済されるという典型的な文

明化論を基本としながらも、中国自身の再生力やイギリスに対抗しうる中国綿工業にみられるような競争力、或いは自力更生力を認めていた。しかしアロー号戦争を経た1860年代から、中国の「文明化」への意志や能力を否定する論調が目立ち始め、「文明化の使命」も軍事的圧力を背景とした市場開放の口実に変質し、90年代には帝国主義的国際関係の中で対ロシア戦略の国益上、再び中国の底力を認めるような見方が生まれたという。

11 19世紀後半以降の日本のキリスト教と国家主義の問題、とりわけ戦時下のキリスト教の問題については以下の文献はじめ多数の研究がある。戸村政博『神社問題とキリスト教』新教出版社、1976年。赤澤史朗『日本の思想動員と宗教統制』校倉書房、1996年。原誠『国家を超えられなかった教会——15年戦争下の日本のプロテスタント教会』日本基督教団出版局、2005年。

12 *Chinese Repository*, Vol.11, Dec. 1842, p.673.

13 Ibid., p.688.

14 Smith, General Aspects of Missions in China, p.44.

15 S. Wells Williams, *The Middle Kingdom, A Survey of the Geography, Government, Education, Social Life, Arts, Religion, of the Chinese Empire and Its Inhabitants*, Ⅱ, John Wiley, New York, 1848, p.96.

16 Ibid., p.98.

17 Ibid., p.584.

18 A. H. Smith, *Chinese Characteristics*, Oliphant Anderson and Ferrier, 1890, p.330.

19 The Rev. J. Edkins and others to Sir. R. Alcock, Peking, July 14, 1869. *British Parliamentary Papers*, China No.9, p.11.

20 反発の原因を中国人の誤解に帰す宣教師の議論が最もよく示されているのが、1895年11月14日にティモシー・リチャードら20名の宣教師が連名で皇帝に上奏した「永息教案策」である。リチャードは、1890年の宣教師会議で行った報告"The Relation of Christian Missions to the Chinese Government"で、キリスト教を中傷する文書の流布の禁止を清朝政府に求めるための委員会設置を提案した。委員会はすぐに設置されたが、清朝政府への申し入れはなかなか実行に移されず、実現したのは1895年8月の古田教案が起きてからだった。Richard, *Forty-Five Years*, 1916, p.214, pp.242-244, pp.250-251.『永息教案策』上海廣學會發印、美華書館聚珍板、光緒二十四年。

21 天津教案研究として前掲の呂実強「揚州教案與天津教案」やコーエンの著作のほか以下を参照。唐瑞裕『清季天津教案研究』文史哲出版社、2008年。日本語文献では、佐藤公彦の以下の論文が最も詳しい。「一八七〇年の天津教案——義和団事変への序曲」前掲『中国の反外国主義とナショナリズム』第三章。

第 3 章　文明化の使命から仕える使命へ

22 『籌辦夷務始末』同治期、巻八十二、同治十年七月乙巳（十七日［1871 年 9 月 1 日］）の条、恭親王（奕訢）等の上奏、十一〜十三頁［3293-3294 頁］。Cohen, *China and Christianity*, pp.250-256.
23 コーエンは「伝教章程」は二つの点で重要であるとした。一つは、清朝政府だけが把握する中華帝国全土で起きた事件の膨大な情報をもとにした偏見を通して、清朝がキリスト教伝道にどれほどいらだっていたかがわかること、もう一つは、清朝側と外国との間に、伝道活動をめぐって埋めがたい認識の差が生まれていたことが示されている点である。Cohen, *China and Christianity*, p.256.「伝教章程」の発布の意図、各国の反応を考察した研究として、以下を参照。董叢林前掲書、182-195 頁。
24 光緒二十一年三月十五日（1895 年 4 月 9 日）「総署給法國公使施阿蘭照會」『教務教案檔』第五輯（一）200 頁。
25 『教務教案檔』同上、202 頁。入江、562-565 頁。植田捷雄「支那に於ける基督教宣教師の法的地位」163 頁。
26 佐藤公彦『清末のキリスト教と国際関係─太平天国から義和団・露清戦争、国民革命へ』（第四章「一八九五年の四川・成都教案」）汲古書院、2010 年、188-240 頁。佐藤は成都教案、さらにその数か月後に起きた古田教案（古田教案については本書第三章で詳論）を詳細に分析し、日清戦争における清朝の敗北直後に起きたこれらの教案が、欧米の帝国主義外交を加速化させ、義和団戦争期の基本構造（帝国主義外交とキリスト教伝道との結託）を形作ったと結論づける。
27 『教務教案檔』第五輯（一）209-210 頁、226 頁、235-237 頁。「通行革除禁教明文」『教務紀略』巻三、十六頁。
28 ティモシー・リチャードは、第 8 項について、条約の事実上の「修正」であると断じている。イギリス政府に強い不信感を持っていたリチャードは、宣教師に批判的なオールコックやウェードの見解が「伝教章程」の作成に影響を与えたのではないかとすら述べている。Richard, "The Political Status," p.102.
29 Editorial Comment, *Chinese Recorder*, vol.27, 1896, p.153.
30 Col. Denby and Missions in China, *Chinese Recorder*, vol.26, 1895, pp.424-426. Koo, *The Status*, pp.328-331.
31 佐藤『清末のキリスト教と国際関係』、153-154 頁。
32 Koo, *The Status*, pp.320-321.　植田前掲書、164 頁。
33 Edmund S. Wehrle, *Britain, China, and the Anti Missionary Riots, 1891-1900*, University of Minnesota Press, 1966, pp.49-54.
34 佐藤『清末のキリスト教と国際関係』、215-225 頁。
35 Koo, *The Status*, p.328.

36　Rawlinson, "The Evolution," pp.719-728.
37　「通商行船続訂条約」第十四款　「耶穌、天主両等基督教宗旨原爲勸人行善，凡欲人施諸己者，亦必如是施於人。所有安分習教，傳教人等，均不得因奉教致受欺侮凌虐。凡有遵照教規，無論華、美人民，安分守教，傳教者，毋得因此稍被驟擾。華民自願奉基督教毫無限止。惟入教與未入教之華民均係中國子民，自應一體遵守中國律例，敬重官長，和衷相處；凡入教者，於未入教以前或入教後，如有犯法，不得因身已入教遂免追究。凡華民應納各項例定捐税，入教者亦不得免納，惟抽捐爲酬神賽會等舉起見而與基督教相違背者，不得向入教之民抽取。教士應不得干預中國官員治理華民之權；中國官員亦不得歧視入教，不入教者，須照律秉公辦理，使兩等人民相安度日。」王鉄崖編『中外舊約章彙編』第二冊、三聯書店、1959年、187頁。
38　「美國教會准在中國各處租賃及永租房屋、地基，作為教會公產，以備傳教之用，俟地方官查明地契妥當蓋印後，該教士方能自行建造合宜房屋，以行善事。」同上、187-188頁。
39　1902年9月5日に清とイギリスとの間で上海で結ばれた「続議通商行船条約」が第13条で定めたキリスト教伝道に関する規定は以下のとおり。「できうることであれば、過去に起きた問題は今後避けることができるよう、宣教師問題について熟慮しなくてはならない。清国と欧米条約国とが（教案の）調査委員会を設立するのであれば、大英帝国はこの調査委員会に参加し、信者と非信者とが平和裏に共存できる方法を構築することに合意する」。
40　岑春煊は「山西教案善後章程」を外務部宛ての咨文に附して送った。「山西巡撫岑春煊爲請將教案善後章程第十一條内容照知使事咨外務部文」光緒二十八年二月十九日（1902年3月28日）『清末教案』第3冊、1998年、229-236頁。資料名には「十一条」とあるが、章程は12条ある。同様の文書としては、1902年に両広総督がフランスとアメリカの領事と協議して作成した「広東教務章程」もある。王鉄崖編前掲書、第二冊、147-148頁。このほか、義和団以降の教案防止のための提言について、董叢林が詳細に分析している。董叢林前掲書、214-243頁。
41　光緒三十二年三月二十一日（1906年4月19日）「外務部收辦理商約事務大臣兵部尚書呂海寰抄摺」『教務教案檔』第七輯（二）750頁。李伝斌前掲書、122頁。
42　*Records, China Centenary Missionary Conference, held at Shanghai, April 25 to May 8, 1907*, Centenary Conference Committee, 1907, pp.734-738. 唐元湛（1861-1912）は、1872年から1881年まで実施された米国留学事業の第二次派遣でアメリカに留学した人物で、1905年には電政監督として五大臣による欧米視察団（出使各国考察政治大臣）に加わった。
43　Ibid., p.735.

第 3 章　文明化の使命から仕える使命へ

44　スピーチ全体は、伝道権や保護享有権の削除を訴えるよりも、宣教師全般の中国社会に対する差別的、優越的まなざしや、中国文明への理解の欠如を指摘し、相互理解の推進を求めることに重点が置かれていた。李もこの資料を引用しているが、スピーチを「条約に依存して伝道を強行しないように求めた」と解釈する。その理解はいささか恣意的である。李伝斌前掲書、122-123 頁。

45　*China Centenary Missionary Conference*, pp.338-341.

46　Ibid., pp.743-744.

47　Ibid., pp.727-731.

48　Ibid., p.728.

49　Ibid., p.733.

50　ムーアについては、https://hollisarchives.lib.harvard.edu/repositories/12/resources/922
　　バートンについては、https://www.bu.edu/missiology/missionary-biography/a-c/barton-james-levi-1855-1936/　を参照。いずれも 2022 年 4 月 16 日取得。

51　The Board Congregational House, *General Report of the Deputation sent by the American Board to China in 1907*, pp.20-21.

52　*China Centenary Missionary Conference*, 巻末の参加者一覧（conference directory）にムーアたちの名前が見える。p.784, p.798.

53　D. Z. Sheffield, "Treaty Protection to Christian Missions in China," *Chinese Recorder*, vol.39, 1908. pp.657-671.

54　D. E. Hoste, "The Missionary and His Relation to the Treaties," ibid., pp.671-675.

55　Gilbert Reid, "Missionaries as Amenable to Chinese Law," ibid., pp.676-680.

56　World Missionary Conference, 1910, *Report of Commission Ⅶ: Missions and Governments*, Oliphant, Anderson & Ferrier, 1910, p.8.

57　Ibid., pp.10-13.

58　Ibid., pp.21-22.

59　『中華民国臨時約法』第六条第七項「人民有信教之自由」。

60　国民党の対外政策における不平等条約の扱いについては、入江前掲書、185-197 頁。

61　海軍軍縮会議の記録は、データベース「世界と日本」https://worldjpn.net を参照した（2024 年 9 月 18 日最終確認）。

62　「中華基督徒廃除不平等条約促成会縁起」『興華』1925 年第 22 巻第 21 期、16 頁。

63　同上、15-17 頁。

64　『生命』第 5 巻第 9 号、1925 年 6 月。

65 開封市の内地会教会だけでなく上海の呉淞路の教会の信徒も、宣教師が工部局の暴力的対応に賛成したことを理由に教会を離脱し、自ら別な教会を建てたという。「内地会教友之義憤」『申報』1925 年 6 月 17 日（十一）。
66 Committee of Reference and Counsel Foreign Mission Conference of N.A., *The Present Situation in China and Its Significance for Christian Missions*, 1927, p.8, *CBMS ARCHIVES*, London. H-6049, Box396, ET, China 50, Treaties and Missions, No.1. CBMS は Conference of British Missionary Societies の略で、本章でしばしば触れるイギリス・アイルランド伝道会会議を指す。本資料はオランダの IDC 出版が CBMS のアーカイブをマイクロフィッシュ化したものの一部で、China 50 には条約と伝道に関する資料が収められている。「No.1」はフィッシュの番号を指す。以下本資料を *CBMS Archives* と略記する。
67 劉廷芳「基督教與中國國民性」『生命』同上、四〜十六頁。
68 「西教士之宣言」『申報』1925 年 6 月 6 日（十二）。
69 "Letter from the Tientsin Missionary Association to the Tientsin Christian Union," *Chinese Recorder*, vol.56, 1925, pp.470-471.
70 「北京美教会対滬案之表示」『申報』1925 年 6 月 8 日（六）。
71 スワンウィック会議の概要は、International Missionary Council（IMC）のマイクロ資料にある "Missionary Societies at Swanwick" なるタイトルの資料に見える。*International Missionary Council / Commission on World Mission and Evangelism Archives*, Geneva. H-10.016, Box.26.5.029, No.1. 以下本資料を *IMC/CWME Archives* と表記。この資料も前掲の CBMS Archives 同様 IDC 出版がスイス・ジュネーブにある世界キリスト教協議会（International Missionary Council, IMC）の資料をマイクロフィッシュ化したものである。IMC は 1910 年のエジンバラ世界宣教会議で生まれた超教派の組織で、1961 年に世界キリスト教協議会（1948 年創設）に合流。CWME（Commission on World Mission and Evangelism 世界宣教・伝道委員会）は IMC の直接の後継組織で、現在世界キリスト教協議会傘下で世界宣教事業を担っている。
72 F. H. Hawkins and Kenneth MacLennan, Memorial by the Standing Committee of the Conference of Missionary Societies in Great Britain and Ireland on the proposed revision of the existing Treaties between Great Britain and China, 7th. Dec. 1925, p.5, *CBMS Archives*, China 50（2）No.5.
73 Resolution passed by Standing Committee at its meeting on October 9th, 1925 re situation in China, *IMC/CWME Archives*, No.3. 本資料は No.3 のマイクロフィッシュの 16 シート目に見える。代表者会議は以下の 11 の宣教会の代表者と 5 名（うち 2 名は秘書）のメンバーによって構成されていた。イギリス・バプテスト

第3章　文明化の使命から仕える使命へ

伝道会、イギリス聖書協会、中国内地会、英国教会伝道協会、英国教会ゼナナ伝道協会、フレンド宣教会、ロンドン伝道会、イングランド長老教会、英国聖公会福音宣布協会、合同メソジスト教会、メソジスト伝道協会。
74 『中華民国憲法』（1923年）第4章第5条。
75 Hawkins and MacLennan, Memorial, pp.3-4.
76 Ibid., p.1.
77 見解を発表したのは、注73に列挙した英国聖書協会以外の10の伝道会に加えて、スコットランド教会、アイルランド長老教会、スコットランド合同自由教会、YWCAを加えた計14団体である。あまりにも時間的余裕がないという理由で、スコットランド聖書協会、ハンセン病者伝道会など見解の発表を控えた団体もあった。CBMS Archives, London. (H-6049) Box396, ET, China 50 (2) No.7に両団体の回答が見える。
78 スコットランド合同自由教会は、同傘下の一部の教会を除いて、4年後の1929年、スコットランド教会に合流する。
79 Conference of Missionary Societies in Great Britain and Ireland, Missionaries and the Chinese Government, 10th, December, 1925, CBMS Archives, No.5. この資料はIMC/CWME Archives, No.7にも入っており、さらに1912年から毎年公刊されていたキリスト教年鑑China Christian Year Bookにも他の宣教団体の声明文とともに掲載された。China Christian Year Book, 1926 Shanghai: Christian Literature Society, 1926, pp.483-484.
80 Hawkins and MacLennan to Chinese Minister, dated 23rd November, 1925, CBMS Archives, No.5.
81 Statement regarding the China Situation Issued by Committee of Reference and Counsel Foreign Missions Conference of North America, IMC/CWME Archives, No.1.
82 Ibid.
83 Resolutions with regard to Existing Treaties in China, Exterritorial Jurisdiction and the Provisions in Present Treaties Granting Special Privileges to Missions and Missionaries, adopted by unofficial meeting of officers and members of Mission Boards and Societies of the United States and Canada working in China held in New York October 2 and 3, 1925, IMC/CWME Archives, No.1.
84 De Jong, The Reformed Church in China, 1842-1951, Eerdmans, Publishing Co., 1992, pp.185-186.
85 A. L. Warnshuis, "Christian Missions and Treaties with China," The Chinese Recorder, vol.56, 1925, p.712.

86 *China Christian Year Book, 1926*, pp.495-510. このうちアメリカの各伝道局の幹事40名近くが連名で発表した声明 Statement by American mission Board Secretaries は、非公式会議よりも二月弱早い8月13日に公表されている。

87 Some Suggested Questions for Consideration, *IMC/CWME, Archives*, No.3, p.14. 本資料は保存状態が悪いため一部の文字が判読不能であり、日付も不明、文責者の名前も欠落している。しかし以下の冒頭の呼びかけ文や、問い合わせの内容、北京会議への言及から中華全国基督教協進会（National Christian Council of China）によるものであると判断した。"In view of the Conference of Exterritoriality so soon to convene in Peking, many missionaries regard a prompt expression of the opinion of missions on these matters extremely desirable. Kindly report any actions your mission may take to the National Christian Council."

88 ここで引用した宣教師の声は Missionary Opinion として *IMC/CWME Archives*, No.4 に見える。

89 Action of North China, Kung Li Hui, May 1925／Extract from letter of Dr. G. D. Wilder reporting later meeting of the local council of Kung Li Hui, Peking, October, 1925, *IMC/CWME Archives*, No.4.

90 *China Christian Year Book, 1926*, pp.510-534. この資料に掲載されている中国の伝道組織は32である。残る一団体については IMC の資料のみに見られる。The North China Section of the Committee on International Relations of the National Christian Council unanimously adopted November 18, 1925, J. Leighton Stuart, Chairman, North China Section も含めすべての声明文は IMC 資料にも所収されているが、ここでは引用元を *China Christian Year Book* のみとし、IMC 資料の掲載個所は記さない。

91 注75で引用した宣教師が所属していた華北のアメリカン・ボードは、所属宣教師134名に賛成の署名を求めたが、回収できたのは109名分だった。また北山東省の長老教会（Presbyterian Mission, North Shantung）では声明文採択の投票を行った結果、投票総数55、賛成37、反対12、棄権6で、賛成の割合は67％だった。*China Christian Year Book, 1926*, p.515, p.527.

92 北山東長老教会の決議。Ibid., pp.526-527.

93 ウォーンスハウスは、伝道活動の自由は「寛容条項」の範疇に、ミッション財産の問題は「治外法権」の範疇に属すが、特権が廃棄されたのちはいずれも国際社会が認めた中国の法によって保障されることになるという見通しを立てていた。Warnshuis, "Christian Missions," pp.713-715.

94 Peking Missionary Association Asks for Sovereign China and the Early Treaty Revision, Nov. 18, 1925, *China Christian Year Book, 1926*, pp.510-512.

第 3 章　文明化の使命から仕える使命へ

95　ワシントン会議にも出席した牧師で、キリスト教の土着化（本色化）運動を推進していた余日章は、宣教師たちの条約改正論議に触れる中で、中華民国にはすでに「信教の自由」の概念は定着していると述べた。Harold Balme, Missionaries and Special Privilege, *China Christian Year Book, 1926*, Christian Literature Society, 1926, p.30.
96　中国語ではこの会議を「穆徳（モット）会議」と呼んだ。条約問題は議題の一つで、このほか「教会の霊的成長」「土着化」「伝道政策」「教育事業」「文書伝道」「世界大会開催」等が議論された。中華續行委辦會『中華基督教會年鑑』第 9 期、1927 年、146-158 頁。会議の記録は *Report of Conference on The Church in China Today* として中華全国基督教協進会が発行した。
97　*Report of Conference on The Church in China Today*, National Christian Council of China, 1926, p.101.
98　Ibid., p.102.
99　Ibid., p.104.
100　Ibid., pp.99-100. Rawlinson, "The Evolution," p.721.
101　中国東北部における自立教会の形成については、以下の拙稿を参照されたい。渡辺祐子「『満洲国』における宗教統制　キリスト教会を中心に」『明治学院大学キリスト教研究所紀要』第 51 号、2019 年。同「『満洲国』における教会合同について」『富阪キリスト教センター紀要』第 9 号、2018 年。
102　これは長老主義に基づく教会政治の形態をとる長老教会特有の組織である。長老制度においては、最も小さい単位の教会の中に選挙で選出された代表者（＝長老）によって構成される小会が置かれ、複数の小会が中会（presbytery）を形成、さらに複数の中会によって大会（synod）が形成される。
103　在満洲の宣教師会議は 1926 年 2 月に不平等条約撤廃に関する声明を発表しているが、この声明文は北京宣教師連合のそれを一部修正のうえ採用したものであった。
104　*Report of Conference on the Church in China Today*, p.100.
105　Ibid., pp.109-110.
106　中華基督教会の設立が具体的な日程に上ったのは 1918 年である。この年の 4 月南京で、中国の長老教会とロンドン伝道会、会衆派教会（アメリカン・ボード系）の代表が一堂に会し、外国宣教会に依存しない独立した合同教会の設立を目指すことで一致した。中華基督教会が正式に設立されるのは 1927 年だが、1922 年にはすでに中華基督教会の暫定的な総会が設立されており、早々に加盟を決定していた教会は、正式設立以前から中華基督教会を名乗っていた。中華基督教会については、同教会の北米アドヴァイザリー・ボードが成立過程、組織構成について

簡潔にまとめ憲法規則を付した冊子 *An Adventure in Church Union in China, Origin, Nature and Task of the Church of Christ in China,* the Church of Christ in China North American Advisory Committee, 1944 を参照。

[107] 1925年11月には北京政府が「外人捐資設立学校請求認可弁法」（全6条）を、翌年10月には国民政府が「私立学校規定」（全15条）をそれぞれ公布し、私立学校の管理に踏み切った。二つの法案に共通しているのは、外国人を学長としてはならないこと、宗教科目を必修としてはならないことを規定している点である。『中華基督教會年鑑』第9期、1927年、51-52頁。

[108] 「関与教会之政府法令及其他文件」『中華基督教會年鑑』第11期下、1931年、96-97頁。

[109] Rawlinson, "Christianity's New Legal Status in China," *Chinese Recorder*, vol.68, 1937, p.564.

[110] 新居格『大地』第一書房、1935年~1949年。新居訳は間もなく中野好夫の補訳により改訂された。原作は、*The Good Earth* (1931), *Sons* (1932), *A House Divided* (1935) の三部作。

[111] パール・バック『大地』（一）～（四）、小野寺健訳、岩波書店、1997年。

[112] ピーター・コン『パール・バック この大地から差別をなくすために』上下、丸山浩他訳、舞字社、2001年。Peter Conn, *Pearl S. Buck : A Cultural Biography*, Cambridge University Press, 1997.

[113] パール・バック『つなみ』北面ジョーンズ和子他訳、怪書房、2005年。

[114] 小林政子訳、丸山浩監修『私の見た日本人』国書刊行会、2013年。小林政子訳、丸山浩監修『神の火を制御せよ　原爆を作った人たち』径書房、2014年。小林政子訳『隠れた花』国書刊行会、2014年。戸田章子訳『終わりなき探求』国書刊行会、2019年。2013年には『母よ嘆くなかれ』の新訳（伊藤隆二訳、法政大学出版局）も出ている。

[115] パール・バック自身も、中国の人々は、国民党の不正を憎んではいたが、共産主義政権を望んではいなかったとして、共産党政権に批判的立場を取り続けた。Theodore Harris, *Pearl S. Buck, a Biography*, vol.2, The John Day Company, 1971, pp.263-265. 1972年にバックは周恩来に訪中を打診する手紙を出したが、「作品の中で、新中国の民衆と指導者に対する中傷と悪口を書き連ねている」という理由で、断りの返答が帰ってきたという。Lian Xi, *The Conversion of Missionaries, Liberalism in American Protestant Missions in China, 1907-1932*, Penn State University, 1997, p.127.

[116] 鎮江の宣教師館改修工事は、鎮江市の姉妹都市、アリゾナ州テンペ市の協力による。バックが乳児の頃から過ごした宣教師館は、彼女と彼女の両親の所属伝道会

第 3 章　文明化の使命から仕える使命へ

であったアメリカ南長老教会が設立した中学校、潤州中学の構内にあった。現在記念館「賽珍珠故居」となっているのは、1914 年に同教会が新たに建設し、バック一家が移り住んだ建物である。それ以前の住居は、潤州中学の教職員住宅に転用されたという。『賽珍珠』王玉国編著　南京大学出版社、1991 年、20-25 頁。筆者は 2003 年と 2013 年に 2 度記念館を訪ねた。2003 年時、まだ修復中だった記念館は 10 年後には美しくよみがえり、中国各地にある著名人の故居と同様、1 階部分が展示室となっていた。バックゆかりの「故居」だけでなく、宣教師館を含む各地のキリスト教施設の保存事業は、観光資源の活用という側面が強く、キリスト教史における意味が重視されているとはいえない。

[117] 『大地』最初の中国訳は胡仲持によるもので、1933 年に上海開明書店から発行されている。

[118] 例えば、高鴻『跨文化的中国叙事　以賽珍珠、林語堂、湯亭亭為中心的討論』（上海三聯出版社、2005 年）、陳敬『賽珍珠与中国―中西文化冲突与共融』（南開大学出版社、2005 年）、段懐清『賽珍珠的中国』（江蘇大学出版社、2021 年）などが挙げられる。また一般向けに書かれたものとして、怡青編『美麗与哀愁　一個真実的賽珍珠』（東方出版社、2005 年）もある。

[119] コン前掲書、上巻、100 頁。崇実女塾は、1952 年のミッション・スクール再編によって公立学校となった。現在の鎮江第二中学。

[120] Hilary Spurling, *Pearl Buck in China : Journey to the Good Earth*, Simon and Schuster Paperbacks, 2010, p.77.

[121] 『続丹徒県志』には「光緒九年（1883 年），美牧師戴維思、呉板橋、司徒而三人創有西門，南門，姚一湾伝教所三処，潤州中学一所。郷間則大路，宝堰、新豊設伝教所、両所小学四処。」とある。劉嘉文武編『続丹徒県志』巻九（外交二、伝教）民國十四年。

[122] コン前掲書、120-121 頁。Spurling, *Pearl Buck*, p.81.

[123] バックは神学教育を受け按手された宣教師ではなく、長老教会の学校で教鞭をとる教師であった。彼女自身も「宣教師」と呼ばれることに抵抗を感じていたようだが、伝道局から派遣されて長老教会の仕事に携わっているという意味で「宣教師」だったことは間違いない。

[124] 二つの大学を比較すると、公立での授業のほうがはるかに面白かったとバックは述べている。ミッション・スクールに通う裕福な家庭の子弟に比べて、公立の学生たちは「学ぶことに非常に貪欲で、わたしが授業に来るのを今か今かと待ち構えていて、授業が終わってもわたしを引きとめようと必死だった」「彼らは、よく考えよく質問し、元気のいっぱいの若い男女で、わたしは、洗練された従順なキリスト教大学の学生よりも、彼らからずっと多くのことを学んだ」。Buck, *My*

Several Worlds, the John Day Company, 1954, p.177.
125 1877 年の上海での宣教師会議でウィリアム・マーティン、ヤング・アレンら6名の宣教師によって委員会が構成され、1890 年の宣教師会議において統一教科書編集の方針が承認された。Records of the General Conference, 1877, p.18. Records of the General Conference of the Protestant Missionaries of China: Held at Shanghai, May 7-20, 1890, American Presbyterian Mission Press, 1890, pp.712-714.
126 複数教派の協力によって高等教育機関が設立された経緯については、以下の拙稿を参照されたい。「近代中国における初期連合大学運動―1877 年からエジンバラ世界宣教会議まで―」『明治学院大学キリスト教研究所紀要』第 36 号、2004 年。
127 Records of the General Conference, 1877, pp.227-241.
128 John R. Mott, "Report of the Executive Committee," in North American Students and World Advance, New York: Student Volunteer Movement for Foreign Missions, 1920, pp.61-62.
129 ロックフェラーの伝道観については、W. Hutchison, Errand to the World, American Protestant Thought and Foreign Missions, The University Chicago Press, 1987, pp.147-150.
130 エジンバラ会議の意味とその影響については、拙稿「清末民初における公教育とキリスト教学校」『明治学院大学キリスト教研究所紀要』第 37 号、2005 年。
131 The Commission of Appraisal, Re-Thinking Missions, A Laymen's Inquiry after One Hundred Years, Harper and Brothers Publishers, 1932, Forward 参照。
132 Ibid., pp.6-18.
133 Ibid., pp.20-21.
134 Ibid., p.177. 中国におけるミッション教育に関する報告の中でもっぱら取り上げられているのは、政府への認可登録問題とキリスト教教育の禁止である。しかし同書は、宗教教育を守るため登録を拒否した大学（実名は出ていないが聖約翰大学であろう）の存在に触れながらも、政府との関係を良好に保ち、教育事業を成功に至らしめるためには登録は必要であるという声を好意的に紹介している。Ibid., pp.169-172.
135 Ibid., p.47.
136 Ibid., p.59, p.326.
137 Hutchison, Erand to the World, pp.166-167. Pearl Buck, "The Laymen's Mission Report", The Christian Century, Nov.23, 1932.
138 Grant Wacker, "The Waning of the Missionary Impulse: The Case of Pearl S. Buck," D. Bays and G. Wacker eds., The Foreign Missionary Enterprise at

第 3 章　文明化の使命から仕える使命へ

Home, Explorations in North American Cultural History, The University of Alabama Press, 2003, pp.191-205.
139 Buck, *My Several Worlds*, pp.96-97.
140 Ibid., pp.161-162.
141 Ibid., pp.162-175.
142 Buck, "The Conflict of Viewpoints" *Chinese Recorder*, vol.54, 1923, pp.537-544.
143 Buck, "Is There a Place for the Foreign Missionary?" *Chinese Recorder*, vol.58, 1927, pp.100-107.
144 1920年代の反キリスト教運動については、朱海燕の以下の論文を参照のこと。「『非教』と『護教』のせめぎ合い：1922年の広東における『非キリスト教』運動」『明治学院大学キリスト教研究所紀要』第49号、2017年。「1920年代中国における反キリスト教運動と中国キリスト教会の本色化」『明治学院大学キリスト教研究所紀要』第48号、2016年。「中国の共産主義と反キリスト教運動—1922年の世界キリスト教学生同盟会議の開催への反対」『アジア研究』62巻3号、アジア政経学会、2016年。中国語の研究文献は多数あるが、代表的なものとして、楊天宏『基督教与民国知識分子1922-1927 中国非基督教運動研究』人民出版社、2005年。
145 注107を参照。
146 Buck, *Is There a Case for Foreign Missions?*, The John Day Company, 1932, p.5.
147 Buck, *My Several Worlds*, pp.206-208.
148 Ibid., p.206.
149 ibid., p.210. なお、バックの外国人特権に対する疑問は、彼女が十歳の頃から習っていた家庭教師、儒学者の孔の歴史の授業を通して芽生えていたと思われる。Buck, *My Several Worlds*, pp.47-49.
150 ibid., p.216.
151 Harris, *Pearl Buck*, p.279.
152 Buck, *Is There a Case for Foreign Missions?*, p.8.
153 ibid., p.12.
154 ibid., p.8.
155 ibid., p.27.
156 バックは、このふたりの人物は、自分にとっても当時の若者にとっても「魔法のように魅力的だった」と述べている。Buck, *My Several Worlds*, p.121.
157 ibid., pp.119-120.
158 Buck, *Is There a Case for Foreign Missions?*, p.22.
159 ibid., p.23.

160 ibid., p.10.
161 Buck, *My Several Worlds*, p.119.
162 Lian Xi, *The Conversion*, p.122.
163 Ibid., pp.121-123.
164 コン前掲書（上）304-307 頁
165 Buck, *My Several Worlds*, p.244.
166 バックと個人的な交流があった作家の石垣綾子は、同じく親しく付き合ったジャーナリストのアグネス・スメドレーとバックを比較して次のように記している。「『大地』の時代を作ったバックは、生後間もないときから中国に育ち、中国庶民の生活を同じ人間として深い感情でみつめていたけれども、本質的にはアグネスと対照的で、同情と憐憫からぬけきれなかった。中国民衆の内側に溶けこむことはできず、その苦悩を自分の苦悩として、ともに成長することはできなかった。共産主義の中国に対して、バックは背を向け、反対の立場に立ったままなくなった。私は彼女の限界を歯がゆく思い、悲しみと怒りの感情を抱かずにはいられなかった。」石垣綾子『回想のスメドレー』現代教養文庫　社会思想社、1987年、103 頁。石垣のバック評は共産主義についての見解の相違によるところ大ではないかと思われるが、バックが批判した宣教師の優越的なまなざしを当のバック自身が克服しきれていなかったという指摘は聞き流すべきではないだろう。もう一人、バックと同様に自らの西洋人としての優越性に自覚的だった人物として、中国で長年ソーシャルワーカーとして活動したアイダ・プルーイットを挙げておく。プルーイットについては、山口守の優れた評伝を参照されたい。山口は、自身の特権性をプルーイットがどのように認識していたのかを随所で分析している。山口守『中国の民衆と生きたアメリカ人　アイダ・プルーイットの生涯』岩波書店、2023 年。
167 笠原十九司『南京難民区の百日　虐殺を見た外国人』岩波書店、1995 年。R. G. Tiedemann, "They Also Served! Missionary Interventions in North China, 1900-1945," 陶飛亜、梁元生編『東亜基督教再詮訳』香港中文大学崇基学院、2004 年、155-194 頁。日中全面戦争下におけるキリスト教の救済事業全般については、*Chinese Recorder* に 5 回にわたって連載された以下のレポートが参考になる。John S. Barr, "Christian Activities in War-Torn China," First Instalment to Fifth Instalment, *Chinese Recorder*, vol.69, 1938, pp.405-436 ; vol.70, 1939, pp.158-193, pp.515-542 ; vol.71, 1940, pp.156-163, pp.571-596. 拙稿「田川大吉郎と中国　日本人キリスト者と日中戦争」『人文研紀要』第 51 号（中央大学人文科学研究所、2004 年）もこのキリスト教救済事業に若干触れている。

終章

　ここまで中国におけるキリスト教伝道の保護享有権や不平等特権を宣教師がどのように認識していたのか、彼らの伝道事業に中国の人々がどう反応したのかを論じてきた。終章ではまず、第3章で十分論じることができなかったキリスト教教育事業と国家との関わりを清末を中心に概観したい。

　中国のキリスト教教育をテーマとするのであれば、もう1冊別な本を書かなくてはならず、この紙幅の中でテーマの全貌をカバーすることはもとより不可能であるが、敢えてキリスト教教育を取り上げるのは、中国社会のキリスト教に対する反発を宣教師がどう認識していたのかが、キリスト教教育の主たる目的と彼らがそこに託した期待に典型的に表れているからである。

　キリスト教教育は、キリスト教を「中国のもの」とするための重要な伝道事業の一角だった。19世紀の間は、ミッション・スクールは知識人の関心の外に置かれていたが、清朝末期に近代的教育制度が整備されるようになると、キリスト教教育に携わる宣教師たちは、好機到来とばかり、ミッション・スクールの政府認可を求め始める。この試みに始まるミッション・スクールと清朝政府との関係を中心に、宣教師たちがこの課題にどのように取り組んだのかを考察し、本書を締めくくることとする。

1．ミッション・スクール認可登録問題のはじまり

　プロテスタント伝道が始まって間もなく、貧しい家庭の子どもたちに読み書きを教える塾から出発した中国のミッション・スクールは、1860年代以降、中高等教育を提供するレベルにまで達した。キリスト教教育は、医療や社会福祉と同様に隣人愛の実践であるだけでなく、クリスチャンの学校教師や教会の指導的レイマン（一般信徒）を養成し、伝道地のクリスチャンコミュニティーを拡大、充実させる重要な役割を担っていた。また同時にそれ

は「近代西洋文明」への窓でもあった。例えば1864年登州に蒙養学堂（1882年登州文会館に改称、1931年齋魯大学に統合される）を設立したマティアは、1877年の第1回宣教師会議の席上、キリスト教教育の目標として、中国人聖職者とキリスト教学校教員の養成の次に、西欧文明の導入を挙げている。それは、異教的迷信を打破するだけでなく、キリスト教を捨象した上澄みだけの文明が拡大することを防止するためだという[1]。

その一方で教育に携わる宣教師たちは、反キリスト教闘争が頻発し、伝道の不振が続く中、キリスト教教育が中国社会に「受容」されるために、彼らの教育事業が中国の西欧化を目指すものでは決してないことを示し、その「外国色＝洋気」を極力薄める必要をも痛感していた。宣教師たちは、西欧文明の導入と外国色の排除という矛盾する課題に迫られていたといえる。この課題に対処する一つの方法として、マティアは、登州文会館のすべての科目を北京官話のみによって教授し、古典の授業を重んじ、英語は選択履修に限るカリキュラムを採用した[2]。同じく1889年にアメリカン・ボードのシェフィールドが中心となって通州に設立された潞河書院も、英語では教えず、聖書、数学、地理、物理等のほか、中国古典の学習も重視したカリキュラムを提供した[3]。だがマティアの登州文会館も、シェフィールドの潞河書院も、入学者の獲得には苦慮しており、義和団事変前夜の学生数は、それぞれ56名と23名にとどまっている。

講義の言語についてマティアやシェフィールドと見解を異にしたのが、1888年からセント・ジョンズ（聖約翰大学）の運営に携わったポット（Hawks Pott, 1864-1947、アメリカ聖公会）である。彼は1896年にすべての授業を英語で教授する決定を下した[4]。1900年の学生数は23名と登州文会館の半数以下となっているが、データそのものが不完全なので、このデータをもって講義の使用言語によって学生数に大きな有意差が生じるとまでは断言できない。つまり、母語重視のカリキュラムが、キリスト教教育の受容に不可欠の要素となったとまではいえないということである。

参考までに1905年末のキリスト教事業統計を見ておく。キリスト教初等

終章

教育機関は総計 2,196 校、同児童数 42,546 名（うち女子児童 7,168）、中高等教育機関数は 389 校、同生徒数 15,137 名（うち女子生徒 2,761）である[5]。この統計資料では、中高等教育機関が一括で扱われているが、1905 年に大学に昇格したセント・ジョンズ大学に限ると、同年の学生数は 5 年前の倍以上の 51 であり、キリスト教高等教育機関の人気が高まりつつあったことをうかがわせる。

1905 年は科挙が廃止された年でもある。日清戦争後、中国で導入の機運が高まった近代教育は、戊戌政変の挫折を経て義和団戦争敗北後の 1901 年（光緒二十六年）、西太后による改革案の提出命令を期に上からの改革として行われはじめた。戊戌変法期に設立され義和団戦争の最中に閉校に追い込まれていた京師大学堂が再開学し（1902 年）、日本の制度を範とした近代学制が確立し（1902 年『欽定学堂章程』および 1904 年『学堂章程』『学務綱要』の奏定）、そして科挙が廃止されるに至った。これら一連の教育改革の重要な目的の一つは、近代学問の習得を通して、危機に瀕する「国家」の再建に奉仕する「国民」を養成することであった。

このころまでには、各ミッションは、登州、通州、上海のほか、南京、北京、広州、杭州、蘇州、成都、武漢、福州の各都市に高等教育機関を設立していた。これらの学校は、清末から民国期にかけて再編が完結し、アメリカ諸州の規程に基づき大学として認可された 13 のキリスト教大学の前身である[6]。

キリスト教教育に携わる宣教師は、清朝政府による上からの教育改革が、基本的に日本の教育制度に倣ったものであることに懸念を抱いたものの、キリスト教学校、中でも大学レベルの教育を提供する高等教育機関が中国社会に受け入れられ、それまで望みえなかった卒業生の官吏登用に道が開かれれば、中国の他の領域にもキリスト教そのものの影響を及ぼすことができると考えた[7]。それは同時に中国の「国民」形成に寄与することでもあった。ただそのためには、キリスト教学校が清朝政府の認可を受ける必要があった。

認可を求める動きはすでに地方レベルでは始まっていた。広東省嘉応州で

275

中等レベルのミッション・スクールを運営していた宣教師リンデンマイヤー（バーゼル・ミッション）は、1906年2月号の*Chinese Recorder*の論考で、「清朝政府によるキリスト教学校の認可は、ミッション・スクールの将来的な繁栄と成功のために必須の条件である」とし、学部（清朝政府が科挙廃止に伴って設置した中央教育行政機関）の求める「修身」の代わりに聖書の授業を行う以外、すべて清朝のカリキュラムに準じて授業を行った実践例を紹介している。その結果、同校は、広東省の提学使司（省の教育行政機関）によって認可登録された[8]。しかし広東省の措置はあくまで暫定的なものであったことと、広東省という一地方の決定でしかないことから、リンデンマイヤーは、(1)キリスト教教育を統括する中華教育会（Educational Association of China. 1892年に正式に設立された超教派の組織[9]）が全中国の宣教団体を代表して清朝政府に認可要請の申し入れをすること、(2)宣教団体は宣教師の出身国政府に、ミッション・スクールを認可するよう清朝政府に働きかけるよう要請することを提案している[10]。

そのひと月前の1906年1月には、中華教育会が清朝の教育政策とミッション・スクールの取るべき対応について、米公使ロックヒルに以下の5項目の質問を送り助言を求めた[11]。

①清朝政府が採用した新たな教育体系はいかなるものか。教育省はあるのか、あるとすればどのような構成か。また省政府の教育行政を統括しているのか。
②学制はすでに確立しているのか。
③科挙が廃止されてから学位はどのように与えられるのか。
④政府管轄外の教育機関の学生も学位が授与され得るか。非政府系の学校の教育事業を政府に報告するための査察官が派遣されるのか。
⑤外国人の経営する学校が政府に登録すれば、何らかの利点を得られるか。もし得られるとすれば、登録は外交機関を通すのか、衙門に申し出るのか。

終章

　これらの質問項目を見る限り、中華教育会は科挙の廃止には強い関心を示したものの、『学堂章程』についても、1905年12月（光緒三十一年十一月十日）に教育省に当たる「学部」が設立されたことについても、十分認識していなかったように見える。
　ロックヒルは、これらの質問の一つ一つに丁寧に回答し、特に直接キリスト教学校の将来に関わる④と⑤について次のように述べた[12]。

　　④政府の査察に従うのであれば、キリスト教主義学校もまた恩恵に浴することができるかも知れないが、この問題自体にまだ清朝政府は関心を示していない。
　　⑤キリスト教教育界が政府の管理を受け入れれば、キリスト教学校の学生たちに、学位の取得、官吏登用の面で公立学校の学生と同等の権利を与えるよう要求することができる。中華教育会は代表を派遣し、この問題を清朝政府の「学部」に提示すべきである。私も協力を惜しまない。

　この助言を受けて中華教育会は「キリスト教大学の政府認可に関する委員会（The Committee on Governmental Recognition of Mission Colleges）」を設置し、宣教師は進んで教育部の規則に従い、政府の査察を受ける用意があるので、キリスト教大学の卒業生も国立大学卒業と同等の資格が与えられて然るべきである[13]という内容の請願書を、ロックヒルを介して提出した。
　これらの要請に対する学部の事実上の回答は、1906年10月に発せられた「各省外人在内地設学無庸立案学生概不給奨文」であった。外国人が設立した学校、つまりミッション・スクールの扱いについて、この通達は次のように定める。

　　　外国人の学校設立を許可する文言は、（1904年に奏定された）『学堂章程』の中にはない。既に設置するに任せてきた各学校が登録する必要

がないのはもちろんのこと、今後外国人が学校開設の許可を求めてきたとしても、やはり登録は必要なく、その学校の学生たちに奨学金を与えることもない[14]。

　戦前の教育史家平塚益徳は、清朝はこの法令によってミッション・スクールの運営に消極的制限を加えたに過ぎず、国家としての管理を怠り、欧米列強の進出を阻止できなかったが故に、ミッション・スクールは却って自由に教育事業を拡大することができたと解釈している[15]。近代中国キリスト教教育史研究の佐藤尚子も、おおむね平塚説を踏襲している[16]。また同じく教育史研究の呉梓明は、清朝が国民教育の整備に全力を傾けていたこの時期にミッション・スクールを承認しなかったことは理解し難いかもしれないが、それは、清朝に管理能力がなく、ミッション・スクールを自由にさせざるを得なかったからだ、と述べている[17]。

　しかし、アメリカ公使を通してミッション・スクールの登録要請があった後にこの法令が発せられたことを考え合わせると、清朝政府は管理を怠ったのではなく、この法令をもって登録要請をやんわりと拒絶したと考える方が自然であろう。この法令は、ミッション・スクールを政府の管理下ではなく清朝の教育の埒外に置き、同校の出身者に社会的上昇の機会を与えないという意思の表明ではないかと思われる。それは、『教育宗旨』（1906）に加えて、『学務綱要』（1904）や『聘用外国教員合同式様』（外国人教員採用に関する規定。1908年発布）にもキリスト教教育事業を阻害しかねない内容が定められたことからも明らかである。「学務綱要」には、やむを得ず宣教師を外国人教員として採用するとしても、「凡そ科学の講義をする際に、（教科の）言葉を借りて宗教に関することに言及してはならない。違反者は即辞職すべし」という規定があり[18]、さらに「聘用外国教員合同式様」にも同様の内容が定められている[19]。

　以下の資料に見えるように、キリスト教学校側も、自由な教育が可能になったと捉えるどころか、教育機関として認められなかったことに落胆を表

していた。

　このころ中華教育会は、*Chinese Recorder* 誌上に同会の特設ページ "Educational Department" を設けていた。このページの編集責任を負っていたマン（A. S. Mann、アメリカ聖公会）のレポート "The Government and the Schools" は、外交ルートを通じた交渉に期待を寄せていた中華教育会の委員たちが、『外人在内地設学無庸立案』をどのように受け止めたのかを伝える一例である。マンは、この法令が各地のミッション・スクールの入学者減をもたらしていると指摘し、認可を得るための唯一の望みは外交的圧力だが、対清外交は無為無策であり、これ以上の外交的支援は得られないと慨嘆している[20]。

　この法令のほか、忠誠、尊孔、尚武、尚実、尚公を柱とし曲阜に学堂を建設するという教育方針を示した勅令『教育宗旨』が1906年3月に宣示されたことにも、マンは懸念を抱いていた[21]。これによって「西学」はますます軽視され、キリスト教教育の発展が阻害されると解したマンは、清朝政府から譲歩を引き出すことはもはや不可能であると述べ[22]、「われわれは政府の協力を期待せず、再びこの巨大な国の無知、盲目、そして愚かさを打ちのめす務めに熱心に励まなければならない」と結論している[23]。この資料を見る限り、ミッション・スクールが登録されない状況を、宣教師はむしろ歓迎していなかったといえるだろう。

2．連合大学構想とミッション・スクールの「中国化」

　儒教の徳目を義務付ける「教育宗旨」の発令と認可問題を関連付けたマンの見解は、その後多くの宣教師に共有され、認可外の教育機関としてのミッション・スクールが取るべき打開策として、複数教派が協力して大学を大規模化する連合大学構想と、ミッション・スクールの「中国化」が提起されることになった。

　複数教派による学校組織の合同は、義和団によって大きな被害を受けた華

北地方で義和団戦争後間もない時期からすでに始まっていたが、それは教派間協力なしでは学校の運営が立ち行かなくなったからであり、清朝政府の認可を直接の目的としていたわけではない。例えば北京では、アメリカン・ボード、メソジスト監督教会、ロンドン伝道会、アメリカ北長老教会会の4教派が1903年に華北教育連合会（North China Education Union）を設立し、この教育会傘下に、アメリカン・ボードの潞河書院、同じくアメリカン・ボードの貝満女塾、メソジスト監督教会の匯文書院がそれぞれ再編されて、華北通州協和大学、華北協和女子大学、華北協和医学校として新たに開校した。同様に山東でも、アメリカ北長老教会の登州文会館、イギリス・バプテスト教会の青州培真書院と青州広徳書院（前者は神学院で後者は男子寄宿学校）が経費を分担することを条件に連合し、後の齋魯大学（現山東大学）の前身となる広文学堂を設立した[24]。なお北京、山東での学校再建と合併は、いずれも義和団戦争の賠償金を原資としている。

　復興事業の一環であった大学連合は、間もなく清朝政府の認可を得る手段として注目されるようになり、1907年の第3回宣教師会議[25]や2年後の中華教育会大会で議論され、さらに1910年のエジンバラ会議でも取り上げられた。その結果、教派の枠を超えた複数の学部からなる大学を設置し、政府への協力をいとわず、中国の教育全体への奉仕を掲げて[26]、認可を要請する機会を見定めることになった[27]。

　認可をめぐる議論の中で同時に提起されたのが、ミッション・スクールの「中国化」である。義和団戦争、日露戦争を経て、中国人の中に芽ばえた「国民意識」は、「教育宗旨」の発布や孔子崇拝の再興によって強化されようとしていた。清朝政府の教育理念は、キリスト教主義教育とは矛盾するものであり、だからこそミッション・スクールはしばらく独自路線を進んだ。だが宣教師たちは、「国民精神」は伝統教育ではなくキリスト教育によってこそ涵養される、と考えていた。「ミッション教育を受けた最も優秀な学生は、同時に最も忠実で愛国心あふれる中国人」だからである[28]。

　さらに宣教師は、中国社会がミッション・スクールを排除する最大の理由

は、キリスト教教育の理念ではなく、「外国色」に対する中国人の嫌悪であり、「排外主義」であると主張した[29]。彼らが考えた認可の条件は、「外国色＝洋気」を排除し、ミッション・スクールが「中国的」であって政府に決して敵対していないこと、むしろこれまで清朝が培ってきた教育の伝統をキリスト教教理の許す範囲で積極的に評価していることを、教科内容や教育方法によって示す「中国色の尊重」であった。すでに述べたように、反キリスト教を中国の排外主義に帰するロジックは決して目新しいものではなく、清末以降宣教師がしばしば用いてきた常套的な解釈である。

「中国色の尊重」を示す具体策には、例えば中国人教師と中国人学校運営者の養成がある。1905年当時、ミッション・スクールに務める中国人教師総数は2,583名と報告されているが[30]、定められた課程を修了した上級生が、下級生の教師を務めるようなケース（pupil-teacher system）がほとんどで、教員養成のための訓練を受けて教師となった例は、皆無に等しかった。というのも、キリスト教大学自体に専門の教員養成コースが設置されている例が極めて少なかったからである[31]。他方、清朝は北京、その他の大都市に師範学校を開設し、優れた教師が養成されつつあっただけに、優秀なクリスチャン教員を養成し、中高等教育の場で教鞭をとらせることが急務であった。さらにそうした中から中国人の学校運営者が育つことが期待された。

エジンバラ会議では、「中国色を尊重」していることを示すために、中国古典の必修化の重要性も語られた。潞河書院を設立したシェフィールドは、その効果を次のように述べている。「これ〔聖人の教えを尊重すること〕は儒教の上にキリスト教を建てることでも、両者の混交でもない。・・・彼らが真理を心に深く確信しているというその事実に依拠しつつ中国人の魂に接近することなのだ」[32]。

こうしてエジンバラ会議教育部会は、キリスト教学校は政府に決して敵対していないことを示し、清朝の教育システムの中に自らを位置づけること、キリスト教主義教育の原則がないがしろにされない限り、政府の教育政策を積極的に評価し公教育と協調していくべきことを勧告の中に含めたのであ

る[33]。

　孔子崇拝は偶像崇拝であり、キリスト教教理に悖るがゆえにミッション・スクールには到底受け入れられないのは当然だが、たとえキリスト者自身が愛国者を自認していたとしても、孔子崇拝を拒否するキリスト者を清朝政府が「愛国者」と見なす可能性はほぼなかっただろう。しかも第3章で見たとおり、エジンバラ会議は、宣教師が享受している条約上の特権については、現状維持が適当との結論を下していた。宣教師たちは、特権の享受を是認しながらミッション・スクールを中国に根づかせ「中国のもの」とすることができると考えていたわけである。

おわりに

　エジンバラ会議の勧告内容を各地で実現するために設置された世界基督教宣教会議継続委員会（The Continuation Committee of the World Missionary Conference、委員長モット）の働きかけによって、1913年、全中国のキリスト教諸団体を傘下に置く常設委員会、「中華基督教続行委辦会（China Continuation Committee）」が成立し、中華教育会は、中華基督教続行委辦会の下、中華基督教教育会として再出発し、連合大学運動の推進を活動方針に掲げた。一方で、一時期はキリスト教教育事業の発展のためには必須とされていた認可への関心は次第に薄れ、各大学は主にアメリカ合衆国の各州から特許状を得てアメリカの大学として登録をするようになった。

　さらに、第二革命（1913年7月）によって、公立教育機関が混乱に巻き込まれる中、キリスト教学校はこうした状況を奇貨として教育事業を推進した。資金に恵まれた伝道会は、民国政府の教育施策がいまだ充分に及んでいない領域（高等教育、女子教育、職業教育等）に特に力を入れることによって、キリスト教教育の存在感を際立たせることができた。連合大学の建設や大学の拡充は着々と進み、政府の認可を受けずとも、その実力をより広く知らしめることが可能となったのである。1916年前後の年次報告書をひも解

終章

いてみると、認可の問題は次第にその優先性を失い、政府の管理の外に置かれていることによって却って自由を享受しつつ、様々な教育方法を試みることができるという意識が現れてくる[34]。平塚や佐藤尚子のいう「政府から干渉を受けない自由な教育活動」を宣教師が自覚的に行い始めたのは、清末よりもむしろこの時期になってからだということができるだろう[35]。

しかし、政府の干渉を受けない自由な教育が行えたのは、1920年代の半ばまでであった。1922年以降の反キリスト教運動、五・三〇事件を挟んで広範に拡大する教育権回収運動を経て、ミッション・スクールは「宗教教育の禁止」「校長は中国人とする」という厳しい条件の下で、政府の求めに応じて、認可登録を申請した。こうしてミッション・スクールは、まぎれもない中国の学校となった。彼らがかねて望んでいたミッション・スクールの「中国化」は、しかし、その根幹である宗教教育と引き換えに実現されたのである。

19世紀後半から20世紀初頭にかけて中国伝道に携わった宣教師たちは、中国人信徒の「信教の自由」と彼ら自身の「キリスト教伝道の自由」を求め、それらは、世俗的な外交を通して獲得された不平等条約によって保障された。宣教師たちは伝道の自由を保障した条項を、中華帝国がキリスト教伝道とキリスト教信仰に対する寛容さを示したという意味で、「寛容条項 toleration clause」と呼んだ。不寛容な暴力によって「寛容」を押し付けたという認識は全く稀薄であり、むしろ彼らは、頑迷な中国がキリスト教文明に開かれるためには、武力の発動ですら神の意思であると考えた。

「寛容条項」が成立したにもかかわらず、そして多くの宣教師が派遣され、伝道資金が投入されたにもかかわらず、中国人信徒数はその努力に見合うほどには伸びず、条約で内地伝道、内地居住が保障され、宣教師の伝道事業が可視化されると、むしろ中国の一般民衆の反発が日を追って拡大し、教会が被害を受け外交問題に発展するケースも増加した。

中国の人々の反発が醸成される根底には、現世の権威を相対化し祖先崇拝

を禁止するキリスト教教理に対し儒教知識人が抱いてきた明末以来のキリスト教邪教観があった。「寛容条項」の成立以後、自分たちの生活圏内で盛んにおこなわれるようになった種々のキリスト教事業は、知識人の目には中国の伝統的な福利厚生や支配秩序を目に見える形で切り崩すものに映り、人々に不安と恐怖を与えた。また同様に、旧財産の返還を認めた条項を根拠に、フランス当局とカトリック宣教師が行った不動産返還要求は、人々の強い反発を買った。こうした不安、恐れそして怒りの感情が、伝統的なキリスト教邪教観と結びついて沸点に達し、おびただしい数の教案が発生したのである。彼らにとっては、カトリックもプロテスタントも同じキリスト教でしかなかったので、揚州教案のようにカトリックへの反発がプロテスタントに向かうこともあった。

　宣教師はこうした暴力を望んではいなかったが、一方で彼らが払わざるを得なかった犠牲や受けた被害は、信仰を貫こうとする際に避けることができない試練でもあった。彼らは人々の無理解と戦わなくてはならなかったのであり、これは彼らにとっての信仰の戦いであった。

　信仰の戦いといってもそれは、国家権力に対する抵抗ではもちろんない。この戦いは、中華帝国の干渉に対するそれではなく、条約の規程を理解しようとしない地方官僚、在地知識人、民衆の無知と偏見に対する戦いだったからである。

　確かに民衆はもとより、在地の知識人でさえキリスト教の何たるかを充分には知らず、荒唐無稽で偏見に満ちた言説をやみくもに信じていた。カトリック教会にまつわる不確かな情報を盲信した群衆が、無関係の内地会の教会を襲撃した揚州教案は、人々の中にいかに反キリスト教の感情が蔓延していたかを雄弁に語っている。

　しかし問題は、これらの偏見がなぜ時には人命が失われるほどの暴発につながったのかである。ほとんどの宣教師はこの「なぜ」を、圧倒的な軍事力を持つ「文明国」と中国との非対称な関係から読み解こうとはせず、教会側の犠牲が両者の非対称性によって生み出されたことも自覚していなかったと

終章

いえる。1860年代以降、教会襲撃などの問題が起きると、領事が介入し、列強の力を背景とした外交的解決がはかられることが常態化するが、20世紀初頭まではこの方法に疑問をもつ宣教師がほとんどいなかったことは、彼此の非対称性に対する無自覚さとつながっている。

多くの宣教師は、中国の人々の無知は、キリスト教による啓蒙＝文明化を通して克服されるべきものであり、そこに自らの使命があると考えていた。だがキリスト教を邪教視する破邪論の流布が自分たちの手に負えなくなると、宣教師側はキリスト教を中傷する文書の差し止めを清朝政府に要請した。この事例は、宣教師が自国の領事権力だけでなく清朝の権威にも依存していたことを示している。

プロテスタント宣教師と自国政府、中でもイギリス政府との関係は、カトリック宣教師とフランス政府との関係とは異なり、持ちつ持たれつの相互依存ではなかった。むしろプロテスタント宣教師側の国家への一方的依存といったほうが、より適当かもしれない。イギリス政府は条約に宣教師保護の規定を挿入することにも、宣教師の内地伝道にも積極的ではなかったし、同国の砲艦外交にもキリスト教伝道を保護しようという意図はなく、重大な事件が起きた際には、宣教師を一国民（臣民）として助けたに過ぎなかった。

例えば揚州教案は、イギリス政府の反内地伝道に拍車をかける結果を生んだ。この事件の概要が本国に伝わるや、「キリスト教伝道は砲艦によって守られている」というイメージが生まれ、宣教師批判が猛然と湧き起こった。これに対して、揚州教案の当事者であった内地会は沈黙を貫き、片やグリフィス・ジョンをはじめとする宣教師は、中国の文明化を先導するキリスト教伝道の不可欠性を訴え、内地伝道への理解を求めた。内地会の姿勢は、一貫して信仰的判断に基づいていた。揚州教案以降、内地会が領事権力と距離を取ったのは、彼らが被害を信仰の試練として没政治的に受け止めたからであり、伝道権は神の恵みであるという理解は堅持された。他方、後者は中国人の「文明化」はキリスト教伝道によって最も良く達成されるとし、宣教師のこの使命完遂を阻む障壁は、外交上の特権によって排除されて然るべきだ

と考えた。

　こうした認識は、義和団戦争でピークに達し、戦争後の1903年に結ばれた清米条約において、プロテスタント宣教師の内地居住と土地家屋取得の権利が明確に規定された。宣教師特権の完成形である。だがそれから数年のうちに、キリスト教伝道の保護享有権を疑問視する声が上がり始め、1925年の五・三〇事件以後、不平等条約撤廃を求める中国の人々の声が高まる中、中国国内の宣教師自身も自らが享受していた特権の不当性に向き合わざるを得なくなった。しかしキリスト教界はごく少数を除けば、特権の是非を政治の動向と切り離して神学的正義の問題として考えるより、自国政府の姿勢や国際政治の動きに応じて態度を表明する傾向が強かったといえる。この傾向は、現場をよく知るがゆえに特権の放棄に消極的であった在華宣教師より、送り出し側の教会人たちにさらに顕著であった。

　同じ時期、ミッション・スクールもまた教育権回収運動の高揚を経て、宗教教育の禁止という条件の下、民国政府の認可登録を受け入れつつあった。ミッション・スクールが認可登録を必要とし始めたのは、それより20年ほど前、義和団戦争後の光緒新政で教育の近代化が緒に就いたころからである。キリスト教教育事業に携わる宣教師たちは、政府の認可を得ようと、キリスト教教育、中でも高等教育を充実させようとした。さらに「国民精神」が台頭しているとして、キリスト教教育の目的と使命は、「国家に奉仕する愛国的知識人の養成」にあるとした。この目標を掲げることによって、彼らはキリスト教学校が清朝の教育体系の中に位置づけられ、ひいてはキリスト教の真理が中国「国民」に受け入れられるものと信じたのだった。

　彼らは、キリスト教学校が忌避される理由は、キリスト教そのものにはなく、その「外国色＝洋気」であると考え、「洋気」を脱色するために儒教の倫理的側面を積極的に教科内容に導入したが、キリスト教の優位は不動のままだった。キリスト教文明の優位性を信じて疑わなかった彼らの認識は、キリスト教学校が他のキリスト教施設同様、条約上の特権享受によって政治的にも依然優位を保っていたことと表裏をなしていたといえる。

終章

　エジンバラ会議を経て、民国期の初期には政府認可を棚上げにしたミッション・スクールは、1920年の後半になると、今度は政府の側から登録を迫られることになった。こうした状況を背景として、宣教師の中から、キリスト教伝道のあり方を自省的にとらえ直そうとする人々が見られるようになった。不平等条約撤廃に関する声明を発表した北京の宣教師連合や満洲宣教師会議、あるいはウォーンスハウス、ローリンソン、パール・バックといった人々である。
　彼らのうちバック以外の人々は、中国の教会人との対話を重ね、中国教会の自立を尊重しつつ、従来の中国伝道の枠組みから脱却し、西欧中心主義とは一線を画した新しい伝道の姿を提示しようとした。それは、福音を妥協することなく伝えるため（ウォーンスハウス）であり、中国の人々と霊的な賜物を対等に分かち合うため（北京宣教師連合）であった。
　自らが列強の一部であることに苦悶したパール・バックは、1920年代の初めに反キリスト教運動が起きた頃から、宣教師の中国人に対する姿勢や伝道のあり方に批判を強め、1932年のニューヨーク講演では、キリスト教が知られているところでは「病者は看護を受け、弱者や障害を持つ者は施設で手厚く保護され、女性は尊敬を受け、人々は多少なりとも善を行おうと努力する」、外国伝道の意義はここのみにあると述べて、中国伝道に最後の望みを託した。しかしこの主張は、アメリカの教会人の理解を得られず、失望したバックは、最終的にキリスト教界から去ってしまった。
　教会にとどまり、宣教の業を諦めなかった人々の考え方とバックのそれとには、当然隔たりもあっただろう。しかし、彼らには、中国におけるキリスト教伝道が、力によって勝ち取られた「寛容条項」という名の特権に浴してきたこと、そしてそれを当然視してきた優越意識を批判的に吟味し、文明化の使命ではない、真の意味で中国の人々に仕える使命を重んじたという共通点がある。帝国主義の時代に締結された条約の特権を否定し、中国の教会人と対等な関係を結ぼうとした彼らの姿勢は、植民地主義克服の契機を示しているといえる。キリスト教が中国に受け入れられるためには、中国の伝統文

化とキリスト教の対話に加えて、このプロセスを経ることがどうしても必要だったのである。

注

1. Calvin Mateer, "The Relation of Protestant Missions to Education," *Records of the General Conference*, 1877, pp.171-180.
2. Charles Hodge Corbett, *Shangtung Christian University*, United Board for Christian Colleges in China,1955, p.25-26.
3. D. Z. Sheffield, "The North-China College and Theological Seminary," *Chinese Recorder*, vol.26, 1895. pp.224-228.
4. 徐以驊主編『上海聖約翰大学（1872-1952）』上海人民出版社、2009 年、13-15 頁。
5. "Statistics of the Work of Protestant Missions in China for the Year Ending 1905," in *A Century of protestant Missions in China*, p.669b.
6. 13 大学は以下の通り。福建協和大学 Fukien Christian University、金陵女子大学 Ginling College、之江大学 Hanchow University、華中大学 Huachung University、華南女子文理学院 Hwa Nan College、嶺南大学 Lingnan University、金陵大学 Nanking University、聖約翰大学 St. John's University、滬江大学 University of Shanghai、齋魯大学 Shantung Christian University、東呉大学 Soochow University、華西協合大学 West China Union University、燕京大学 Yanching University.
7. 例えば『チャイニーズ・リコーダー』編集氏は、科挙制度廃止の意味を「この国のリーダーの殆どが自らの地位を科挙試験のでき如何に任せており、当然のことながらこの制度に依存しているにもかかわらず、抗議や不満の声が挙がることなく科挙制度が消え去ったという事実は、この帝国に新しい思想が浸透したことを何よりも雄弁に物語っている」とまとめている。同編集氏はさらに「現在日本のシステムには、その偏狭性の故に厳しい批判が向けられてもいる。日本の教育制度は、強い政府と国家機構の中の有用な歯車になり、国家の物質的繁栄を推し進めることができるよう人間を変えることを目的としている」と述べ、だからこそいま求められているのは我々キリスト教の教育なのだと続ける。「我々は、中国が特にキリスト教の影響によって、教育の他の側面により重きをおくシステムを発展させることができるだろうと望むものである。」*Chinese Recorder*, vol.36, 1905, p.156.
   宣教師たちが日本留学の負の影響を懸念する中、中国国内におけるキリスト教教育をさらに充実させる以外に、むしろ在日留学生の増加を奇貨として宣教師を中

終章

国から日本に派遣して学生たちを伝道する試みも始まった。中華基督教青年会は日本基督教青年会の協力を得て、留日中国人学生伝道のために神田に「東京中華基督教青年会」を設立し、日本の退廃的な性的逸脱から学生たちを守り、キリスト教的な雰囲気の中で勉学ができる環境を整えた。「東京中華基督教青年会」については以下の拙稿を参照されたい。「もうひとつの中国人留学生史」『カルチュール』第5号、明治学院大学教養教育センター付属研究所紀要、2011年3月。「関東大震災（1923）と在日中国人キリスト者たち」『災禍において改革された教会——その祈りと告白、実践の歴史と現在』教文館、2024年。

8 Lindenmeyer, "Recognition of the Mission Schools by the Chinese Government," *Chinese Recorder*, vol.37, 1906, p.97. 1904年に発令された「中学堂章程」で定めている中学堂の科目は、修身、読経講経、中国文学、外国語、歴史、地理、算学、博物、物理・化学、法制・理財、図書、体操の12である。このうち法制・理財は必修ではない。外国語として履修ができたのは日英独仏露の5か国語だが、中でも特に日本語と英語が重視された。「中学堂章程」の原文は以下の資料集に拠った。多賀秋五郎編『近代中国教育史資料　清末編』日本学術振興会、1972年、278-281頁。リンデンマイヤーのいう聖書課の授業で代替した「Ethics」とは「修身」を指すものと考えられる。

9 中国教育会の前身は、1877年の宣教師会議で設置された教科書委員会「益知書会」（School and Text-book Series Committee）である。同委員会は1890年の第2回宣教師会議で中国教育会 the Educational Association of China として発展的に解消した。規約の第2条で「中国における教育事業の推進と、教育に携わるものどうしの親睦」という会の目的を掲げた中国教育会は、益知書会が発行した教科書の版権をそのまま受け継ぐと同時に、科学の訳語統一、学校運営、試験方法の提案などを行った。初代会長はマティアで、以後会長は3年ごとの大会で改選されている。"Educational Notes, The Educational Association on China," *Chinese Recorder*, Vol.23, 1892, p.31.

10 Lindenmeyer, "Recognition," p.98.

11 A. S. Mann, "Foreign Schools and the Chinese Government," *Chinese Recorder*, vol.37, 1906, pp.147-148.

12 Ibid., pp.149-150.

13 *Records, China Centenary Missionary Conference held in Shanghai, Apr. 25-May7*, 1907, p.75.

14 「學部咨各省外人在内地設學無庸立案學生概不給奬文」光緒三十二年九月七日（1906年10月24日）「普通司兼弁專門実業両司，案呈照得，教育為富強之基，一國有一國之國民即一國有一國之教育，匪惟民情國俗各有不同，即教育宗旨亦実有

不能強合之処、現今振興學務、各省地方籌建学堂、責無旁貸、極應及時増設俾士民得有向学之所。至外國人在内地設立學堂、奏定章程並無允許之文、除已設各学堂暫聽設立無庸立案外、嗣後如有外國人呈請在内地開設學堂者、亦均無庸立案、所有學生概不給予奬励、除文咨外、相応咨行貴督調査照行知提學使司弁理可也。」『大清宣統新法令』第六冊、多賀前掲書、613頁。

15 平塚益徳『近代支那教育文化史』目黒書店、昭和17年、260-261頁。
16 佐藤尚子著、阿部洋編『中国ミッションスクールの研究—増補改訂 米中教育支流史研究序説—』龍溪書舎、2010年（第1刷1990年）、54頁。
17 呉梓明『基督宗教与中国大学教育』中国社会科学出版社、2003年、38頁。陶飛亜、呉梓明『基督教大学与国学研究』福建教育出版社、1998年、67-68頁。
18 「一外國教員不得講宗教 此時開弁學堂、教員之人、初弁之師範學堂、及普通中學堂以上、勢不能不聘西師、如所聘西師係教士出身、須於合同内訂明、凡講授科学、不得借詞宣講、渉及宗教之語、違者應即辭退。」『学務綱要』多賀前掲書、217頁。
19 同上、498頁。
20 A.S. Mann, "The Government and the Schools," *Chinese Recorder*, vol.38, 1907, pp.104-105. Educational Department の特設ページは1893年から *Chinese Recorder* に掲載されるようになり、1907年から雑誌 *Educational Review* として独立した。
21 朱寿明編『光緒朝東華録』五、中華書局、1958年、5610頁。マンは *North China Daily News* に掲載されていた勅令を引用し、科挙の廃止のレベルから後退するような復古主義教育の動きについても触れ、『外人在内地設学無庸立案』の通達と復古主義的教育政策を関連付け憂慮している。*North China Daily News* によれば勅令は、Chao Pin-lin の上奏を受けて下され、学校（大学を含む）の教科の中心は中国古典であり、西学は副次的にのみ扱われるべきこと、学校教育の目的は忠誠、尊孔、尚武、尚実、尚公であることを説き、さらに山東省に儒教の学堂（Confucian University）を建て優秀な教員を選抜すべきこと、この学堂の運営は学部と張之洞によって担われることを命じたという。Chao Pin-lin とは恐らく京畿道監察御吏趙炳麟を指していると思われるが、実際の勅令は湖北按察使梁鼎芬の上奏に答えたもので、その内容も「曲阜に学堂を建て、張之洞に経営を任せる」という点を除いては、マンが引用した記事とは大分異なっている。Chao Pin-lin（趙炳麟）は、梁鼎芬が上奏した前の月に農業振興を訴える上奏を提出しているので、ここから人名の混乱が起きたのかもしれない。同上、5602頁。
22 A. S. Mann, "The Government and the Schools," p.104.
23 Ibid., p.105.
24 Jessie Lutz, *China and Christian Colleges, 1850-1950*, Cornell University Press,

1971, pp.106-109. 呉梓明『基督宗教与中国大学教育』48-52 頁。
[25] Hawks Pott, "Education," *Records, China Centenary Missionary Conference*, 1907, p.72.
[26] *World Missionary Conference, 1910, Report of Commission Ⅲ: Education in Religion to the Christianization of National Life*, Oliphant, Anderson & Ferrier, 1910, p.372.
[27] *China Mission Year Book*, 1913, p.69.
[28] *Report of Commission Ⅲ*, 1910, p.80.
[29] Ibid., pp.247-248.
[30] *A Century of protestant Missions in China*, 1907, p.669b.
[31] *Report of Commission Ⅲ*, pp.304-305.
[32] Ibid., pp.248-251.
[33] 日本、インド、アフリカ諸国を含む全世界の伝道地に向けた最終勧告もまた、ミッション・スクールと現地政府との協力の重要性について述べている。Ibid., p.372.
[34] *China Mission Year Book*, 1915, p.379. *Educational Review*, Vol.8, No.2, April 1916, p.145.
[35] 佐藤尚子前掲書、54 頁。

引用文献一覧

公刊編纂史料・資料集
British Parliamentary Papers
- Correspondence Relative to the Earl of Elgin's Special Missions to China and Japan 1857-1859.
- China No.2 (1869). Correspondence Respecting the Attack on British Protestant Missionaries at Yang-chow-foo, August 1868.
- China No.3 (1869). Correspondence Respecting Missionary Disturbances at Che-foo and Taiwan (Formosa).
- China No.8 (1869). Correspondence with Sir Rutherford Alcock Respecting Missionaries at Hankow, and the State of Affairs at Various Ports in China.
- China. No.10 (1869). Further Correspondence Respecting the Attack on British Protestant Missionaries, at Yang-chow-foo, August 1868.
- China No.9 (1870). Correspondence Respecting Inland Residence of British Missionaries in China.
- China No.1 (1871). Papers Relating to the Massacre of Europeans at Tien-Tsin on the 21st June, 1870.
- China No.5 (1871). Correspondence Respecting the Revision of the Treaty of Tientsin, 1871.

『王韜日記（増訂本）』中華書局、2015年（2022年重印）。
『教務教案檔』中央研究院近代史研究所編、中央研究院近代史研究所、1974年～1981年。
『近代中国教育史資料　清末編』多賀秋五郎編、日本学術振興会、1972年。
『高宗純皇帝実録』中華書局、1986年。
『光緒朝東華録』朱寿明編、中華書局、1958年。
『湖北省誌　宗教』湖北省地方誌編纂委員会、湖北人民出版社、1996年。
『仁宗睿皇帝実録』中華書局、1986年。
『清末教案』中国第一歴史档案館、福建師範大学歴史系合編、中華書局、1993年。
『続纂揚州府志』英傑監修；晏端書等纂、同治十三年。
『続丹徒県志』劉嘉斌編、民国十四年。
『中外旧約章彙編』王鉄崖編、三聯書店、1982年。
『籌辦夷務始末（道光期）』齊思和等整理、中華書局、2014年。
『籌辦夷務始末（同治期）』中華書局編輯部、李書源整理、中華書局、2008年。

『反洋教書文掲帖選』王明倫編、斉魯書社、1984 年。
『武漢市誌』「人物誌」武漢地方誌編纂委員会主編、武漢大学出版社、1999 年。
Clarke, Prescott and Gregory, J.S. eds. *Western Reports on the Taiping*. Canberra: Australian National University Press, 1982.

雑誌・新聞

The Chinese Repository, Canton.
The North China Herald, Shanghai.
The Missionary Recorder, Foochow.
The Chinese Recorder, Foochow, 1868-1872; Shanghai, 1874-1941.
The Times, London.
The International Bulletin of Missionary Research, New Jersey（2016 年から雑誌名を *The International Bulletin of Mission Research* に変更）.
『教会新報』上海。
『興華』上海。
『申報』上海。
『生命』北京（後継誌『真理與生命』）。

キリスト教関連報告書・会議録・年鑑

A Century of Protestant Missions in China（1807-1907）being the Centenary Conference Historical Volume, MacGillivray, D. ed., New York: American Tract Society, 1907; Reprinted by Chinese Material Center, INC, 1979.
The China Christian Year Book, China Literature Society.
The China Mission Hand Book, Shanghai: American Presbyterian Mission Press, 1896.
The Christian Occupation of China, China Continuation Committee. Special Committee on Survey and Occupation, Shanghai: China Continuation Committee, 1922.
Conference of British Missionary Societies Archives, London. H-6049, Box396, ET, China 50（microfiche from IDC Publishers, Leiden: Brill）.
The Foreign Missionary Chronicle, Presbyterian Church in the U.S.A. Board of Home Missions.
General Report of the Deputation sent by the American Board to China in 1907, The Board Congregational House, Boston, Massachusetts: The Board Congregational House, 1907.

International Missionary Council Archives, Geneva. H-10.016, Box.26.5.029 (microfiche from IDC Publishers, Leiden: Brill).

The Occasional Papers of the China Inland Mission, From November 1872 to March 1875, London, 1875; Reprinted by Cheng-wen Publishing Company, 1973.

Records, China Centenary Missionary Conference, held at Shanghai, April 25 to May 8, 1907, Shanghai: Centenary Conference Committee, 1907.

Records of the General Conference of the Protestant Missionaries of China, held at Shanghai, May 10-24, 1877, Shanghai: Presbyterian Mission Press, 1877; Reprinted by Cheng-wen Publishing Company, 1973.

Records of the General Conference of the Protestant Missionaries of China, held at Shanghai, May 7-20, 1890, Shanghai: Presbyterian Mission Press, 1890.

Report of Commission III: Education in Religion to the Christianization of National Life, World Missionary Conference, 1910, Edinburgh: Oliphant, Anderson & Ferrier, and New York: Fleming H. Revell, 1910.

Report of Commission VII: Missions and Governments, World Missionary Conference, 1910, Edinburgh: Oliphant, Anderson & Ferrier, and New York: Fleming H. Revell, 1910.

Report of Conference on The Church in China Today, National Christian Council of China, 1926.

Re-Thinking Missions, A Laymen's Inquiry after One Hundred Years, The Commission of Appraisal, New York: Harper and Brothers Publishers, 1932.

中華続行委辦會『中華基督教會年鑑』上海：商務印書館、1914-1936 年（再版、台北：中国教会研究中心・橄欖文化基金会、1983 年）。

宣教師著作・手記

Buck, Pearl. *Is There a Case for Foreign Missions?* New York: The John Day Company, 1932.

―――― *My Several Worlds: A Personal Record,* New York: The John Day Company, 1954.

Death Blow to Corrupt Doctrines, 1870.

John, Griffith. *A Voice from China,* London: James Clarke & Co., 1907.

Martin, William A. P. *A Cycle of Cathay, or China, south and north, with Personal Reminiscences.* New York: Fleming H. Revell, 1896.

Richard, Timothy. *Forty-Five Years in China: reminiscences,* Frederick A. Stokes

Company, 1916（蒲、倉田他訳『中国伝道五十年』平凡社、東洋文庫、2020 年）.
Taylor, Hudson. *China, Its Spiritual Needs and Claims,* London: James Nesbit, 1865.
Williams, Samuel Wells. *The Middle Kingdom, A Survey of the Geography, Government, Education, Social Life, Arts, Religion, & c., of the Chinese Empire and Its Inhabitants,* New York: John Wiley, 1848.
Wylie, Alexander. *Memorials of Protestant Missionaries to the Chinese,* American Presbyterian Mission Press, 1867.
楊格非『天路指明』漢口、同治元年；光緒六年。
─── 『天路指明　官話』漢口、光緒十九年。

宣教師伝記（家族、関係者によるもの）
Bitton, Nelson. *Griffith John, the Apostle of Central China,* London: London Missionary Society, 1928.
Broomhall, A. J. *Hudson Taylor and China's Open Century,* 7vols, Sevenoaks: Hodder and Stoughton, 1981-1989.
Broomhall, Marshall. *The Jubilee Story of the China Inland Mission,* London: Morgan and Scott, 1915.
Robson, William. *Griffith John: Founder of the Hankow Mission,* New York: Fleming H. Revell, 1888.
─── *Griffith John of Hankow,* Pickering & Inglis, 1929.
Smith, Author H. *Chinese Characteristics,* Shanghai: North China Herald, 1890.
Taylor, Dr. and Mrs. Howard. *Hudson Taylor and the China Inland Mission: The Growth of a Work of God,* China Inland Mission, 1918.
─── *Hudson Taylor in Early Years, the Growth of a Soul,* New York: Hodder and Stoughton: George H. Doran Co., 1911.
Thompson, R. Wardlaw. *Griffith John, The Story of Fifty Years in China,* London, 1906（趙欣、劉斌斌訳『楊格非　晩清五十年』天津人民出版社、2012 年）.
Williams, Frederick Wells. *The Life and Letters of Samuel Wells Williams, L L.D.: missionary, diplomat, sinologue.* New York: G.P. Putnam's Sons, 1889.

その他キリスト教関係
『辟邪紀実』光緒十二年。
夏燮『中西紀事』同治四年（岳麓書社、1988 年）。
魏家驊編『教務紀略』山東印書局、光緒二十九年（『東傳福音』中国宗教歴史文献集

成編纂委員会編纂、黄山書社、2005年)
魏源『海国図志』咸豊二年(岳麓書社、1998年)
徐家幹編『教務輯要』湖北官書局、光緒二十四年(同上)
The Gentry and People, *Death Blow to Corrupt Doctrines*, Shanghai, 1870 (『辟邪実録』の英訳)

著作・研究書・研究論文
英語

Austin, Alvyn. *China's Millions, The China Inland Mission and Late Qing Society, 1832-1905*, Grand Rapids: Eerdmans, 2007.

Bays, Daniel H. *A New History of Christianity in China*. Chichester, West Sussex: Wiley-Blackwell, 2012.

Bohr, Paul Richard. *Famine in China and the Missionary: Timothy Richard as Relief Administrator and Advocate of National Reform*, Harvard University Press, 1972.

Bosch, David. *Transforming Mission: Paradigm Shifts in Theology of Mission*. Maryknoll, N.Y.: Orbis Books, 1991. (デイヴィッド・ボッシュ、東京ミッション研究所訳『宣教のパラダイム転換 下 啓蒙主義から21世紀に向けて』新教出版社、2001年)

Chen, Jerome. *China and the West: Society and Culture, 1815-1937*. London: Hutchinson & Co., 1979.

The Church of Christ in China North American Advisory Committee, *An Adventure in Church Union in China, Origin, Nature and Task of the Church of Christ in China*, 1944.

Coates, P. D. *China Consuls, British Consular Officers, 1843-1943*. Hong Kong; Oxford: Oxford University Press, 1988.

Cohen, Paul A. "Missionary Approaches: Hudson Taylor and Timothy Richard." *Papers on China*, Vol.11, Harvard University, 1957.

―――― *China and Christianity: the Missionary Movement and the Growth of Chinese Antiforeignism, 1860-1870*, Cambridge, Massachusetts: Harvard University, 1963.

Daily, Christopher. *Robert Morrison and the Protestant Plan for China*. Hong Kong: Hong Kong University Press, 2013.

Dawson, Raymond. *The Chinese Chameleon: An Analysis of European Conceptions of Chinese Civilization*, Oxford University Press, 1967. (田中正美、三吉善吉、

末永国明訳『ヨーロッパの中国文明観』大修館書店、1971 年）
De Jong, Gerald Francis. *The Reformed Church in China, 1842-1951*, Grand Rapids, Michigan: Williams B. Eerdmans,1992.
Gibbard, Noel. *Griffith John, Apostle to Central China,* Bridged, Wales: Bryntirion Press, 1998.
Gulick, Edward V. *Peter Parker and the Opening of China*. Cambridge: Harvard University Press, 1973.
Harris, Theodore, *Pearl Buck, A Biography,* vol. two, New York: The John Day Company, 1971.
Hutchison, W. *Errand to the World: American Protestant Thought and Foreign Missions,* The University Chicago Press, 1987.
Koo, Wellington. *The Status of Aliens in China,* New York: Columbia University, 1922.
Latourette, Kenneth Scott. *A History of Christian Missions in China*. London: Society for Promoting Christian Knowledge, 1929; Reprinted by Cheng-wen Publishing Company, 1975.
Lutz, Jessie, *China and Christian Colleges, 1850-1950*, New York: Cornell University Press, 1971
Mott, John R. "Report of the Executive Committee," in *North American Students and World Advance*, edited by John Burton. New York: Student Volunteer Movement for Foreign Missions, 1920.
Rovett, Richard. *The History of the London Missionary Society, 1795-1895*, Oxford University Press, 1899.
Spurling, Hilary, *Peral Buck in China, Journey to the Good Earth*, New York: Simon and Schuster Paperbacks, 2010.
Stanley, Brian. "Christian Missions and the Enlightenment: A Reevaluation." Stanley ed., Christian Missions and the Enlightenment. Grand Rapids: Eerdmans / Richmond: Curzon, 2001.
Tiedemann, R.G. ed. *Handbook of Christianity in China Volume Two*: *1800-present*. Leiden: Brill, 2001.
Wacker, Grant. "The Waning of the Missionary Impulse: The Case of Pearl S. Buck," In *the Foreign Missionary Enterprise at Home, Explorations in North American Cultural History*, edited by D. Bays and G. Wacker. Tuscaloosa: The University of Alabama Press, 2003.
Wehrle, Edmund S. Britain, *China, and the Anti Missionary Riots, 1891-1900*,

Minneapolis: University of Minnesota Press, 1966.

Whyte, Bob. *The Unfinished Encounter, China and Christianity*. London: Collins, 1988.

Williams, Frederick Wells. *Anson Burlingame and the First Chinese Mission to Foreign Powers*. New York: Charles Scribner's Sons, 1912.

Willoughby, Westel. *Foreign Rights and Interests in China*. Baltimore: Johns Hopkins Press, 1927.

Xi, Kevin Yiyao. *Fundamentalist Movement among Protestant Missionaries in China, 1920-1937*, Dallas: University Press of America, 2003.

Xi, Lian, *The Conversion of Missionaries, Liberalism in American Protestant Missions in China, 1907-1932*, University Park: Penn State University, 1997.

日本語

阿満利麿『宗教は国家を超えられるか』ちくま学芸文庫、2005年。

石垣綾子『回想のスメドレー』現代教養文庫　社会思想社、1987年。

入江啓四郎『中国に於ける外国人の地位』東京堂、昭和12年。

植田捷雄「支那に於ける基督教宣教師の法律的地位」『東洋文化研究所紀要』第一冊、1943年

汪鵬著、実藤恵秀訳「袖海編」『長崎県史　史料編第三』吉川弘文館、1966年。

大谷敏夫『清代政治思想史研究』汲古書院、1991年。

笠原十九司『南京難民区の百日　虐殺を見た外国人』岩波書店、1995年。

加藤祐三「ギュツラフ『所見』（1845年）と東アジア」『横浜市立大学論叢』第36巻、2・3合併号、横浜市立大学学術研究会、1984年。

菊池秀明『太平天国　――　皇帝なき中国の挫折』岩波書店、2020年。

コン、ピーター（丸山他訳）『パール・バック　この大地から差別をなくすために』上下、舞字社、2001年。

坂野正高『近代中国外交史研究』岩波書店、1970年。

―――『近代中国政治外交史』東京大学出版会、1973年。

佐々木正哉「同治年間教案及び重慶教案資料」（上）『東洋学報』第46巻第3号、1963年。

―――「清末排外運動の研究」『近代中国』第12巻、厳南堂書店、1982年。

里井彦七郎『近代中国における民衆運動とその思想』東大出版会、1972年。

蒲豊彦「長江流域教案と"子供殺し"」『長江流域社会の歴史景観』京都大学人文学研究所付属現代中国研究センター研究報告、2013年10月。

倉田明子『中国近代開港場とキリスト教　洪仁玕がみた「洋」社会』東京大学出版

会、2014 年。
佐藤公彦『中国の反外国主義とナショナリズム アヘン戦争から朝鮮戦争まで』集広舎、2015 年。
─── 『清末のキリスト教と国際関係──太平天国から義和団・露清戦争、国民革命へ』汲古書院、2010 年。
佐藤尚子（阿部洋編）『中国ミッションスクールの研究―増補改訂　米中教育交流史研究序説―』龍溪書舎、2010 年（第 1 刷 1990 年）。
ジェルネ、ジャック（鎌田博夫訳）『中国とキリスト教　最初の対決』法政大学出版局、1996 年。
朱海燕「『非教』と『護教』のせめぎ合い：1922 年の広東における「非キリスト教」運動」『明治学院大学キリスト教研究所紀要』49、2017 年。
─── 「1920 年代中国における反キリスト教運動と中国キリスト教会の本色化」『明治学院大学キリスト教研究所紀要』48、2016 年。
─── 「中国の共産主義と反キリスト教運動─1922 年の世界キリスト教学生同盟会議の開催への反対」『アジア研究』62、アジア政経学会、2016 年。
並木頼寿編『新編　原典中国近代思想史 1　開国と社会変容』岩波書店、2010 年。
東田雅博『大英帝国のアジアイメージ』ミネルヴァ書房、1996 年。
平塚益徳『近代支那教育文化史』目黒書店、昭和 17 年（1942 年）。
夫馬進『中国善会善堂史研究』同朋舎出版、1997 年。
松浦章「清代雍正期の童華『長崎紀聞』について」『関西大学東西学術研究所紀要』33、2000 年 3 月。
矢沢利彦「グリフィス・ジョンおぼえがき」『駿台史学』第 18 号、1966 年。
矢沢利彦編『イエズス会士中国書簡集 1 康熙編』東洋文庫、平凡社、1970 年
─── 『イエズス会士中国書簡集 2 雍正編』東洋文庫、平凡社、1971 年
─── 『イエズス会士中国書簡集 3 乾隆編』東洋文庫、平凡社、1972 年
─── 『イエズス会士中国書簡集 4 社会編』東洋文庫、平凡社、1973 年
─── 『中国の布教と迫害　イエズス会士書簡集』東洋文庫、平凡社、1980 年
山口守『中国の民衆と生きたアメリカ人　アイダ・プルーイットの生涯』岩波書店、2023 年。
李江「漢口租界の都市と建設」大里浩秋、孫安石編『中国における日本租界─重慶・観光・広州・上海』お茶の水書房、2006 年。
渡辺祐子「華中伝道の祖グリフィス・ジョン（1832-1912）試論」『明治学院大学キリスト教研究所紀要』第 46 号、2014 年。
─── 「清末民初における公教育とキリスト教学校」『明治学院大学キリスト教研究所紀要』第 37 号、2005 年。

―――「田川大吉郎と中国　日本人キリスト者と日中戦争」『人文研紀要』第51号、中央大学人文科学研究所、2004年。

―――「もうひとつの中国人留学生史」『カルチュール』第5号、明治学院大学教養教育センター付属研究所紀要、2011年。

―――「関東大震災（1923）と在日中国人キリスト者たち」『災禍において改革された教会――その祈りと告白、実践の歴史と現在』教文館、2024年。

中国語

衛青心著、黄慶華訳『法国対華伝教政策－清末五口通称和伝教自由』下巻、中国社会科学出版社、1991年。

王玉国編著『賽珍珠』南京大学出版社、1991年。

王中茂「西方教会内地置産条款作偽考辦」『世界宗教研究』2005年第1期。

王文杰『中国近世史上的教案』福建協和大学中国文化研究会、1947年。

王鉄崖『中外舊約章彙編』第一冊～第三冊、三聯書店、1982年。

王立新「美国傳教士与晩清中国現代化」天津人民出版社、1997年。

王磊「信仰与服務－楊格非的文字事工」華中師範大学歴史文化学院修士論文、2012年。

顧衛民『基督教与近代中国社会』上海人民出版社、2010年。

顧長声『伝教士与近代中国』上海人民出版社、1981年。

呉梓明『基督宗教与中国大学教育』中国社会科学出版社、2003年。

呉梓明、陶飛亜『基督教大学与国学研究』福建教育出版社、1998年。

蘇萍『謠言与近代教案』上海遠東出版社、2001年。

蔡蔚群『清季台湾的傳教與外交』博揚文化事業有限公司、2000年。

宋莉華「街头布道家杨格非及其汉文小说」『广东技术师范学院学报』2010年3月。

張暁宇「載徳生在揚州教案中的態度考辨」『宗教与歴史』社会科学文献出版社、第十一輯、2019年。

張力、劉鑑唐『中国教案史』四川省社会科学院出版社、1987年。

董叢林『晩清教案危機与政府応対』中華書局、2018年。

唐瑞裕『清季天津教案研究』文史哲出版社、2008年。

陶飛亜、梁元生編『東亜基督教再詮訳』香港中文大学崇基学院、2004年。

李自岳『近代中国反洋教運動』人民出版社、1958年。

李伝斌『条約特権制度下的医療事業　基督教在華医療事業研究（1835-1937）』湖南人民出版社、2010年。

李伝斌『基督教与近代中国的不平等条約』湖南人民出版社、2011年。

林文慧『清季福建教案之研究』台湾商務印書館、1989年。

劉志慶『中国天主教教区沿革史』中国社会科学出版社、2017 年。
呂実強『中国官紳反教的原因（1860-1874)』中央研究院近代史研究所専刊（16）、商務印書館、中華民国 55 年。
─── 「揚州教案與天津教案」『中国近代現代史論集　第四編　教案與反西教』台湾商務印書館、中華民国 74 年。
─── 「晩清中国知識分子反教言論的分析之一　反教方法的小倡議（1860-1898)」『近代中国知識分子反基督教問題論文選集』財団法人基督教宇宙光全人関懐機構、2006 年。
楊朝全「档案里的揚州教案」『档案与建設』江蘇省档案学会、2003 年 10 期。
楊天宏『基督教与民国知識分子　1922-1927 年中国非基督教運動研究』人民出版社、2005 年。

データベース・ウェブサイト

Biographical Dictionary of Chinese Christianity（華人基督教史人物事典）　https://bdcconline.net/zh-hans/
Bodleian Library Sinica 1704, https://digital.bodleian.ox.ac.uk/
National Library of Australia, https://www.nla.gov.au/
韓国国史編纂委員会、清実録データベース　https://sillok.history.go.kr/mc/main.do
データベース「世界と日本」https://worldjpn.net

本書で取り上げた主な教会・伝道団体一覧

　欧米の教会が海外伝道のために組織した団体名には、それに対応する正式な日本語名称があるわけではない。Missionary Society を伝道会と訳すか、伝道協会と訳すかは、訳者によって様々である。本書では、ロンドン伝道会、英国教会伝道協会のように、すでに定着していたり、よく用いられたりしている名称はそれらを採用し、その他の名称については、本書の中で統一することのみを重視して訳した。

American Board of Commissioners for Foreign Missions	アメリカン・ボード
American Episcopal Church	アメリカ聖公会
American Baptist Missionary Union	アメリカ・バプテスト宣教連合
Church of England Zenana Missionary Society	英国教会ゼナナ伝道協会
Church Missionary Society	英国教会伝道協会
Church of Scotland	スコットランド教会
Conference of Missionary Societies in Great Britain and Ireland	イギリス・アイルランド伝道会会議
English Baptist Church	イギリス・バプテスト教会
English Baptist Missionary Society（Baptist Missionary Society）	イギリス・バプテスト伝道会
Presbyterian Church of England	イングランド長老教会
Friends Foreign Mission Association	フレンド宣教会
London Missionary Society	ロンドン伝道会
Methodist Episcopal Church	メソジスト監督教会　美以美会
Methodist Episcopal Church South	アメリカ南メソジスト監督教会　監理会
Presbyterian Church of Ireland	アイルランド長老教会
Presbyterian Church in the United States	アメリカ南長老教会
Presbyterian Church in the United States of America	アメリカ長老教会、南北分裂後アメリカ北長老教会
Reformed (Dutch) Church in America	アメリカ改革派教会
Wesleyan Missionary Society（English Wesleyan Mission）	イギリス・メソジスト伝道協会

あとがき

　本書の執筆中、わたしは時おり「新約聖書」『ピリピ人への手紙』3章20節「わたしたちの国籍は天にある」を思い浮かべながら、「自らの属する国家が結んだ条約の特権に依拠して伝道していた宣教師は、このことばをどう解釈していたのだろう」と考えていた。
　「国籍」という訳語に当たるギリシア語の原義は「市民権」であり、この書簡を書いたパウロもローマの市民権を念頭においていたはずで、当然のことながら、もともとは近代国民国家的な意味は含まれていない。しかし、キリスト者がこの世の支配ではなく神の支配に服し、神の国の完成に向けて走り続ける存在であること、そしてこの世の支配が神の意思に反しているのであれば神の意思に従うべきことが、新約の時代から今日まで不変の聖書的真理であるとすれば、「国籍」に近代以降の概念を重ねて冒頭の問いを立てることも許されるのではないかと思う。
　帝国主義の時代には、この真理が西洋限定でしか理解されておらず、宣教師自身がその普遍性を意識し、真理に照らして自らのありようを顧みるようになるまでには、数十年を要した。しかもその気づきは、彼らの中から生まれたというよりも、現地の人々の様々な反応によってもたらされた側面が大きい。中国近代におけるキリスト教伝道の歴史には、この過程が典型的に示されているといえるだろう。

　本書は、2006年に東京外国語大学に提出した博士学位請求論文「近代中国におけるプロテスタント伝道：「反発」と「受容」の諸相」をベースに、その後執筆した論文と書きおろしを加えて構成しなおしたものである。加筆と改稿を繰り返すうちに、博士論文は、その痕跡がかろうじて見いだせるのみとなった。
　博士論文では、中国社会がキリスト教に対して示した正負の反応としての

受容と反発に焦点を当て、一方で、キリスト教との出会いがなければ建国されなかったかもしれない太平天国の宗教と、キリスト教教育の普及を受容の形として取り上げ、もう一方で、各地で発生したキリスト教に対する反発のありようを、揚州教案を一例に考察した。その後、著作にまとめる段階では、博論のいくつかの論点は生かしながらも、宣教師が自分たちの伝道をどう認識したのか、その自己像の変遷に中国社会の反応がどのように関わっていたのかというテーマ、つまり冒頭の問いに力点を置くことにした。若い研究者によって、太平天国のキリスト教受容に関する緻密で優れた研究が世に問われたことも、テーマ設定の変更を後押しした。

　博論以外に本書で用いた既出論文は、以下のとおりである。いずれの論文も原形は大きく変わっており、各章とは厳密な一対一対応となっているわけではないが、既出論文が柱となった章、節を最初に記した。

第2章2節：「華中伝道の祖　グリフィス・ジョン試論」『明治学院大学キリスト教研究所紀要』第46号、2014年。
第3章3節：「キリスト教伝道と国家─不平等特権「寛容条項」の放棄をめぐって」明治学院大学キリスト教研究所編『境界を超えるキリスト教』教文館、2013年所収。
第3章4節：「パール・バックの中国伝道論　近代中国におけるキリスト教伝道の自己省察」『中国21』vol.28、2007年。
第3章1節、2節は書き下ろし。

　また執筆に当たっては、この本を手に取ってくださる読者の中に、中国近代史、キリスト教史それぞれの領域の専門外の方がおられることを想定し、いくつかの用語や歴史的背景にところどころ説明を加えた。

　通常、博士論文は、研究者人生の最初の段階で公刊するものであり、2006年の論文をなぜいまさら引っ張り出してくるのかと思われる方もおられることだろう。確かにこの年になって「何をいまさら」である。しかしいまさら

あとがき

であっても、やはり何とかまとめておかなくてはならなかった。その事情とあわせて、これまでお世話になった方々に謝辞を記すことをお許しいただきたい。

　博士論文を公刊すること、それは、東京外国語大学の学部ゼミからずっとご指導いただいていた指導教官の佐藤公彦先生との約束だった。その約束を果たせぬまま、信じられないことだが、もう 20 年近くが経ってしまった。これほど長期にわたって宿題を提出していなかったのであるから、とうの昔に落第は決定しているようなものである。時間が経てば経つほど、かつて自分が書いた論文の至らなさに向き合うことができなくなり、元来の怠け癖や不器用さに加えて、他の研究テーマに関心が拡散したことや、仕事が年々忙しさを増したこと等、たくさんの言い訳を重ねながら、原稿をしばらく放置した時期もあった。これではいけないと、コロナ禍の最初の頃から、単著の執筆に取り組んでいることをあちこちで公言し、自らを追い込んで原稿に向き合うことにした。この間、前任校での校務が激増したことで、細切れの時間をつなぎ合わせても原稿執筆は一向にはかどらず、一時はあきらめそうになったが、それでも何とか博論提出後 20 年に到達する前に出版にこぎつけた。

　文字通り不肖の教え子であるわたしに送ってくださる年賀状に、「原稿はどうなりましたか？」と、時おり短くも耳の痛いメッセージを書いてくださった佐藤先生には、どんなに感謝してもしきれない。本当にありがとうございました。

　中国キリスト教史研究に目を開かせてくださった二人の先生にも御礼申し上げたい。一人は、ハドソン・テイラーの伝記『ハドソン・テイラーの生涯とその秘訣』（ハワード・テイラー夫妻著、舟木信訳、いのちのことば社、1964 年）を 10 代の終わりに勧めてくださった松谷好明牧師（日本基督教団隠退教師）である。振り返ってみれば、テイラーの存在を教えてくださった先生が、この研究の種を蒔いてくださったといえるのかもしれない。

　もう一人は、わたしの義父でもある故渡辺信夫牧師である。義父を先生と

呼ぶのは非常識ではあるが、やはりわたしにとっては先生であった。義父は、海軍少尉として沖縄海域で海防艦勤務に従事し、九死に一生を得て復員してからは、戦時下の日本の教会が戦時協力に雪崩を打った最大の理由は、教会論の欠如だったとして、生涯をかけて宗教改革者ジャン・カルヴァンを研究し続けた。並行して教会の戦争責任を問い、アジアの教会との交流を重んじ、そのための労を惜しまなかった。中国キリスト教史への関心も強く、ネットが普及する以前から英語書籍の情報を誰よりも早く入手し、小切手を切って海外からせっせと取り寄せていた。わたしがその恩恵に与ったことはいうまでもない。

　前任校である明治学院大学の元同僚、そしてキリスト教研究所の所員のみなさんにも大変お世話になった。中国のキリスト教教育史研究の面白さや日中キリスト教史の比較研究の重要性に目覚めたのは、同研究所の宣教師研究プロジェクトの方々との出会いがあったからである。

　2024年4月に仙台に移ってからは、遠くに太平洋が望める静かな研究室で、原稿の最後の仕上げに集中することができた。わたしを温かく迎えてくださった東北学院大学国際学部の同僚諸氏にも感謝申し上げる。

　本書の原稿執筆、改稿の大半は、明治学院大学に在職していた時期に行ったものである。2013年には1年間の研究休暇をいただき、中国武漢の華中師範大学東西文化研究所（当時）に滞在することができた。大陸における中国キリスト教史研究が冷え込み始める直前の時期で、ここでグリフィス・ジョンに関する資料を集めただけでなく、ジョンゆかりの教会やかつてのキリスト教施設をたびたび訪れ、イメージを膨らませることができた。研究の機会を与えてくださった故章開沅先生、その後山東大学に移られた劉家峰氏ら、研究所のスタッフにこの場を借りて厚く御礼を申し上げたい。

　漢文資料に関するご助言をいただいたハスゴアさん、朱海燕さん、お二人もメンバーの中華圏プロテスタント研究会、アジアキリスト教交流史研究会のみなさん、キリスト教史学会の方々にも感謝申し上げたい。ここに一人ひとりのお名前を挙げることはできないが、研究会での実りある刺激的なディ

あとがき

スカッション、そして研究会後の楽しい交流は、研究を持続させるエネルギーの源となっている。

　アジアのキリスト教の歴史に関する本づくりに並々ならぬ熱意を持つ出版人、かんよう出版の松山献氏は、いつまでたっても原稿が完成しないわたしを温かく励まし、本書の執筆に最後まで伴走してくださった。松山氏の忍耐がなければ、最後まで走りぬくことは到底できなかっただろう。

　子育ての期間中、子どもを預かってくれただけでなく、地域の中で子どもを育てることの大切さを教えてくれたママ友たちにもお礼を言いたい。彼女たちとのつきあいからわたしは、研究よりももっと大事なことを学んだ。

　アンチ・フェミニズムの権化のようだったが、研究の道を諦めない娘をひそかに応援してくれていた父（故人）と、86歳になる今も健康で、読書と地域の活動に熱心に取り組む母に感謝する。母が元気でいてくれるおかげで、わたしは好き勝手に仕事をすることができた。また中国東北部のハルビン生まれ、ハルビン育ちで牧師でもあった義母（故人）からは、子どもの目に映った「満洲国」の話をしばしば聞き、日中関係史を見る眼が養われた。わけのわからないことに没頭する母親に我慢することも多々あったであろう3人の子どもたちも、それぞれ自立し、今ではわたしの相談相手となってくれている。

　最後に、わたしの最もよき理解者であり、専門は全く異なるが、同じ研究者として人生をともに歩んでくれている夫、和人に、心からの感謝をささげたい。

　「キリスト教国」が供与した武器がガザに降り注ぎ、中国ではキリスト教が冬の時代を迎えている2024年暮れ

渡辺祐子

※本書の出版に当たっては、東北学院大学学術振興会から出版助成を受けた。

事項索引

＊立項に際しては、キリスト教、プロテスタント、カトリック、宣教師など膨大な数に上る語句は除いた。

ア行

アイルランド長老教会　237
アヘン戦争　10, 12, 22-24, 31, 32, 34, 131, 148, 205, 206
アメリカ改革派教会　231, 233, 245, 258
アメリカ・カナダ伝道局会議　232, 234, 235
アメリカ北長老教会　43, 150, 217, 221, 232, 242, 245, 280
アメリカ聖公会　245, 274, 279
アメリカ長老教会　39, 46, 67, 113
アメリカ・バプテスト教会　46, 67, 174
アメリカ・バプテスト宣教連合　67, 174
アメリカ南長老教会　241, 242
アメリカ南メソジスト監督教会　72
アメリカン・ボード　24, 38, 42, 205, 207, 219, 220, 222, 233, 236, 258, 274, 280
アロー戦争　10, 12, 30, 34, 46, 48, 102, 112, 206
按手　104, 105, 215
イギリス・アイルランド伝道会会議（the Conference of Missionary Societies in Great Britain and Ireland）　227-229, 231, 232, 234, 235
イングランド長老教会　32, 75, 169, 229
イギリス・バプテスト教会　75, 280
イギリス・バプテスト伝道会　9, 107
イギリス・メソジスト伝道協会　137, 233
育嬰堂（孤児院を含む）　59, 62, 97, 120, 128-131, 135, 136, 148-153, 209, 233
英国教会ゼナナ伝道協会　212, 229
英国教会伝道協会　25, 31, 33, 47, 67, 171, 206, 212, 229
永息教案　215
エキュメニカル→超教派も見よ　222, 227, 244
エジンバラ世界宣教会議　222, 227, 244, 280-282, 287
煙台　98, 113, 221
オールコック協定　66, 77, 79, 173

カ行

海国図志　131, 132, 135, 139
改竄　163-165, 167
会衆派　106, 245
漢口　76, 78, 99, 110-117, 137, 140, 160, 161, 166, 170, 224
漢文テキスト　39, 51-53, 64, 66, 72, 73, 77, 164, 165, 167
寛容条項　10-13, 19-21, 37-44, 199, 201, 208, 226-236, 238, 258, 283, 284, 287
貴州教案　62
旧財産　27, 28, 30, 51, 53, 59, 60, 66, 129, 284
教育　15, 22, 60, 68, 102, 105, 107, 108, 141, 169, 172, 200, 202-204, 206, 219, 220, 223, 224, 234, 238, 242-244, 246, 248, 250, 252, 258, 273-283, 286
教育権回収運動　223, 250, 252, 283, 286
教会学校→ミッション・スクール

311

居住→内地居住
義和団　　12, 20, 21, 213, 242, 274, 275, 279, 280, 286
金陵大学　　200, 240, 242, 244, 252
クリスチャン・センチュリー（the Christian Century）　　247
訓子問答　　117, 136
啓蒙主義　　201-205
公産　　65, 115, 126, 214
杭州　　56, 60, 67, 68, 70, 78, 104, 109, 110, 112, 113, 119, 153, 159, 275
広州　　8, 9, 16, 21-23, 31, 46, 68, 78, 102, 175, 205, 224, 250, 275
江西闔省士民公檄　　149
黄埔条約　　23, 24, 33
五・三〇事件　　223-225, 227, 230, 237, 238, 250, 252, 283, 286
孤児院→育嬰堂
湖南　　59, 62, 71, 103, 115, 128, 131, 132, 137, 139, 148, 150-152
湖南闔省公檄　　139, 147-149, 151, 152

サ行

最恵国条項　　166, 167, 214
山西教案善後章程　　215
邪教十害条　　148, 149
上海　　22, 23, 25, 30-32, 43, 45-47, 56, 64, 67, 72, 76, 78, 100-102, 104, 110-112, 117, 119, 136, 151, 154, 155, 157, 213, 216, 219, 221, 223-226, 235, 242, 249, 275
重慶　　61, 62
出版事業　　107, 108, 110, 200
蕭山　　68-71, 123, 153
条約改定交渉　　78, 162
条約港　　47, 66, 67, 71, 77, 111, 112, 119, 128, 159, 168, 170, 177, 212
植民地主義　　14, 21, 98, 109, 202, 204, 287
蘇州　　47, 110, 112, 113, 139, 275
清英天津条約　　36, 45, 50, 66, 71, 103

辛丑条約　　213
清仏天津条約　　37, 52
清米天津条約　　35, 39, 50, 214
清露天津条約　　34, 39
崇実女塾　　242
崇明島　　33, 101
スコットランド教会　　229, 237, 239, 258
汕頭　　72, 73, 78, 101, 102
醒心編　　151, 152
成都　　61, 62, 211, 275
宣教師会議（1877年）　　43, 215, 240, 243, 274
宣教師会議（1890年）　　215, 240, 243
宣教師会議（1907年）　　215, 216, 220, 243, 280
租界　　23, 67, 100, 112-114, 170, 224, 238, 243

タ行

『大地』　　239-242, 254, 256, 257
太平天国　　20, 36, 46, 47, 56, 59, 62, 103, 110, 112, 113, 129, 130, 132, 145, 146, 148, 171
タイムズ　　164, 167, 169
台湾　　42, 71, 75, 76, 78, 98, 161, 164, 166, 169, 199, 204
台湾教案　　49, 75, 76, 169
芝罘　　71, 75, 78, 165, 166
治外法権　　48, 215, 222-224, 226, 228, 229, 231-233, 235, 238, 253
チャイニーズ・レコーダー（Chinese Recorder）　　43, 44, 72, 174, 176, 220, 236, 237, 248, 249, 276, 279
チャイニーズ・レポジトリー（Chinese Repository）　　205
中華教育会　　276, 277, 279, 280, 282
中華基督教会　　225, 231, 238, 239
中華全国基督教協進会　　227, 232, 235
中華基督徒廃除不平等条約促成会　　224

中国総論（the Middle Kingdom） 172
超教派 9, 105, 227, 243, 244, 276
長江 15, 32, 33, 74, 97, 99, 101, 110, 111, 116, 117, 119, 159, 160, 168, 170, 207, 212, 242, 252
長老主義、長老派 105, 106, 249
鎮江 22, 110, 119, 120, 122, 123, 128, 129, 151, 154-156, 158-161, 166, 240, 242, 251, 256
通商行船続訂条約 213
帝国主義 14, 15, 19, 199, 200, 203, 204, 212, 234, 236, 238, 250, 253, 287
伝教章程 209, 211
伝教論単 51, 54-56, 64
天主教 26, 27, 29, 34-37, 39, 45, 51, 52, 56, 65, 73, 125, 132, 134, 135, 145, 148, 211
天津教案 20, 30, 97, 128, 136, 139, 208, 209
天津・北京条約 43, 53, 56, 131, 132, 153, 199, 211, 215
伝道再考（Re-thinking Missions） 15, 241, 245-247, 251, 256
天路指明 99, 117, 133, 136, 140-144, 146, 147
登州 78, 149, 150, 274, 275, 280
土地→不動産も見よ 23-25, 51, 52, 54, 55, 58, 60, 64-66, 70, 71, 75, 76, 114-116, 121, 122, 126, 153, 160, 161, 164, 169, 176, 201, 210-215, 243, 286
特権 14, 15, 19, 21, 23, 25, 41, 43, 44, 48, 50-53, 58, 72, 73, 77-79, 131, 165-168, 177, 199, 207, 208, 217, 219, 221-224, 226-228, 230-238, 252, 253, 273, 282, 285-287

ナ行

内地会（中国内地会） 33, 66-69, 76, 78, 97-100, 102, 104-110, 117, 119, 120, 153, 158-160, 163, 165-167, 169, 177, 207, 211, 212, 221, 225, 233, 236, 239, 243, 244, 284, 285
内地居住 33, 36, 45, 48, 49, 66-68, 71-74, 77, 78, 117, 119, 122, 123, 127, 159, 162-165, 167, 172, 175, 176, 212, 213, 283, 286
内地伝道（内地旅行） 24-26, 30, 33-42, 44, 46-51, 66, 72, 78, 97, 99, 101, 103, 110, 131, 153, 158, 159, 162, 166, 167, 170, 171, 174, 175, 177, 207, 243, 283, 285
ナショナリズム 19, 204, 224, 226, 230
南京 7, 10, 22, 31, 36, 46, 74, 76, 110, 112, 113, 117, 119, 155-158, 200, 224, 240, 242, 250, 252, 257, 259, 275
南京事件 238, 240, 251-253
南京条約 15, 22, 23, 33, 45, 67, 112
寧波 22-25, 30, 45, 56, 67-70, 72, 73, 78, 102, 104, 151
寧波女塾 102

ハ行

排外主義 13, 14, 20, 137, 172-174, 207, 232, 281
『母の肖像（the Exile）』 241, 248
パリ外国宣教会 61
反キリスト教運動（1920年代） 19, 223, 238, 249-252, 283, 287
信徒による海外伝道調査（Laymen's Foreign Missions Inquiry） 245
武昌 76, 114-117, 160, 161, 166, 170
不動産 51-53, 57-59, 61, 64-67, 70, 74, 114, 116, 120, 126, 160, 164, 167, 176, 210, 212, 214, 231, 284
フレンド宣教会 229
文明化 9, 173, 199, 201-205, 211, 258, 285, 287
辟邪紀実 117, 131-133, 136, 139, 140, 147-152
辟邪実録 149, 150
北京 8, 30, 34, 39, 51, 57, 63, 74, 78, 117, 118, 131, 171-175, 222, 224-226, 228, 229,

232, 234, 235, 238, 239, 249, 258, 274, 275, 280, 281, 287
北京議定書→辛丑条約
北京条約　　12, 20, 51-53, 56, 59, 60, 64, 66, 72, 73, 76-78, 112, 114, 163-165
ベルテミー協定　　64-66, 73, 122, 126, 159, 211, 213, 214
望厦条約　　22-24, 33
砲艦外交　　13, 74, 76, 97-99, 158, 159, 162-164, 169, 285
奉天　　52, 225, 226
北米外国伝道会議　　230
保護享有　　37, 38, 40, 43, 44, 48, 50, 51, 53, 66, 73, 131, 207, 216-218, 236, 273, 286

マ行

マッケイ条約　　215
満洲　　103, 226, 238, 239, 252, 287
ミッション・スクール　　223, 225, 226, 238, 242, 243, 246, 250, 252, 257, 273, 276-283, 286, 287
民族主義　　20
メソジスト監督教会　　211, 245, 280

ヤ行

耶穌教　　29, 39, 45, 50, 73, 125, 147, 211
遊歩規定　　25, 30, 31, 111
謡言　　97, 120, 121, 125, 128-131, 150, 153
揚州　　15, 71, 74, 76, 78, 97-99, 110, 117-123, 128-130, 136, 150-158, 160, 161, 164, 166, 177, 207
揚州教案　　44, 49, 68, 74, 97-99, 101, 109, 118, 119, 128, 130, 131, 136, 150-152, 158-160, 162-165, 169, 208, 209, 212, 284, 285

ラ行

領事裁判権→治外法権も見よ　　23, 72, 224, 234, 235
ロンドン伝道会　　9, 21, 22, 24, 30, 33, 43, 47, 66, 72, 100, 106, 110, 112-117, 119, 160, 164, 165, 167, 168, 170, 171, 174, 175, 177, 227, 229, 234, 239, 243, 280

ワ行

淮安　　130, 151, 158
ワシントン会議　　223, 228-230

人名索引

＊欧米人、特に宣教師の名前には、わかる範囲で中国語名も加えた。

ア行

アノー Antoine Anot, 羅安当　148, 149
アルダーシー Mary Ann Aldersey　102
アレン，ヤング Young J. Allen, 林楽知　72
晏端書　155, 156
入江啓四郎　20
ウィリアムズ，エドワード Edward Williams　106
ウィリアムズ，サミュエル・ウェルズ Samuel Wells Williams, 衛三畏　38-43, 172, 205-207
ウィリアムズ，ジョン John Williams　252
ウィリアムソン James Williamson　68, 69
ウィルソン Robert Wilson　113, 117
ウィロビー Westel W. Willoughby　20
ウェード Thomas Wade　45, 48, 150, 177
ウェルトン W. Welton　31
ウォーンスハウス Abbe. L. Warnshuis　231, 234, 239, 258, 287
エドキンス Joseph Edkins, 艾約瑟　43, 47, 67, 100, 101, 112, 136, 171
エルギン James Bruce, Earl of Elgin　36, 45-50, 67, 69
王治心　224
汪鵬　139
王明倫　132
王中茂　52
王令　159
オールコック Rutherford Alcock　31, 32, 49, 50, 66, 69, 71, 72, 74, 76-79, 101, 123, 127, 156-158, 161-166, 168, 170-173, 175, 177, 207
小野寺健　239

カ行

郭柏蔭　124
笠原十九司　259
夏燮　159
夏李　159
カルバートソン Michael Culbertson　46
官文　114, 115
耆英　25-28, 45
魏源　131, 132, 135, 139
ギブソン John Gibson　75, 169
キャルリ Joseph marie Callery　25
ギュツラフ Karl Gützlaff, 郭実獵、郭士立　45, 100, 107, 109
恭親王　54-56, 69, 156
グラッドストン William Gladstone　162
クラレンドン Earl of Clarendon　33, 45, 48, 49, 77, 163-165, 167-170, 175
グリーン D. D. Green　67
クレイヤー Carl Kreyer, 金楷理　67
クレツコウスキー Michel A. Kleczkowski　53, 54, 61, 63
クロンビー George Crombie　67
乾隆帝　9, 44, 60
顧維鈞（ウェリントン・クー）　20, 53,

315

164
康熙帝　7, 8
洪秀全　46, 112, 167
洪仁玕　112
康有為　255
コーエン Paul Cohen　14, 20, 62, 98, 132, 163
呉鎬　61, 63
呉梓明　278
コックス Josiah Cox　137
呉文錫　155
コリンズ William Colins　171

サ行

崔暕　132
サイデンストリッカー Absalom Sydenstricker, 賽兆祥　241
佐々木正哉　132
佐藤公彦　20, 212
佐藤尚子　278, 283
ザノリ Eustache Zanoli　114
サマセット公 Duke of Somerset（第12代）　167, 168
シェフィールド D. Z. Sheffield, 謝衛楼　220, 274, 281
ジェラール Auguste Gérard　211
ジェルネ Jacques Gernet　11
シャール Adam Schall, 湯若望　7, 57
ジャクソン R. D. Jackson　31
シャック Lewis Shuck, 叔未士　24
シャフツベリ Lord Anthony Shaftesbury　169, 170
シャプドレーヌ Auguste Chapdelaine　34, 37
習近平　200
周小亭　68
順治帝　7, 44
章開沅　200
ジョーンズ John Jones　102

徐継畬　31, 32
徐光啓　137
ジョン Griffith John, 楊格非　47, 97, 99, 104, 110-118, 133, 136, 137, 141, 146, 170, 171, 173, 174 , 285
崇実　61-63, 242
スタンレー Brian Stanley　203, 204
スチュアート Leighton Stuart, 司　226, 230
スティーブンソン John Stevenson　67
ストット George Stott　67
スミス，アーサー Authur Smith, 明恩溥　207
スミス，ジョージ George Smith, 施美夫　25, 206
セキンガー Joseph Seckinger, 金鍼三　128-130, 151
曾国藩　74, 76, 121-123, 127-129, 151, 155-160, 209

タ行

ダイヤー Maria Dyer　102
ダジェン John Dugeon　171
ダンカン George Duncan　153, 154
段振会　54
チャルマーズ John Chalmers　174, 175
張河清　116, 160, 161
沈潅　7
陳桂林　62
沈子星　117, 136, 141
沈葆楨　124, 125, 147, 148
ディアス Manuel Dias Jr., 陽瑪諾　137
丁日昌　157, 158
テイラー，ハドソン James Hudson Taylor, 戴徳生　32, 33, 45, 59, 67-70, 74, 97-105, 107-110, 117-123, 128, 150, 152-157, 159, 160, 162, 168, 173, 177, 203, 221, 242, 244
テイラー，ジョン John B. Tayler　234

人名索引

ディルキ Wentworth Dilke 167
デスグラズ Louise Desgraz 153
デスフレッシェ Joseph Desflèches, 范若瑟 61-63
田興恕 62
デンビー Charles H. Denby 211, 212
童華 139
唐元湛 216
道光帝 9, 25, 26, 45, 51
ドラマール Louis Delmarre 52
トンプソン Wardlaw R. Thompson 113, 114

ナ行

ニコル Lewis Nicol 68, 69
ネヴィアス John Livingstone Nevius, 倪維思 150
ノールトン Miles Justice Knowlton 174, 175

ハ行

パーカー，ウィリアム William Parker 102
パーカー，ピーター Peter Parker, 伯駕 42
バートン James Barton 219, 220
バードン John S. Burdon 47, 67-69, 101, 171, 176, 177
バーム Harold Balme 227
バーリンゲーム Anson Burlingame 72, 162, 163, 165, 176
バーンズ William Chalmers Burns, 宝恵廉 32, 101, 102
バウリング John Bowring 46
バック，パール Pearl Buck, 賽珍珠 15, 199, 201, 239-243, 245, 247-259, 287
バック，ロッシング Rossing Buck 242
バルドュ Jean Baldus 52
パントーハ Diego de Pantoja, 龐迪我 137
東田雅博 204
平塚益徳 278, 283
フェアバンク J. K. Fairbank 199
フォレスト R. J. Forrest 68-70
ブライソン Thomas Bryson 116, 117, 160
ブラッチリー Emily Blatchley 153
ブリッジマン Elijah Coleman Bridgeman, 禆治文 24, 46, 101, 205, 206
ブルース Frederick Bruce 67
ブルームホール Benjamin Broomhall 98, 107
ベルテミー Jules Berthemy 53, 61, 63-66, 73, 122, 126, 159, 211, 213, 214
卞寶第 155
方安之 147, 149
ホーキンス F. H. Hawkins 227, 229
ホジキン H. T. Hodgkin 227
ホスト Dixon E. Hoste, 何斯徳 117, 221, 236, 237
ホッキング William Ernest Hocking 245
ボッシュ David Bosch 201-204
ホブソン Benjamin Hobson 合信 101
ボルウィッグ Bolwig Conrad 218-220, 223
ホワイト Bob Whyte 57, 58

マ行

マーティン William Alexander Parsons Martin, 丁韙良 38, 39, 42, 104, 108
マクレイン Robert McLane 42, 46
馬新貽 69, 70, 158
マセソン Jardine Matheson 48, 72
マックスウェル James Maxwell, 馬雅各 75
マティア Calvin Mateer, 狄考文 217, 274
ミュアヘッド William Muirhead, 慕維廉 30, 47, 101

317

ミルン William Milne, 米憐　　22, 106, 136
ムーア Edward Moore　　219, 220
メドウズ James Meadows　　67
メドハースト Walter Henry Medhurst, 麦都思　　22, 30, 76, 100, 136
メドハースト（ジュニア）Walter Henry Medhurst, 麦華陀　　76, 119, 121, 154-159, 162-164
メリテンス Baron de Méritens　　52
毛鴻賓　　148, 150
モウル George Moule　　67
モット John R. Mott, 穆徳　　235, 237, 244, 282
モリソン Robeert Morrison, 馬礼遜　　9, 21, 22, 45, 106

ヤ行

兪徳淵　　130
楊光先　　7, 132, 135, 141
姚西伊　　108
雍正帝　　8, 131

ラ行

羅運炎　　224
駱秉章　　62
ラグルネ Théodose de Lagrené　　25-29
ラトゥーレット Kenneth Scot Latourette, 頼徳烈　　10, 52, 59
ラルモン Count Charles de Lallemand　　52
李育民　　20
リード，ウィリアム William Reed　　35, 38, 40-44
リード，ギルバート Gilbert Reid, 李佳白　　221, 222
リード，ヘンリー Henry Reid　　153, 158
李鴻章　　64, 65, 125, 126, 129, 210
李秀成　　112
リチャード Timothy Richard, 李提摩太　　107, 108, 176, 203, 221, 242
リッチ Matteo Ricci 利瑪竇　　57, 134
李伝斌　　20, 21
李福泰　　124
劉廷芳　　226
梁啓超　　255
林則徐　　22, 25, 32, 42
ルドランド Wiiliam Rudland　　153, 154
レイ Horatio N. Lay　　45
レイエンバーガー J. A. Leyenberger　　43, 44
廬伯孚　　155
レッグ James Legge 理雅各　　112, 172
ロートン R. F. Laughton　　75, 165
ローリンソン Frank Rawlinson 楽霊生　　236, 237, 258, 287
呂海寰　　216
呂実強　　97, 98, 133
ロックハート William Lockhart 雒魏林　　24, 30, 66, 100, 101
ロックフェラー John Davison Rockefeller　　244, 245
ロバーツ Issachar Robberts 羅孝全　　24, 46
ロブソン William Robson　　113, 114
ロンギア Adrien Launguilat　　151, 152

ワ行

ワイヤー Andrew Weir　　237, 258
ワイリー Alexander Wylie 偉烈亜力　　136

〈著者略歴〉

渡辺祐子（わたなべ　ゆうこ）
福島生まれ。東京外国語大学地域文化研究科博士後期課程満期退学。明治学院大学准教授、同教授を経て、2024年4月より東北学院大学国際学部教授。博士（学術）。

主要著書、論文
『協力と抵抗の内面史　戦時下を生きたキリスト者たちの研究』（共著）新教出版社、2019年
「満洲国における宗教統制とキリスト教」『明治学院大学キリスト教研究所紀要』第51号、2019年
『増補版　はじめての中国キリスト教史』（共著・監修）かんよう出版、2021年
『災禍において改革された教会――その祈りと告白、実践の歴史と現在』（共著）教文館、2024年

近代中国社会におけるキリスト教と宣教師
― 伝道の使命と国家 ―

2025年2月20日　初版第1刷発行

著　者……渡辺祐子
発行者……松山　献
発行所……合同会社かんよう出版
〒530-0012 大阪市北区芝田2-8-11 共栄ビル3階
電話 06-6567-9539 Fax 06-7632-3039

装　幀……堀木一男
印刷・製本……亜細亜印刷株式会社

ISBN 978-4-910004-55-6　C0016　Printed in Japan
2025ⓒWatanabe Yuko